高等职业院校
新形态通识教育系列教材

U0736799

实用写作教程

罗国仕 ——
主编

姜向琼 陈其艳 陈泽新 朱玉萍 ——
副主编

人民邮电出版社
北　京

图书在版编目（CIP）数据

实用写作教程 / 罗国仕主编. -- 北京：人民邮电出版社，2020.2（2021.9重印）
高等职业院校新形态通识教育系列教材
ISBN 978-7-115-52905-3

Ⅰ. ①实… Ⅱ. ①罗… Ⅲ. ①汉语－写作－高等职业教育－教材 Ⅳ. ①H15

中国版本图书馆CIP数据核字(2019)第294345号

内 容 提 要

本书是为了适应信息化教学、培养信息时代实用写作人才的需要，在"实用写作"人文素质精品在线课程建设的基础上编写的。全书共 8 章，内容包括绪论、日常事务类实用文书、公务活动类实用文书、求职竞聘类实用文书、宣传社交类实用文书、创业发展类实用文书、经济诉讼类实用文书、科研求是类实用文书。全书框架明晰、内容丰富，各文种均按照"任务导入—例文借鉴—知识概览—知识链接—本节训练"的体例编写，突出"网上自测、情境写作和习作评改"这一训练环节，有利于学生开展线上与线下相结合的混合式学习，以培养学生的实用写作能力和沟通能力，增强学生的综合素质。

本书适合作为应用型、技能型人才培养教学用书，也可作为企业文员培训或参考用书。

◆ 主　　编　罗国仕
　　副 主 编　姜向琼　陈其艳　陈泽新　朱玉萍
　　责任编辑　王亚娜
　　责任印制　王　郁　焦志炜
◆ 人民邮电出版社出版发行　　北京市丰台区成寿寺路 11 号
　　邮编　100164　电子邮件　315@ptpress.com.cn
　　网址　http://www.ptpress.com.cn
　　三河市君旺印务有限公司印刷
◆ 开本：787×1092　1/16
　　印张：15.5　　　　　　　　　2020 年 2 月第 1 版
　　字数：435 千字　　　　　　　2021 年 9 月河北第 4 次印刷

定价：42.00 元
读者服务热线：(010)81055256　印装质量热线：(010)81055316
反盗版热线：(010)81055315
广告经营许可证：京东市监广登字 20170147 号

前　言

　　近年来，教育部相继出台了《教育部关于加强高等学校在线开放课程建设应用与管理的意见》《关于中央部门所属高校深化教育教学改革的指导意见》《教育部关于推进高等教育学分认定和转换工作的意见》系列文件，并在 2017 年、2018 年和 2019 年开展了国家精品在线开放课程认定工作，大力支持慕课建设。

　　与此同时，教育部也十分重视高职院校的信息化教学。《教育部关于进一步推进职业教育信息化发展的指导意见》指出，要进一步优化职业院校信息化教学环境；深化教育教学模式创新，开展信息化环境下的职业教育教学模式创新研究与实践，大力推进信息技术与教育教学深度融合；最大限度地调动学习者的主观能动性，促进教与学、教与教、学与学的全面互动，进一步提高教学质量与人才培养质量。这些为新时代的教育教学改革指明了前进的方向。

　　随着慕课的兴起，信息化教学需要服务课程"双融合"的具有鲜明数字化特征的新型教材。同时，信息时代教学模式的创新也呼唤与之配套的教材，以便教师引导和推动学生开展对各门课程的深度学习。

　　正是在这种背景下，编者在建设"实用写作"人文素质精品在线课程的基础上，立足于服务专业教学和提高学生素质，结合课程教学团队多年的实践经验，编写了这本有助于基于"互联网+"开展"对比式"评改教学活动的教材。

　　全书共 8 章：第一章为绪论，从总体上介绍了实用写作知识及学习方法；第二章至第八章为实用写作文种知识和写作训练，根据企业调研和学生从事职业活动需要掌握的实用写作技能，精选了丰富的实用文书，按照日常事务类、公务活动类、求职竞聘类、宣传社交类、创业发展类、经济诉讼类、科研求是类共 7 类实用文书进行讲解。本书体例新颖，充分融入了课程教学团队开展教育部信息化教指委课题研究（基于信息技术的"对比式"评改教学模式应用研究）所取得的成果，体现了教材编写源于实践又服务于实践的原则。借助"互联网+"，学生在网络课堂可以自主学习文种知识、开展自测活动，在实体课堂可以开展情境写作与习作评改活动。该模式不仅有利于培养学生的自主学习能力与合作学习能力，而且实现了"实用写作"的翻转课堂教学，使实体课堂教学能够始终突出"写作与沟通"的教学重点。

本书配套资源包括电子教案、课件，"对比式"评改资源、"网络课堂"、网上自测与考试系统等。

全书由主编罗国仕拟定总体框架、编写体例和选定文种，并负责统稿、修改和最后的审定工作。具体编写分工如下：姜向琼完成了 8 个文种的编写任务，陈其艳、陈泽新、朱玉萍分别完成了 5 个文种的编写任务，李忠新、周晋、冯可分别完成了 4 个文种的编写任务，伍丹和曾凡钰分别完成了 3 个和 1 个文种的编写任务，罗国仕完成了绪论、各章引言及公司简介、报告等 9 个文种的编写任务。

本书在编写过程中，得到了湖北三峡职业技术学院副院长王华利教授，教务处朱思处长，基础课部袁玉芹主任、於南军副主任及各二级学院领导和同仁的大力支持，在此一并致以诚挚的谢意。

编者

2019 年 8 月 5 日

本书系教育部信息化教指委课题"基于信息技术的'对比式'评改教学模式应用研究"（主持人：罗国仕。编号：2018LXB0330。）成果之一。

目 录

01

第一章　绪论　　1

第一节　实用写作概述　　1

第二节　实用写作的主旨与材料　　4

第三节　实用写作的结构与语言　　5

02

第二章　日常事务类实用文书　　10

第一节　请假条　　10

第二节　借条　　12

第三节　欠条　　14

第四节　启事　　16

第五节　计划　　19

第六节　总结　　25

第七节　会议记录　　32

第八节　护理查房记录　　38

第九节　诊断证明书　　46

03

第三章　公务活动类实用文书　　52

第一节　报告　　52

第二节　请示　　59

第三节　批复　　64

第四节　通知　　67

第五节　通报　　75

第六节　通告　　81

第七节　决定　　84

第八节　会议纪要　　88

04

第四章　求职竞聘类实用文书 　94

第一节　求职信 　94

第二节　求职简历 　99

第三节　竞聘词 　106

第四节　述职报告 　111

05

第五章　宣传社交类实用文书 　117

第一节　公司简介 　117

第二节　网络新闻 　122

第三节　广告文案 　127

第四节　产品说明书 　131

第五节　演讲稿 　137

第六节　欢迎词 　143

第七节　答谢词 　146

第八节　主持词 　148

第九节　导游词 　155

第十节　解说词 　159

第十一节　医学科普文 　164

06

第六章　创业发展类实用文书 　170

第一节　市场调查报告 　170

第二节　经济合同 　174

第三节　招标书 　180

第四节　投标书 　185

第五节　商务函件 　189

第六节　活动方案 　194

07

第七章　经济诉讼类实用文书　　　　　　　　　　　　**201**

第一节　经济仲裁申请书　　　　　　　　　　　201

第二节　经济纠纷起诉状　　　　　　　　　　　206

第三节　经济纠纷答辩状　　　　　　　　　　　210

第四节　经济纠纷上诉状　　　　　　　　　　　214

08

第八章　科研求是类实用文书　　　　　　　　　　　　**219**

第一节　实习报告　　　　　　　　　　　　　　219

第二节　毕业论文　　　　　　　　　　　　　　225

第三节　经济活动分析报告　　　　　　　　　　233

第一章　绪论

引言

实用写作是人们从事职业活动必备的能力之一。叶圣陶先生曾说："大学毕业生不一定要写小说诗歌，但一定要能写工作、生活中的实用文章"。在写作这个大范畴中，如果说文学创作是少数人的专利，那么，实用写作则是大众化的工具。因为无论是日常生活、学习，还是工作，人们都会遇到各种各样的实际问题，都要运用实用写作这一工具解决这些问题。可以说，实用写作是人们为了解决问题而不得不写的文章，并且其重要地位和作用随着社会的发展日益凸显出来。

美国社会预测学家约翰·奈斯比特曾说："在这个文字密集的社会里，我们比以往更需要具备基本的读写技能。首先就是足以应付日常工作和生活所需的写作能力，也就是应用写作能力"。这里所说的应用写作，即指实用写作。由此可见，实用写作作为日常生活和工作必备的工具，当代大学生理应高度重视，努力学习和掌握实用写作技能，以便为今后从事职业活动奠定基础。

第一节　实用写作概述

一、实用文的概念与作用

实用文是人民群众或国家机关、企事业单位、人民团体，在解决各种事务时，经常使用的、具有惯用格式的文体。作为信息的载体和学习、生活、工作交流的工具，它与人们的关系最为直接，使用频率也最高。

随着社会的发展，人们在工作和生活中的交往越来越频繁，事情也越来越复杂，因此，为解决实际问题而写的实用文越来越被人们重视，其功能也越来越多了。概括地说，它有 4 个方面的作用。

1 宣传教育作用

实用文在现实生活和工作中发挥的宣传教育作用体现在多个方面：一是宣传和贯彻党的路线、方针、政策，如公文的写作；二是宣传单位的典型经验和个人的先进事迹，或者警示、规范人们的行为，教育人民，打击罪犯，如总结、通报的写作；三是宣传企业文化、经营理念和企业形象，提高企业的知名度和美誉度，如企业简介、网络新闻、广告文案的写作；等等。

2 沟通协调作用

当今社会人们的合作交流日益增多，活动范围更加广泛。人与人之间，地区与地区之间，乃至国家与国家之间等，都需要借助各种文书来加强沟通与联系。如运用公文加强公务联系，运用礼仪文书沟通情感、增进友谊，运用合同协调行动、合作共赢等。

③ 法律法规作用

自古以来，发布法律和行政法规都要用到实用文体。有些实用文特别是公文和规章制度所具有的法律法规的性质，对于规范人们的行为、维护正常的社会秩序、安定社会的生活、保障公民的合法权益等方面均具有极其重要的作用。

④ 凭据和记载作用

无论是公事还是私事，实用文都是一种确定的文字记录。作为一种文字材料，它是今后检查和监督的依据。如总结、议案、合同、条据等。

二　实用文的种类和特点

由于应用领域广泛、分类的角度和标准不同，实用文的种类还没有形成统一的说法。一般来说，人们按照使用功能把它分为通用文书和专用文书两大类。通用文书是人们在办公或办事中普遍使用的文书。它又可分为 3 类：一是行政公文类，如命令、决定、公告、通告、通知、通报、议案、报告、请示、批复、意见、信函和会议纪要等；二是通用事务类，包括调查报告、工作总结、述职报告、简报、计划、规章制度等；三是个人事务类，如信函、启事、祝词、悼词、楹联等。专用文书指某种特定行业使用的专业性较强的文书。如科技类的学术论文、实验报告等；财经类的市场预测报告、经济合同、审计报告等；司法类的诉状、辩护词、判决书等；传播类的消息、通信、广告等。本书以学生未来职业活动中解决实际问题所需要的实用写作能力为线索，从服务学生专业教学和素质发展的角度，将实用文分为日常事务类、公务活动类、求职竞聘类、宣传社交类、创业发展类、经济诉讼类、科研求是类共 7 类。契合实用性的特点和创新创业发展的形势，符合高职应用型人才培养的总目标。

作为一种"应用"文体，实用文有自己独特的思维、表达方式和写作样式。而且，由于实用文的种类较多，各类实用文的特点也不完全一样。但从整体上而言，实用文有自己的一些共同特点，主要体现在以下 4 点。

① 应用的广泛性

实用文是人们处理各种事务、传递信息的书面工具，它的应用涉及人类生活和工作的方方面面。无论是国家机关、企事业单位，还是个人，都离不开实用文的写作。其应用范围之广泛远非其他文体能比。

② 体式的规范性

在长期的实际应用过程中，实用文逐渐形成了比较规范或稳定的文体格式，布局相似，写法相近，既便于写作、阅读和处理事情，又便于分类、归档和查询，有利于提高办事效率。如与国家的路线、方针、政策和广大人民群众的利益密切相关的公务文书，与双方当事人权利与义务密切相连的合同书等，其功用性强，写作目的明确，写作要求自然需要科学性和规范性。

③ 内容的真实性

实用文是为日常生活和实际工作服务的，其写作内容必须符合客观实际，做到时间、地点和人物准确无误，资料、数据真实可靠，既不能夸大其词，又不能减少缩短，更不能以点代面、以偏概全甚至弄虚作假，否则就不能发挥解决实际问题的作用。

④ 写作的时效性

实用文是为解决实际问题而写的。无论是上级单位发布的法规类文件，还是下级单位请示问题，或者是合作双方达成协议，都具有很强的时效性。因此，实用文要求写作及时，对规定的时效要严格遵守，如此才能适应形势的变化，有效地解决问题。

三、实用文的学习方法与要求

司马迁倾其一生方成就《史记》；李时珍历经 30 个春秋，才完成《本草纲目》；曹雪芹披阅 10 载，才写成《红楼梦》前 80 回。这些都印证了富兰克林的一句名言："天才的十分之一是灵感，十分之九是血汗。"在当今信息时代，随着科学技术的飞速发展，新事物新问题层出不穷。在实用写作学习方面，同样没有捷径可走。要想获得成功，必须坚持不懈地去探索，去努力。

学习实用写作不能急于求成，一方面要勤学苦练，另一方面要探索行之有效的方法。

（一）要掌握学习实用文的科学方法

❶ 熟悉方针政策，提高思想水平

实用文既是贯彻、执行党和国家的方针、政策的工具，又是向有关单位和人民群众进行宣传、借以指导工作的工具。掌握并运用这种工具，是我们的一项基本功，也是我们从事实用写作应具有的基本修养。

❷ 深入调查研究，广泛收集资料

实用写作不能闭门造车。实用文是调查研究的产物。深入社会实际，注重调查研究，是党的优良作风，我们应该坚持并发扬光大。因为只有在调查研究中，才能获得大量的第一手资料，才能写出解决实际问题的有价值的实用文。

❸ 掌握文种格式，遵守写作规范

在学习的过程中，要以范文为借鉴，以教材上的理论为指导，通过实用写作技能训练，掌握各类文种的格式和语言运用要求。

❹ 精通业务知识，理论联系实际

实用写作活动总是针对某一方面的工作问题来开展的，它必然要涉及某一方面的业务，使写作具有行业底色。这就要求写作者必须具备一定的业务知识，熟悉本行业和本部门的工作情况。否则理论脱离实际，实用写作就会失去意义。

❺ 线上线下结合，反复修改练习

在实用写作课程学习的过程中，既要在线上认真学习写作方面的理论知识，又要注重线下的情境写作实践；既要重视具体文种的基本格式和写作要求，又要注重语言文字运用能力的培养。还要掌握有关的专业知识，行文才能明白晓畅、严谨简明。坚持在"写中学"并反复修改，以不断提高写作水平和沟通能力。

（二）要掌握学习实用文的有效途径

❶ 自主学习

借助信息技术，利用实用写作网络课堂开展自主学习活动。充分发挥主观能动性，在课前完成文种知识的自学和自测。重点是学习和借鉴范例的写法，为开展情境写作活动打下基础。

❷ 合作学习

根据教师设计的实用写作情境，以学习小组为单位开展模拟真实情境写作活动，在分工协作中开阔视野，取长补短。一方面培养合作学习能力，另一方面提高文种写作的质量。

❸ 比较学习

努力发掘比较学习的点，认真开展"对比式"评改活动。如病文与例文、例文与习作、病文评改与习作评改等。在学习的主体地位上践行"做中学"的教学理念，加强交流与沟通，促进深度学习，增强学习的实效性。

第二节　实用写作的主旨与材料

一、实用文的主旨

（一）主旨的概念

主旨即用意或目的，又叫旨、旨意，它是对文章中心的一种称谓。任何文章都有明确的主旨，只是说法不同。在议论文中，主旨被称为论点或中心论题；在记叙文或文学作品中，主旨被称为中心思想或主题思想。在实用文中，主旨则被称为主要意图或目的。所谓"主要意图"，就是作者希望达到某种目的的打算。这是由实用文适应工作、社会生活的需要，带有十分具体的业务性质和事务性质决定的。如"请示""报告""计划""总结""申请书"等实用文，都具有明显的目的性。清代刘熙载说："凡作一篇文，其用意俱要可以一言蔽之。扩之则为千万言，约之则为一言，所谓主脑者是也。"这里的"主脑"就是主旨。通俗地说，主旨就是能够概括作文用意的一句话。

实用文的主旨要求单一、正确、新颖。单一指一篇实用文的主旨只能有一个。因为意多文乱。正确是说实用文主旨必须符合党和国家的路线、方针、政策，符合客观实际情况。新颖是说实用文主旨要有独到的见解。

概括实用文的主旨要做到吃透两头，即吃透上级的指示精神，弄清下面的工作实际。不能生搬硬套，否则就不能提炼出正确的主旨，不利于实用文的读写。

（二）主旨的特点

一般来说，作者在撰文之前，实用文的主旨就已经形成了。所谓"意在笔先"就是这个道理。换句话说，在落笔之前，作者对所写的事理、目的就胸有成竹了。主旨的特点主要有以下4点。

❶ 主旨的实用性

实用性是实用文主旨的一个显著特点，这是它与文学作品、一般文章主旨的一个根本区别。文学作品、一般文章主旨所体现出的是认识作用、教育作用和审美作用。而实用文的主旨所体现出来的是实用性。因为它是为解决实际问题而写的，是处理公私事务的工具。例如，我们写求职信，是为了谋求职位；写广告，是为了推销产品；写请示，是为了请求上级给予指示或批准，等等。实用文都有非常明确的写作目的，否则就是无病呻吟。

❷ 主旨的客观性

文学作品是社会生活的反映和作家心灵的写照。作为一种精神活动，文学写作必然会打上作者的主观烙印并在主旨的提炼上自然呈现出来。但是，实用文则完全不同。其主旨的提炼源于客观材料，作者必须尊重事实，不夹杂主观感情。主旨力求体现生活和工作的需要。这一点公文最具有代表性，它的主旨所体现的只能是领导集体的意图，单位需要什么，作者就表达什么，不能有半点随意。

❸ 主旨的单一性

文学作品可以一文多义，而实用文则要一文一旨。如果实用写作面面俱到，势必枝蔓丛生，隔靴搔痒，影响办事效率。因此，动笔之前要明确写作意图，抓住重点来写。要突出最有效、最有新意的内容。对那些次要的工作，则可以略写，点到为止。

❹ 主旨的明晰性

文学作品主题一般蕴含在人物形象、故事情节、典型环境之中，表现得十分含蓄。正如恩格斯所说："作者的见解越隐蔽，对艺术作品来说就越好。"但是实用文的主题必须明晰。因为实用写作的目的在于办事，如果主旨不明晰就无法解决问题。在实用写作中，人们为了彰显主旨，往往用标题概括主旨，或者在开头开宗明义，即所谓"立片言以居要"，让人一眼看出全文的主旨所在，便于快速按文办事。

一、实用文的材料

（一）材料的含义

实用文的材料指需要写在文章中的事实，包括时间、地点、人物、事件、背景、原因、结果、目的、相关数据等。材料是实用文的基本要素之一，它不同于议论文中的论据，也不同于记叙文和文学作品中的题材，更不同于那些尚未提炼、加工的原始素材。

实用文的材料要求真实而又典型。**真实**指实用文中涉及的人和事必须准确无误，甚至连事情的始末细节也绝对真实可靠，不得添加写作者的主观想法。典型指材料要有代表性和普遍性，最能反映事物本质规律，突出鲜明主旨。

（二）材料的类型

实用文的材料主要有两种类型：一是直接材料，它是由作者亲身感受和通过观察、调查而获得的，称为第一手材料；二是间接材料，它是由阅读书报、检索文献资料而获得的，或由他人提供的，称为第二手材料。

无论是第一手材料还是第二手材料，都应该认真核实，确保其真实性和典型性。否则，实用写作就会出现偏差，影响学习、生活和工作。

（三）材料的提炼

材料搜集之后，要根据表达主旨的需要，对材料进行加工提炼处理，运用典型材料来表现主旨。

❶ 合并同类材料

在实用写作过程中，把说明同一个观点的几个材料归纳为一个材料，使之具有综合性，以便集中有效地说明实用文的主旨。例如工作总结，如果多个材料在本质上反映的是同一个问题，那么就可以进行归纳概括，将反映个别情况的材料，上升为反映整体情况的材料，更能突出主旨。

❷ 剪裁冗长材料

在实用写作中，不论是叙事，还是分析问题，都不能简单、一味地堆砌材料，否则就会掩盖主旨。要根据表达主旨的需要，对那些内容好而篇幅冗长的材料，进行合理剪裁，做到去伪存真，去粗取精。

❸ 选择新颖材料

实用写作不是简单套写，老生常谈。材料要新颖，才能写出有新意的实用文，反映新情况，解决新问题。即使是同一材料，也可以选择新的角度加以反映，做到推陈出新。例如上报的公文，往往选择突出材料的参谋或请示的角度，下发的公文则要选择突出材料的指示或指导作用的角度。比如农村体制改革之后，对农民富了这一类事实材料，可以避开众人常写的角度，从钱袋子鼓起之后，响应国家号召再投资，观念改变的新角度去选择材料。如此进行写作，选择和使用材料的角度变了，文章也就新了。

第三节　实用写作的结构与语言

一、实用文的结构

（一）结构的含义

结构指根据观点表达的需要，将精选出来的材料在系统地、科学地组织安排时所采用的一定的形式与格式。一篇好的实用文，不仅要主旨鲜明、突出，材料真实、典型，语言准确、生动，还应当有规范的、固定的格式。在一篇实用文中，如果说主旨是灵魂、统帅，材料是血肉的话，那么结构就是它的骨骼，三者缺一不可。一篇实用文采用什么样的结构，是由主旨和文种特点决定的。

（二）结构的类型

规范性的实用文文本格式分为两类：一类是由权力机关颁布的法定格式，如公务文书决定、报告、通告等文种格式，均由眉首、主体和版记 3 大部分构成；另一类是在长期的使用过程中形成的约定俗成的格式，如日常事务类文书计划、总结、启事等文种格式，一般由标题、开头、正文、结语等部分组成。不管是法定的还是在长期的写作实践中约定俗成的，都要求人们严格遵守，不得随意变更。

（三）结构安排的要求

❶ 突出主旨

主旨是贯穿全文的红线，实用文的结构要有助于突出主旨。按照实用文的写作规范，它一般在标题或开头要点明主旨，然后围绕主旨安排层次和段落，结尾时加以总结，画龙点睛升华主旨，照应开头。

❷ 要求完整

实用文要求各组成部分必须完整。开头结尾、过渡照应和习惯用语都要求齐全，不能随意省略。

❸ 符合文体特点

实用文的文种特别多，各文种的结构形式不尽相同，各有各的固定格式，不能随意混用。

二、实用文的语言要求

（一）实用文语言的基本要求

作为一种实用性文体，实用文的语言具有实用性、规范性和模式化的特点。在实用写作中要求准确、简明、平实、得体，不能标新立异和胡编乱造。

❶ 语言要准确

准确指语言要准确贴切。实用文是用来处理公私事务的，因此文中所用的一词一句、一个概念都不能有歧义，只能表达一个确切的意思，只有一种解释，不含糊、不费解、没有漏洞。如果语言不准确，就会产生误解，影响工作。

❷ 语言要简明

简明就是指语言简洁明了。实用文的语言要简明扼要，一语中的。这不仅是提高工作效率的需要，也是减轻不必要的工作压力的途径之一。要多使用表意简洁明快的短句，做到长话短说，要言不烦。忌空话、套话、废话。

❸ 语言要平实

平实就是语言要平直朴实。实用文的行文要抓住要害，直陈其事，不允许有虚构、夸张和想象，少用甚至不用描写、抒情等表达方式。

❹ 语言要得体

得体就是言语得当，恰如其分，符合实用文的语体特征。实用文一般有特定的读者对象，其语言要讲究得体。譬如，上行文的语言要谦和而不阿谀奉承；下行文的语言要郑重严肃，关怀爱护而不简单粗暴；平行文的语言要以诚相见，相互尊重；商业广告的语言则要生动活泼、灵活多变；求职信的语言要诚实有礼，谦恭有度；等等。总之，语言运用要因文而异，恰当得体。

（二）实用文中的常用习惯语

在实用写作中，常用的习惯用语如同身份识别一样，是不可或缺的。学习掌握这种语言的关键是表达要简明合乎规范。根据功用不同，它主要有以下9个方面。

（1）开端用语：根据、查、兹、兹因、兹有、为了、关于、按照、前接、近查等。

（2）称谓用语：第一人称用"本""我"；第二人称用"贵""你"；第三人称用"该"。

（3）经办用语：兹经、业经、前经、即经等。

（4）引叙用语：悉、近悉、惊悉、前接、近接等。

（5）期请用语：即请查照、希即遵照、希、希予、请、拟请、恳请、务必、务求等。

（6）表态用语：照办、同意、可行、不宜、不可、同意、不同意、遵照执行等。

（7）征询用语：当否、可否、妥否、是否可行、是否妥当、是否同意等。

（8）期复用语：请批示、请批复、请复、请告知、请批转等。

（9）结尾用语：为要、为盼、为荷、特此函达等。

（三）实用文语言的其他要求

❶ 叙述语言需简洁、概括

在进行叙述时要用最简短的语言陈述特定时空的信息，概述事实的主干，而不应纠缠于具体情节之中。如有一篇表彰通报是这样写的："×××在科学研究上走的是一条不平凡的路，他全心扑在科研上，而忘记了个人的事。有一次孩子病了，他妻子在家里忙着护理，打电话到×××单位叫他赶回家把孩子送医院治疗。×××接了电话答应后，电话筒一放他又埋进了实验。他妻子在家中左等右等等不到他回家，急得像热锅上的蚂蚁，又往××单位打电话，这时×××正潜心做实验，电话铃声都没听见了。他妻子又急又气只好打120急救中心的电话，才把孩子送往医院治疗。他的小孩高烧退后，还在问他妈妈：'爸爸又出差了吗？或者还没下班……'"该公文将×××先进事迹作为表彰决定的理由时，不懂得以最简洁的文字陈述特定时空的信息，概述事实的主干，而仍用记叙文的笔法细细道来，结果陷入耗时费墨的情节纠缠。内容冗长，就会失去公文的原则，违背了文约事丰的要求。

❷ 语言表达要严谨、有度

实用文语言表达是否严谨有分寸，关系到对问题的判断、处理是否合理、准确。如一份处理决定，其中这样写道："张××在20××年9月间收受××工程公司的50万元巨款。案发后张××还和××工程公司经理及会计订立攻守同盟，妄图掩盖其过错"。文中"过错"一词有失严谨，表述与事实不符，张××的行为不是过错而是严重犯罪。

❸ 数据语言书写要规范、清晰、准确

具体要做到以下3点。

（1）在同一篇文章中序数数字的体例要统一，不能体例混杂。如"农历初一至初7放假"一句，前后数字体例书写不规范，需统一书写。同时分数与小数的体例也必须统一。如"该县企业所得税收入完成95.6万元，比去年增长百分之十三"也出现了混写的错误。

（2）表示公元世纪、年代、年、月、日、时刻均需使用阿拉伯数字，而星期则用汉字。如"21世纪""90年代""星期五"。

（3）邻近两个数字并列表示概数时，应该用汉字书写，数字与数字之间不能用顿号将其隔开。如"3、4天"应写成"三四天"；"七、八种"的"七"和"八"之间也不能用顿号隔开。

本章训练

一、简答题

1. 试比较实用写作与文学写作的区别。
2. 结合自己的学习和工作实际，谈谈学习实用写作的重要性。
3. 指出下面语段中语言表达的错误。

（1）×××收受包工头的贿赂几十万元，造成国家直接或间接经济损失二千多万元。

（2）×××自2012年以来用五年的时间，先后完成了省部级的科研成果十多项，多次获得国家省部级的奖励。

二、病文评改题

1. 仔细阅读下面这则请示，思考它的观点是否单一，材料是否恰当，并做出修改。

××市财政局关于申请追加广播事业费预算指标的请示

×财字〔20××〕第12号

财政部：

为适应形势发展的需要，满足我市广大群众的要求，经市委领导同意，我局决定筹备成立××电视台。初期先举办电视教学讲座，计划今年国庆正式开播。目前开播讲座的准备工作正在进行。今年需要开办费90万元，主要包括购置六频道发射机一台38万元……××电视台初期举办的电视教学讲座计划开播英语讲座、电视大学自学考试辅导等。这些讲座都是我市急需开办的，市委领导指示，通过三至五年的电视教育，将在我市初步形成一个电视教育网，这必将为我市的建设提供大量的人才，是件投资少、见效快、效应高的好事情。现初步估算，每年需人员经费及正常的技术措施经费80万元。以上两项经费共185万元，我市广播事业预算指标和机动财力中难以解决。特此申请。

××市财政局

20××年4月10日

2. 阅读下面的材料，指出它的毛病并给予改正。

要做好资料员工作是件不容易的事

我是20××年1月参加农行工作的新同志，一年多来的工作实践，我深深体会到：要做好资料员工作，除需要掌握语文基础知识和本行业的业务知识外，还要有一定的理论政策水平，然而更需要深入实际，调查研究。

我刚来到秘书股搞资料工作时，不要说写，连一般业务性的文章都看不懂，我每天只干一些事务性的工作，看见秘书写东西那样运笔自如，心里很焦急。记得有一次，县里组织存款经验介绍会；领导叫我整理一下材料，当时我的业务知识很缺乏，对存款和贷款的性质分不清，把农民存入银行的款当成贷款，出了大笑话。为了尽快地提高自己的写作水平，我除虚心向老同志请教外，还充分利用空闲时间学习一些跟资料工作有关的书籍。一年多来，读了语文基础知识，各种文体写作，银行基础知识，农村金融等书籍。通过学习以及下乡调查，自己的业务水平和工作能力都有一定的提高。一般的调查材料、简报及日常应用文都能写了。省行要求资料员办班前交一篇稿件，我自己一个人下去，自己动手写了一篇调查材料，在质量上比以往有所提高。

3. 下面是一位同学写的书信，请从结构和语言上指出他的错误，并加以修改。

建华和新生，你们好！

惊悉你们俩人考上大学，非常高兴，谨向你们致以衷心祝贺！说来惭愧，咱们三人曾同学五年，独我落选。不过，鄙人这次虽然高考不幸，名落孙山，但决不灰心，决心明年再考，即使考不上也不悲观，学府外自学成材的人不是大有人在吗？时至今日，学习计划已具雏形，诸君学习成绩显著，有何经验之谈或锦囊妙计，莫保守，来信告我。

余不赘陈，愿我们在学习的道路上比翼双飞。

此致

敬礼！

九月三日

刘浪于渝

第二章　日常事务类实用文书

引言

日常事务类实用文书是单位和个人在解决日常事务类问题时广泛使用的一类文书。它主要用于沟通信息、明确责任、规范行为，或布置工作、落实任务、总结经验、加强管理等。它是实用写作的重要组成部分。

本章主要介绍日常生活和工作中常用的事务类文书，包括请假条、借条、欠条、启事、计划、总结、会议记录、护理查房记录和诊断证明书。通过学习此类文书，了解其含义、特点，掌握其写作格式和要求，以便在今后的日常生活和工作中正确使用。

第一节　请假条

一、任务导入

指出下列条据中的问题，并按照请假条的写作要求进行修改。

请假条

王处长：

我因生病，身体极其不舒服，不能正常上班，需要请假一段时间，望批准。

干部：张天浩
2018.6.17

二、例文借鉴

【例文】

请假条

吴老师：

我因参加"2018年全国职业院校技能大赛高职组项目湖北选拔赛"培训，需请假3天（5月8日—10日），请批准。

附件：关于参加湖北高职院校技能大赛赛前培训的通知复印件

此致

敬礼！

请假人：覃伟
2018年5月7日

【提示】这是一份格式完备的请假条。正文陈述了请假的原因、时间和时长。语言表达简洁、得体、准确。

三、知识概览

（一）请假条的概念

请假条与留言条、托事条等一样，都是说明性条据。具体地说，请假条是个人因为有事或生病，不能参加学习、工作、会议等，需向有关部门或负责人请假而写的便条。

（二）请假条的写作格式

请假条由标题、称谓、正文、附件、致敬语和落款组成。

1 标题

标题一般是首行居中写上"请假条"。

2 称呼

称呼一般顶格书写，以表尊重。

3 正文

正文要写明谁，是何原因，需要在什么时间内请假，请假时长，请求批准等。

4 致敬语

致敬语分两行写，上行空两格，书写"此致"，下行顶格书写"敬礼"。

5 落款

落款包括署名和日期两部分，分两行写，置于请假条的右下方，日期写在署名的正下方，用阿拉伯数字书写。假如由他人代写，要署上代笔人的姓名，与请假人的关系等。

四、知识链接

请假条写作应注意以下事项。

1. 请假理由要充分

请假条的请假理由要充分。因生病请假时间较长的还需开具医生证明。证明文件名以附件形式放在致敬语之前。

2. 请假时间要明确

请假条的请假时间要明确且要控制请假时间的长短。只有请假时间的长短适当，请假才有可能被批准。特别是一些单位有请假时间规定的，则应自觉遵守。如学生请假时间过长，请假往往不被批准，会被劝退学。职工请假过长，影响正常工作，请假通常也不会被批准，而是被劝停薪留职或辞职等。

五、本节训练

（一）网上自测

1. 单项选择题

（1）请假条的文体是（　　）。

    A. 记叙文　　　　　　B. 议论文　　　　　　C. 实用文　　　　　　D. 散文

（2）因有事需要委托别人帮助办理而写的便条是（　　）。

    A. 借条　　　　　　　B. 留言条　　　　　　C. 托人办事条　　　　D. 请假条

（3）请假条正文的结束语是（　　　）。

    A. 此据　　　　　　B. 妥否，请批示　　C. 请审阅　　　　　D. 请批准

2. 多项选择题

（1）请假条的正文应包含的内容有（　　　）。

    A. 请假的原因　　　B. 致敬语　　　　　C. 请假的时长

    D. 附件　　　　　　E. 请假要求

（2）请假条签名可以使用的笔有（　　　）。

    A. 圆珠笔　　　　　B. 毛笔　　　　　　C. 黑色碳素墨水笔

    D. 铅笔　　　　　　E. 红色笔

3. 判断题

（1）私人交往时，可以使用托人办事条和留言条。　　　　　　　　　　　（　　　）

（2）请假条与借条一样，是凭证性条据。　　　　　　　　　　　　　　　（　　　）

（3）提出请假要求可以用"望批准"。　　　　　　　　　　　　　　　　　（　　　）

（4）说明性条据的称谓必须顶格书写。　　　　　　　　　　　　　　　　（　　　）

（二）情境写作

张东敏是某医院护士，2018年5月19日，她突然接到家里电话，说父亲生命垂危，正在家乡医院抢救，于是她向科室主任吴天明请了一周的事假，匆匆赶回了家乡。

要求：以学习小组为单位开展情境写作活动，代张东敏书写一份请假条，做到格式正确，内容完整，语言简明，书写规范。

（三）习作评改

根据情境，分组完成写作任务后，每组在自评的基础上将代表作品上传至学习通"群聊"进行互评和修改。

第二节　借条

一、任务导入

指出下列条据中的问题，并按照借条的写作要求进行修改。

借条

今天找王明借了250块钱，后天还。

张春田

二、例文借鉴

【例文】

借条

今借到宜民医院六合低频治疗仪（LK-FA）两台，支付押金人民币叁佰（300）元整，半个月内归还。此据。

民康诊所（公章）

经手人：王宇

2018年10月17日

【提示】这是一份借条。正文用习惯语"今借到"开头，详细说明了所借物品、支付的押金数额及归还的日期。写作格式规范，语言表达严谨。

三、知识概览

（一）借条的概念

借条与欠条、收据、领条等都属于凭证式条据（单据）。具体地说，借条是单位或个人借到物品、现金、文件资料等财物时写给出借方的单据。归还钱物时，应索回销毁。

（二）借条的写作格式

借条一般由标题、正文、署名和日期组成。

❶ 标题

标题通常是在首行居中写"借条"，或写"今借到"字样，表明性质。

❷ 正文

以"借条"作为标题的，第二行空两格开始写正文。要写明从什么单位或什么人处借到什么财物。涉及物品的要写明名称、规格、数量；涉及金钱的要写明币种、金额，金额必须用大写，以防涂改，并且数字前要写币种，数字后要写量词。金额的末尾要加上"整"字。数字若同时书写大小写，大写小写要相符，否则容易被持据人员添加数字或修改。借条一定要写明归还的日期。正文以"此据"为结束语。

以"今借到"作为标题的，正文直接顶格书写从何单位或何人处借到什么钱物。

❸ 署名和日期

正文下面偏右处写署名部分。单位名称要用全称，加盖单位公章；姓名要写齐全，不要用同音同义、多义字代替，也不能简称，如"张姐""阿红"等，以身份证上面的名字为准。

日期写在署名的下一行并与之对齐，用阿拉伯数字写明年月日。

四、知识链接

借条写作应注意以下事项。

1. 用语要准确

借条杜绝使用模糊用语，如"大概""估计""可能""差不多""算是""或许"等；含义要清晰明确。

2. 内容要正确

借条一般不能涂改。如果涂改，必须在涂改处签名或盖章。

3. 签名要规范

借条的经手人签名不可用铅笔、圆珠笔和红色墨水笔。

五、本节训练

（一）网上自测

1. 单项选择题

（1）借条落款处日期写法正确的一项是（　　　）。

    A．2018.9.10　　　　　　　　　　　B．2018 年 9 月 10 日

    C．2018.09.10　　　　　　　　　　　D．二〇一八年九月十日

（2）凭证性条据中关于金额数量表达正确的一项是（　　　）。

　　　　A.200 元　　　　　　　B.　贰佰元　　　　　C.　人民币贰佰元整　D.　贰佰元人民币

（3）凭证性条据中必须手写的部分是（　　　）。

　　　　A.　标题　　　　　　　B.　钱物的数量　　　C.　经手人签名　　　D.　物品的名称

2.　判断题

（1）收到对方钱物后写给对方作为依据的字条，叫领条。　　　　　　　　　　　（　　）

（2）借条由借出者保留，直到借方归还钱物时，也不能销毁。　　　　　　　　　（　　）

（3）凭证性条据可以在文后使用致敬语。　　　　　　　　　　　　　　　　　　（　　）

（4）借条或收条不可以打印，必须手写。　　　　　　　　　　　　　　　　　　（　　）

（5）借条要顶格书写称谓。　　　　　　　　　　　　　　　　　　　　　　　　（　　）

（6）借条是一种凭证性条据（单据），可以作为法律凭据使用。　　　　　　　　（　　）

（二）情境写作

　　张东敏是某医院护士，2018 年 5 月 19 日，因父亲病危，她向单位领导请假后便匆匆赶回家乡。张东敏来到父亲的病房，发现父亲的病情虽然得到了控制，但医药费却出现了缺口。情急之下，张东敏找到了自己的中学同学李伟，向他借了 2 万元。

　　要求：以学习小组为单位开展情境写作活动，代张东敏书写一份借条，做到格式正确，内容完整，语言简明，书写规范。

（三）习作评改

　　根据情境，分组完成写作任务后，每组在自评的基础上将代表作品上传至学习通"群聊"进行互评和修改。

第三节　欠条

一、任务导入

　　指出下列条据中的问题，并按照欠条的写作要求进行修改。

欠条

上个月找李晓借了5本书，今天还了3本，还有2本下周还。

二、例文借鉴

【例文】

欠条

　　原借张铭人民币肆万（40 000）元整，现已还贰万（20 000）元，尚欠贰万（20 000）元，于一月内还清。此据。

欠款人：汪一平
2018年9月24日

　　【提示】这是一份欠条。正文用"原借……，现已还……，尚欠……"句式将欠款情况交代得清清楚楚。写作格式规范，语言表达准确、得体。

三、知识概览

（一）欠条的概念

　　欠条是欠款欠物一方向有关单位或个人所写的凭证性单据。所欠钱物还清时，应索回销毁。

（二）欠条的写作格式

欠条与借条的写作格式相似，一般由标题、正文、署名和日期组成。

1 标题

标题通常是在首行居中写"欠条"即可。

2 正文

欠条的正文常常用"原借……，现已还……，尚欠……"句式将所欠款物的情况交代清楚。这一点和借条的写法不同，其他要求与借条一样，如涉及物品的要写明名称、规格、数量；涉及金钱的要写明币种、金额，金额必须用大写；等等。

3 署名和日期

署名和日期的写法和要求与借条相同。

四、知识链接

欠条和借条的区别如下。

1. 欠条和借条的性质不同

欠条和借条形成的原因不同。借款主要是因借贷而产生的，欠款则可能是因为买卖、租赁、利息等原因产生的。

2. 欠条和借条诉讼时效不同

（1）借条的诉讼时效

约定还款期限的借条：诉讼时效从还款期限届满的次日起计算满3年。

没有约定还款期限的借条：依照《中华人民共和国合同法》第二百零六条，对于借款期限没有约定和约定不明确的，借款人可以随时返还，出借人可以催告借款人在合理期限内返还。据此，根据《中华人民共和国民法总则》第一百八十八条，没有约定还款期限的借条，其诉讼时效从出借人主张返还之日的次日起开始计算3年。债权人从借款发生之日的20年内主张权利。

（2）欠条的诉讼时效

约定还款期限的欠条：诉讼时效从还款期限届满的次日起计算满3年。需要说明的是，此类诉讼案由应为基础法律关系。

没有约定还款期限的欠条：最高人民法院在《关于债务人在约定的期限届满后未履行债务而出具没有还款日期的欠条诉讼时效期间应从何时开始计算问题的批复》（法复〔1994〕35号）中指出："双方当事人原约定供方交货后，需立即付款，需方收货后无款可付，经供方同意写了没有还款日期的欠款条，根据《中华人民共和国民法通则》第一百四十条的规定，对此应认定诉讼时效的中断。如果供方在诉讼时效中断后一直未主张权利，诉讼时效期间则应从供方收到需方所写的欠款条之日的第二天开始重新计算"。据此，此类欠条的诉讼时效应从出具欠条之日起开始计算。

五、本节训练

（一）网上自测

1. 单项选择题

（1）欠条开头语使用正确的是（　　　）。

    A. 今欠　　　　　　B. 今欠到　　　　　　C. 原借　　　　　　D. 今借到

（2）欠条结束语使用正确的是（　　　）。

    A. 省略结束语　　　B. 谢谢　　　　　　　C. 此致 敬礼　　　　D. 此据

（3）约定还款期限的欠条，从还款期限届满的次日起计算其诉讼时效是（　　　）。

    A．满3年　　　　　　B．满2年　　　　　　C．满1年　　　　　　D．满5年

2. 多项选择题

（1）欠条如果涂改，对涂改处正确的处理方法有（　　　）。

    A．签名　　　　　　B．盖章　　　　　　C．写明涂改原因

    D．顺其自然　　　　E．写明涂改内容

（2）属于凭证性条据的有（　　　）。

    A．欠条　　　　　　B．请假条　　　　　C．留言条

    D．领条　　　　　　E．借条

（3）欠条写作格式的组成部分有（　　　）。

    A．标题　　　　　　B．正文　　　　　　C．署名

    D．日期　　　　　　E．称谓

（二）情境写作

张东敏为父亲治病向中学同学李伟借了2万元。因工资收入不高，到了约定还款期限，张东敏只还了李伟1万元。剩下的1万元承诺两个月内还清。

要求：以学习小组为单位开展情境写作活动，代张东敏书写一份欠条，做到格式正确，内容完整，语言简明，书写规范。

（三）习作评改

根据情境，分组完成写作任务后，每组在自评的基础上将代表作品上传至学习通"群聊"进行互评和修改。

第四节　启事

一、任务导入

指出下列启事的错误之处，并根据启事的写作要求，改写为一份规范的启事。

寻物启事

本人昨天在校大礼堂排练合唱节目时，丢失一条围巾，请拾到者与我联系。

2016年5月

二、例文借鉴

【例文】

寻物启事

2018年11月5日下午3点，因本人不慎，将一个黄色的双肩背包遗失在学校东区体育场的篮球架下，包内有一本书、一个黑色钱包和一瓶饮料。请拾到者与我联系，定当面谢！

联系电话：13854×××××　QQ：296×××××。

寻物人：吴天浩
2018年11月6日

【提示】这是一篇寻物启事。由标题、正文、落款3部分组成。标题由内容+文种构成。正文详细说明了物品丢失的时间、地点和物品的名称、颜色、数量等，同时写清了寻物者的联系方式，以方便拾到者与其联系。落款写寻物人名字和日期。格式规范，条理清楚，语言简明。

三、知识概览

（一）启事的含义

启事是机关、社会团体或个人有事情需要向公众说明，或者请求有关单位、广大群众协助办理某件事情而撰写的实用文书。"启"就是公开陈述的意思，"事"就是事情。通常张贴在公共场所或者刊登在报纸、刊物上。

（二）启事的类别

启事涉及内容广泛，根据它的不同作用和目的，可分为以下4种。

❶ 征招类启事

征招类启事包括招生、招聘、招工、招领、征文、征婚、换房启事等。

❷ 告知类启事

告知类启事包括迁移、更名、开业、停业、结婚等启事。

❸ 寻领类启事

寻领类启事包括寻人、寻物、招领启事等。

❹ 声明类启事

声明类启事包括声明作废、声明无效、声明无关等启事。

（三）启事的特点

❶ 公开性

当事人公开发布启事，希望有更多的公众了解启事内容并给予关注或帮助，但并不强制。

❷ 广泛性

启事涉及面广。无论是单位还是个人，都可以通过启事公开自己需要公众了解或请求协助办理的事情。

❸ 实用性

启事是实用性很强的文体，一旦发布，一般有反馈信息。

❹ 简明性

无论哪种形式的启事都必须写得简洁明了。

（四）启事的写作格式

启事一般由标题、正文和落款3部分组成。

❶ 标题

启事的标题写在首行居中，可以有4种不同的写法：（1）启事者+内容+文种，如"××职业技术学院招聘启事"；（2）内容+文种，如"寻人启事""搬迁启事""招聘启事"等；（3）只写内容，如"寻人""征婚""招聘"等；（4）只写文种，如"启事"。

❷ 正文

启事的正文根据不同的种类写法略有区别。正文一般包括原因、目的、要求、条件、待遇、特征、联系方式等，如寻物启事要写明遗失物的名称、数量、特征，遗失的时间、地点、联系人、联系地址及答谢方式等。招聘启事要介绍招聘单位，写明招聘的目的、应聘资格、招聘岗位及主要职责、工资待遇、报名方式和日期、注意事项等。

❸ 落款

启事的落款写在正文右下方，包括公布启事的单位名称或个人姓名，并在署名下面写上成文日期。

四、知识链接

启事写作应注意以下事项。

1. 内容真实合法

启事的情况说明要实事求是、周密，符合国家政策和法律规定。

2. 语言简明扼要

启事要直截了当阐述事情的来龙去脉，不写与启事内容无关的多余信息。

3. 注意时间性

启事要把限定的时间写明白。

五、本节训练

（一）网上自测

1. 单项选择题

（1）机关、社会团体或个人向社会公开说明或需要协助办理事情时所写的实用文是（   ）。

    A. 通知   B. 通告   C. 启事   D. 通报

（2）启事中的"启"的意思是（   ）。

    A. 启发   B. 开启   C. 启蒙   D. 公开陈述

（3）不属于启事写作格式的一项是（   ）。

    A. 标题   B. 附注   C. 正文   D. 落款

（4）启事的成文日期写法正确的一项是（   ）。

    A. 二〇一九年五月四日   B. 2019.5.4

    C. 2019.05.04   D. 2019 年 5 月 4 日

（5）招聘启事正文开头一般写作的内容是（   ）。

    A. 招聘方法   B. 单位简介   C. 联系方式   D. 薪资待遇

2. 多项选择题

（1）启事的特点有（   ）。

    A. 公开性   B. 简明性   C. 实用性

    D. 特定性   E. 故事性

（2）属于告知类的启事有（   ）。

    A. 搬迁启事   B. 征婚启事   C. 声明

    D. 开业启事   E. 招领启事

（3）寻物启事的正文一般要写明的内容有（   ）。

    A. 遗失物的时间及地点   B. 物品特征

    C. 物品数量   D. 答谢方式   E. 答谢金额

（4）下列启事标题写法正确的有（   ）。

    A. 声明   B. 寻狗启事   C. 停业启事

    D. ××公司招聘启事   E. 征文启事

3. 判断题

（1）启事写作的内容一定要详细具体，如招领启事应对招领物做详细描述。   （   ）

（2）启事在写作时要注意限定时间。   （   ）

（3）可以将"启事"写成"启示"，它们的意思一样。 （　　）

（4）启事一般由标题、正文和落款3部分组成，落款写在正文的左下方。 （　　）

（二）情境写作

小文大学毕业后，来到××建筑设计公司工作。××建筑设计公司是以××都市建筑设计有限公司为依托，基于对我国当前城镇化发展进程和行业趋势的思考与解读，凸显高度专业化和特色化的设计机构。核心设计领域主要为精品住宅、度假别墅、城市商业地产、文旅综合体、产业园区等。有一天，老板告诉她，公司要招3名建筑设计师，让她起草一份招聘启事。

要求：以学习小组为单位开展情境写作活动，代小文拟写一份招聘启事，做到格式正确，内容完整，语言简明，书写规范。

（三）习作评改

根据情境，分组完成写作任务后，每组在自评的基础上将代表作品上传至学习通"群聊"进行互评和修改。

第五节　计划

任务导入

下面一份暑期计划是罗兵同学制订的，请按照计划的写作要求检查其中的问题并修改。

罗兵的暑期计划

在为期两个月的暑假里，做以下安排。

一、第一个月去找暑期工，体验上班生活，为日后的就业做准备。

二、在第二个月的前半月里，为了应付即将到来的二级考试，我将为所学内容进行全面复习，温故而知新，不能荒废学业。在后半月，在复习之余要不断地扩充自己的知识量，报名参加各种培训班，让自己更能适应现在知识年代的社会里的生存。

（罗兵）2019年6月20日

例文借鉴

【例文1】

××市残联2019年扶贫工作计划

按照市委、市政府关于脱贫攻坚工作的总体部署，市残联以提高贫困残疾人家庭收入和改善贫困残疾生产生活环境为目标，以实现全市贫困残疾人健康稳定脱贫为任，特制定本年度扶贫工作计划。

一、指导思想

全面贯彻落实党的十九大精神，以习近平总书记新时代中国特色社会主义思想和全市脱贫工作有关会议精神为指导，结合残联职能条件与相关惠残政策，贯彻落实好各项扶措施，确保各项帮扶措施落地生效。

二、工作目标

1. 到10月底前，实施农村残疾人生产技能培训328人，投入培训资金18.5万元。

2. 全年跟踪抓好农村1 900户左右贫困残疾人户的生产性扶持工作，投入资金330万元。

3. 到10月底前，完成100～150户建档立卡贫困残疾人家庭无障碍改造工程，投入资金60万～90万元。

三、工作措施

1. 加强贫困残疾人自身脱贫能力的培训，采取志智共扶的措施。首先要通过广泛的宣传和正面引导，让残疾人真正树立起"四自"精神，在精神上首先脱贫；二是依托全市就业培训机构、电商机构等培训资源，组织开展"零距离、零费用、有补助"的贫困残疾人就业、创业培训班，增强贫困残疾人就业能力和自我发展能力，从而推进由"输血式"向"造血式"转变。

2. 加大生产性扶持力度。2019年我们选择玉米种植扶持项目，扶持规模覆盖全市18个乡镇。扶持方式采取由各村统计申报户数和种植面积，上报到乡镇政府审核确认后报市残联，市残联通过政府采购的方式为每个贫困残疾户采购不超过一垧地的玉米种子和化肥，在春耕前发到贫困残疾户家中。目前我们已投入180万元，将玉米种子发放到残疾户手中，随即着手进行化肥的招标采购。服务方式首先在发放种子的同时，即由中标方派业务人员对本品种玉米种子的种植技术进行详细的讲解，在施肥浇灌和防虫期间，要逐户到田间地头进行指导，秋后收割时进行测产，结算扶贫增收效果。

3. 抓好无障碍改造工作的实施。为有需求的建档立卡贫困残疾人，特别是贫困重度残疾人家庭进行无障碍改造，以保障残疾人基本民生、实现不让贫困残疾人掉队的重要举措，以确保贫困残疾人"两不愁、三保障、两扩面"工作的重要内容，也是打赢贫困残疾人脱贫攻坚、兜底补短、加快推进残疾人小康进程的重要基础。为了改善贫困重度残疾人居家环境，提高残疾人生活质量，我市残联将为100～150户残疾人家庭实行无障碍改造。改造方案体现"个性化"，改造内容征求残疾人本人和其家庭成员的意见，按照贫困残疾人家庭无障碍改造的总体要求，根据残疾人的残疾状况、需求与居住环境，科学确定改造项目、内容和资金投入。

四、组织保障

1. 加强组织领导。市残联由一把手亲自抓，责成一名副职分管，并指定相关部室做好具体工作。各乡镇要将农村残疾人扶贫工作纳入当地经济和社会发展的总体目标和扶贫规划中，并作为一项重点工作抓实抓好。建立起市级督导、残联与乡镇抓落实、工作到村、扶贫到户、受益到人的工作机制。

2. 充分发挥残联组织的作用。市残联要切实履行职能，积极参与残疾人扶贫规划的制定、统筹协调扶贫资金和物资的分配及扶贫项目的组织实施。各乡镇残联和残疾人专职委员充分发挥作用，为残疾人扶贫提供组织保障。

3. 加强资金的使用和管理。要不断完善残疾人扶贫项目管理及专项资金使用管理办法，提高资金使用效率。加大资金使用情况的监督检查力度，强化审计监管，防止挤占、挪用、贪污扶贫资金等现象发生，确保资金安全。

××市残疾人联合会

××××年××月××日

【提示】这是一篇规范的单位工作计划，标题含有计划制订单位、适用年限和文种。正文前言说明了计划制订的依据，然后分条列项地介绍了指导思想、工作目标，以及为达到工作目标而制订的工作措施和组织保障等。全文目标明确、措施得力，具有较强的可行性和可操作性。

【例文2】

个人工作计划

一、近期目标

今年是在新的工作岗位工作的第一年，是熟悉工作，积极参与，认真履职，探索方法，积累经验的一年，这一年中必须做到"一个转变，一个明确"，即转变工作角色，明确工作职责。

转变工作角色：参加工作近10年了，但是自己从事的工作一直相对单一，以至于对其他行业的工作所知甚少，甚至陌生，县政府办公室作为全县的核心机构，工作涉及全县各行各业，对此，在思考问题、处理事情时，必须跳出以前在部门的思维方式，摆正自己的位置，树立全局意识，切实转变工作角色。

明确工作职责：按照办公室对自己的工作安排，尽快熟悉自己的工作和职责，一是熟悉县政府办公室的各项规章制度，明确工作要求；二是熟悉县政府办公室总体工作及相关业务年初工作目标，明确工作任务；三是虚心听取办公室其他同志的指导，善于学习、勤于思考，在干中学、学中干，明确工作的运行和处理问题的程序；四要认真与科室其他同志总结前期工作，明确工作努力方向。

二、中期目标

在明确工作职责、工作任务，熟悉工作方的前提下，明年，必须进一步加强自身锤炼，做到政治素质、业务能力、工作绩效"3个提升"。

提升政治素质：一是要善于从政治角度看问题，无论面临的情况多么复杂，要坚持从政治角度分析判断问题，保持清醒头脑；二是要保持政治敏锐性，密切关注时事、了解时事，通过网络、报刊、电视等，敏锐把握各项方针政策动向，保持工作的主动性；三是要树立高尚的政治品格，做到眼界宽广、胸襟广阔、淡泊名利、甘于奉献、坚持原则。

提升业务能力：一是提升写作能力，加强理论学习，注重平时公文写作中的锻炼，注意对办公室其他同志撰写材料的学习，能较好完成交办的新文件拟稿任务；二是提升语言表达能力，加强说话训练，做到汇报工作准确、简洁、清楚；三是提升办事能力，准确领会工作内容，勤于思考，能按照工作职责或领导交办事项要求，较好地完成任务。

提升工作绩效：虚心听取领导、同志、部门等对自己工作的意见和建议，总结经验教训，提高工作效率，优质地完成各项工作。认真做好调研、信息报送等工作，能超额完成办公室下达的工作目标。

三、远期目标

加强学习，确保思想上的先进和作风上的优良；加强锻炼，促进服务意识和业务水平进一步的提高。服从组织、领导安排，善于思考、积极创新，能独立且出色地完成各项工作。

四、工作措施

1. 加强学习。学习是历史使命，选择学习就是选择进步，要把学习作为终身任务和长期实践的行为，要通过学习达到"身强体健"。一方面要端正自己的世界观、人生观、价值观，在学习贯彻的深入、深度和深化上下功夫，增强贯彻党的指导思想的自觉性和坚定性；另一方面要加强办公室业务知识的学习，做到守纪律、知程序、明内容、讲方法，学与用、知与行、说与做的统一。

2. 踏实工作。只有踏实工作，才能创造业绩。坚持"两个务必"是一个党员的根本作风，无论在任何时候都要坚持艰苦奋斗，都要坚持谦虚、谨慎、不骄、不躁。不论什么时候都应以饱满的热情，充沛的干劲，投入工作中，切切实实履职，认认真真服务。

3. 善于调研。调研是保证自己头脑清醒、认识超前、工作进步的有效途径。在繁忙的事务工作中，自己应合理安排，抽出时间对自己所从事的工作进行调查研究，从不同的途径了解自己的工作情况，针对实际工作中存在的薄弱环节，改进工作方法。要善于调研，乐于调研，通过调研不断丰富自己的知识结构，熟悉全县社会经济发展和方方面面的工作，提高工作的能力。

4. 勇于创新。创新，是民族进步的灵魂、事业发展的动力；创新，能使人始终充满活力与朝气。作为一名党员、一名办公室工作人员，在方针政策、规章法纪、制度程序范围内，为提高工作效率、工作质量，更应积极探索新的工作方法，在自己的工作岗位上创造性地开展工作。

新的工作、新的挑战，新的起点、新的机遇。我相信，在单位领导的指导下，在办公室其他同志的帮助下，通过自己的不懈努力，一定会正确面对挑战，把握机遇，使自己不断进步，成为一名新形势下合格的办公室工作人员。

【提示】这是一份个人工作计划。由于调整工作岗位，工作面临新的挑战，因此此计划将自己的工作目标分近期、中期、远期分别阐述，有的放矢，针对性很强。

三、知识概览

（一）计划的含义和特点

❶ 计划的含义

计划是为完成一定时期的任务，而在事前拟定目标、措施和要求的事务文书。目标、措施、步骤，称为计划的"三要素"。制订计划是一种科学的领导艺术。在实践中，计划有许多名称，如"安排""要点""设想""方案""规划""打算"等。

❷ 计划的特点

计划主要有以下 3 个特点。

（1）预想性

计划的预想性是其他实用文体所不具有的。计划不能定得过死，必须留有余地。

（2）指导性

制订计划，是为了克服工作中的盲目性。计划一旦成文，就对实践起到控制和约束作用。企业单位制订的计划，目的在于把握方向、规模、速度，使任务能保质、保量、按时完成。

（3）可操作性

计划必须做到具体明确，切实可行。目标定得过高，无法实现和完成；定得过低，计划又无法起到指导、激励作用。计划的步骤、措施、要求、时限不但要写得具体、细致，还要便于检查督促、对照落实。

（二）计划的种类

根据不同的标准，可以将计划分为不同的种类。

按其所指向的工作、活动的领域分，有工作计划、学习计划、生产计划、教学计划、销售计划、采购计划、分配计划、财务计划等。

按适用范围的大小不同分，有国家计划、地区计划、单位计划、班组计划等。

按适用时间的长短不同分，有长期计划、中期计划、短期计划 3 类，具体还可以分为 10 年计划、5 年计划、年度计划、季度计划、月份计划等。

按指挥性的强弱不同分，有指令性计划、指导性计划。

按涉及面大小的不同分，有综合性计划、专题性计划。

（三）计划的功能

❶ 导向功能

在计划中明确了奋斗目标，便于单位干部和职工围绕整体目标共同努力，避免或减少工作的盲目性。

❷ 调控功能

计划是上级检查、考核的依据，也是自我调控的依据，可把握进程、调整偏差。

❸ 激励功能

计划一旦形成，对实施者有约束和督促作用。

（四）计划写作的基本格式

计划一般由标题、正文和落款构成。

❶ 标题

标题通常由单位、时限和计划内容加上计划的种类组成。

（1）完全式标题

完全式标题由单位+时限+事由+文种组成，如"宏远公司2019年财务工作计划"。

（2）非完全式标题

非完全式标题主要有两种情况：一是由时限+事由+文种组成，如"2019年春季学期保险学知识学习计划"；二是由事由+文种组成，如"应考复习计划"。

❷ 正文

计划的正文由前言（导语）、主体、结语3部分组成。

（1）前言

前言部分主要包括计划的依据、指导思想或重要意义。如"根据公司董事会关于继续扩大生产规模的指示，结合我部门实际情况，为顺利完成今年的各项生产任务，我部门特制订以下工作计划"。

前言的详略长短，要根据工作的重要程度、内容的多少来确定，总体上以精练简洁为原则。

（2）主体

主体一般写清计划的"三要素"，即目标（做什么）、措施（怎么做）、步骤（分几步完成）。

"目标"这部分是计划文书的核心，也是要完成的任务和奋斗的方向。计划文书中如果不提任务、指标，那就没有制订计划的必要。目标包括两个方面：一是总的任务和指标，说明本地区本单位在计划期内经济增长的总体水平，要达到怎样的规模，对经济总量的发展要求；二是具体任务，比如农业、工业、交通、财政、金融、科技、教育、文化、卫生等行业的任务和指标，以及发展的程度。总的任务要概括写，具体任务应分项分条写。这样使人看了一目了然，知道在规划或计划期间，该地区该单位的总任务是什么、各行各业的具体任务是什么，做到心中有数、目标明确。

对于短期计划和某项工作计划，因为比较简单，总的任务和具体任务可合并起来；可分条写，也可不分条写。

（3）结语

结语要提出重点，强调有关事项，发出简短号召。也可以省略。

❸ 落款

落款，是制订计划的单位或个人的署名及制订的时间，在正文右下方署名署时间即可。如果在计划标题上已标明了单位名称，此处就不必重复。上报或下达的计划，还应在日期上加盖单位印章。

（五）写作计划的注意事项

❶ 基础材料要准确

计划不是毫无根据的天方夜谭，要结合上年度的总结和工作实际制定目标、措施和进度。因此，材料一定要准确。

❷ 任务指标有余地

任务、指标和措施要求，一定要实事求是，同时留有余地，允许上升的空间。

❸ 使用朴实的语言

计划不需要华丽、形象的语言，也不需要很多的修辞方法，一般使用朴实、庄重的语言。叙述要清楚，表达要准确。这是计划写作时对语言的要求。

四、知识链接

计划写作的结构模式

计划主体写作一般有3种结构模式：条文式、表格式、综合式。

1. 条文式

它是分条列项地阐述计划的目标、任务、指标、措施等，大多采用序数或小标题，往往层次鲜明、条理清晰。

2. 表格式

它在生产计划中运用较多，大多将生产的目标、指标、任务、进度等内容填入表格，一目了然，十分清楚。

3. 综合式

它是对条文和表格进行综合运用的一种方式。换句话说，就是计划中既有文字说明，又有必要的表格设计。如将计划的任务、指标、时限等用表格来体现，使文章节省笔墨，条理更加清晰，层次更加分明。

五、本节训练

（一）网上自测

1. 单项选择题

（1）集体或个人对一定时期内的任务预先设想、部署、安排的一种实用文体是（   ）。

    A. 总结　　　　　　B. 请示　　　　　　C. 计划　　　　　　D. 申请

（2）计划中依据所在的部分是（   ）。

    A. 主体　　　　　　B. 前言　　　　　　C. 结尾　　　　　　D. 标题

（3）计划的重点是（   ）。

    A. 标题　　　　　　B. 前言　　　　　　C. 主体　　　　　　D. 结尾

（4）由领导个人凭着良好的愿望杜撰出来的计划，只能是无源之水、无本之木，因此写作计划的基本要求是（   ）。

    A. 论证充分　　　　B. 条理清楚　　　　C. 内容全面　　　　D. 集思广益

（5）对某项工作从目的要求、方式方法到具体进度所做的全面计划是（   ）。

    A. 打算　　　　　　B. 方案　　　　　　C. 安排　　　　　　D. 要点

（6）为便于执行检查，计划在时间、数量、质量、目的、任务等方面的写作要求是（   ）。

    A. 面面俱到　　　　B. 条理清楚　　　　C. 表述准确　　　　D. 实事求是

（7）计划是对未来的规定，难免有预测不到的地方，因此，计划的写作要求是（   ）。

    A. 留有余地　　　　B. 实事求是　　　　C. 模糊不清　　　　D. 论证充分

（8）计划中措施所在的部分是（   ）。

    A. 标题　　　　　　B. 前言　　　　　　C. 主体　　　　　　D. 结尾

2. 多项选择题

（1）计划中的每一项内容都为保证实现目标而服务，为其谋划最全面、最优化的策略和步骤，落实具体的措施和方案等，因此计划的特点有（   ）。

    A. 预见性　　　　　B. 目的性　　　　　C. 规范性

    D. 盲目性　　　　　E. 可行性

（2）计划的主体一般包括（   ）。

    A．阐述依据　　　　B．任务和目标　　　C．措施和方法
    D．步骤和注意事项　　　E．分工

3．判断题

（1）计划的目标不能留有余地，制订了就要坚决执行。　　　　　　　（　　）

（2）计划的实质是对理想、目标的具体化。　　　　　　　　　　　　（　　）

（3）计划虽不是正式公文，但一经机关会议通过和批准，就具有正式文件的效能，在它所管
辖的范围内，就具有了权威性和约束力。　　　　　　　　　　　　　　　（　　）

（4）制订计划是一种科学的领导方法。　　　　　　　　　　　　　　（　　）

（5）计划可以根据实际情况进行必要的修改。　　　　　　　　　　　（　　）

（二）情境写作

张明从小就喜欢演讲，进入大学以后，加入了学校"演讲与口才协会"。2019 年 5 月在协会
换届选举中，他被推选为协会会长。为了吸收更多的新成员，开展丰富多彩的协会活动，并与其
他协会进行各种联谊，使协会蓬勃发展，张明需要在 2019 年秋季学期到来之前制订一份 2019
年秋季学期"演讲与口才协会"的工作计划。

要求：以学习小组为单位开展情境写作活动，为张明制作工作计划。做到格式正确，内容完
整，语言简明，书写规范。

（三）习作评改

根据情境，在分组完成写作任务后，每组在自评的基础上将代表作品上传至学习通"群聊"
进行互评和修改。

第六节　总结

一、任务导入

下面的课程学习小结是李宏同学的一篇习作。请对照总结的写作要求检查其中存在的问题并
修改。

课程学习小结

法律课是我本学期选择的院选修课。这一学期的学习使我学到了许多法律上的知识，课上的
每一个案例都是很好的学习教案。我们课堂上看过的案例有挂靠事件、无言的证据、电热水器漏
电致人死亡，等等。

法律课是一种形式多变、活泼的课。上课的形式主要以小组为主，有时自由组合，有时抽签，
我们还以辩论赛、重演案例、模拟法庭等形式上课。这种多种形式的授课方式使我们每个同学都
有高度的积极性，都能在愉快的课堂中真正学习到相关的法律知识，并且能有较深的印象。

我认为法律课是我最喜欢上的课，因为老师总能用不同的形式授课，而且能把我们的主动性
和积极性调动得很高，课堂气氛非常活跃，是我唯一最希望上的课。

我真的好希望所有的课都能像吴老师的法律课一样，有愉快的课堂，而且所讲的知识都能被
学生牢牢地记住。那么我们就不再会认为学习是枯燥无味的，成绩也一定会大大地提高。

谢谢吴老师让我有这么愉快的课堂！

郑望
二〇一九年六月十日

二、例文借鉴

【例文1】

20××年通信网络脱贫攻坚工作总结

一年来，在市委、市政府的坚强领导下，在州经信委的大力关心和支持下，按照市委、市政府关于落实《集中力量打赢扶贫开发攻坚战，确保同步全面建成小康社会的决定》精神，结合我局实际，按照"政府牵头、企业实施、多方参与"的原则，20××年我局紧紧围绕"网络精准扶贫"这条主线，以电信普遍服务和宽带乡村工程为抓手，扎实推进农村地区光纤、4G等高速宽带网络建设，大力提升农村地区宽带网络覆盖能力。现将工作情况总结如下。

一、指标完成情况

1. 105个行政村工作扎实推进

20××年是我市脱贫攻坚工作的决战必胜年，要实现105个村全部通宽带。截至目前，已全面完成101个村的宽带建设任务，完成率为96.2%。

2. 29个贫困村脱贫攻坚成效显著

29个贫困村，完成27个贫困村的宽带建设，完成率达93%。其中××湾村有线宽带已通，目前正在进行无线升级优化，预计8月底能完成无线建设。因今年全州都在大力推进网络建设，光缆、电杆等网络建设所需物资紧缺，××古村处于高半山，投资额度大，建设进度相对缓慢，目前电信正在进行勘察设计，预计9月底完成建设。移动公司2G已通，但部分地区覆盖不全，移动公司正在进行优化升级，预计8月底完成建设。

3. 民生目标任务顺利完成

全年完成全市通信宽带民生工程，完成率为100%。

二、工作措施

1. 强化精准扶贫通信设施组织架构

我局成立了"精准扶贫信息工程建设工作"领导小组，落实了专门工作的机构和专管工作人员，构建了以部门"一把手"为主体的分管领导具体负责、工作人员具体经办的纵向到底的工作责任机制，层层分解细化任务分工。同时根据精准扶贫通信建设的目标任务，结合当地实际，因地制宜地编制了《市20××年精准扶贫通信网络建设规划》，并不断进行改进与完善。上半年共计召开以分管领导组织的专项工作会议4次，召开办公室会议6次。

2. 建立并坚持工程进度月报制度

落实专人汇总、报送工程完成情况，定期更新工程建设台账，将通信网络脱贫攻坚工作作为全年工作的重中之重来抓。

3. 形成部门、乡镇、企业联动的工作机制

相关各部门、各乡镇和各通信企业形成一个良好的互动机制，加强协调，紧密配合，及时有效地解决好项目建设过程中遇到的问题和困难，确保完成全年目标任务。同时加强与各通信企业定期研究工作，促使各通信企业将业内工作与脱贫攻坚工作有效衔接起来，做好倒排工期，推进好各时间节点的建设任务，确保8月31日前全面完成脱贫攻坚通信网络基础设施的建设任务，并建立向省州主管部门汇报对接制度，有效取得上级主管部门的协调支持。

三、存在的问题

（1）因受汛期降水总体偏多，山体滑坡、塌方等地质灾害频发的影响，全市通信设施设备损毁非常严重，不仅人力、物力、财力投入增加，而且车辆、设备设施供应不足，重复建设率高。

（2）因全国都在大力推进网络建设，光缆、电杆等网络建设所需物资紧缺，影响工程进度。

（3）在项目施工过程中，部分当地农牧民群众与企业施工单位存在协调困难的问题，部分地

方漫天要价，提出不合理的赔偿要求，阻挠施工等现象依然存在。

四、下一步的工作打算

1. 加强防控，确保各贫困村通信畅通

充分发挥行业主管部门的综合协调服务职能，做好地企间的指导服务和沟通协调，落实日常巡查、检查制度，加强防控。确保全市贫困村通信网络的稳定，为方便群众的生产生活做出积极的努力。

2. 加强协调，确保按时完成脱贫任务

我局作为行业主管部门，要进一步与各通信部门加强联系协调，及时沟通，及时解决出现的困难和问题，扎实抓好当前重点工作，齐心协力打赢精准扶贫这场硬仗。

【提示】这是一篇单项工作总结，针对本年度脱贫攻坚工作，从指标完成情况、工作措施、存在的问题3个方面逐一总结，条理清晰，对新年度工作的指导性强。

【例文2】

企业围绕市场转　　产品随着效益变
——××钢厂开展"转、抓、练、增"活动的经验

××钢厂是全国独立型特钢企业。长期以来，××钢厂始终坚持"以人为本、管理为头、质量为命、效益第一"的指导方针，立足高原，艰苦创业，以深化改革为主线，以市场经济为导向，加速企业机制转换，在调整产品结构、提高产品质量的同时，增产降耗，加强经营管理，克服了重重困难，使企业得到了长足的进步和发展，经营生产年年持续跨上新台阶，为振兴西北地方经济、发展我国钢铁工业做出了应有的贡献。总结××钢厂在转机制、抓管理、练内功、挖潜力、增效益方面的工作，主要有以下3个方面的经验。

一、深化企业内部配套改革，加快转换企业经营机制

（一）解放思想，转变观念，走"转机制、抓管理"的新路子

近年来，××钢厂多次派人外出考察、学习，开阔了眼界，拓宽了思路。××××年以来，××钢厂根据国内外市场的需求情况和自己的实际条件，制订了企业战略目标，确立了"企业围绕市场转、产品随着效益变"的经营方针；树立了大市场、大企业、大流通的观念；加强了市场预测、经营决策和营销服务工作；树立了创建全国第一流特钢的理念，积极进取，大胆实践，在建立社会主义市场经济体制中，走出了企业转机制、抓管理的新路子。

（二）坚持实行"两保一挂"承包方式，进一步完善内部经济承包责任制

（1）以全厂利益为重，始终坚持国家、企业、职工三者利益兼顾，责权利相结合，职工报酬与企业效益、个人劳动成果相联系的原则；坚持以市场为导向，突出经济效益的原则；坚持突出成本、质量的考核，增大对成本、质量、安全指标否决力度的原则。从而使企业内部经济承包责任制逐步走上程序化、标准化、规范化的轨道。

（2）不断完善企业内部经济承包责任制的"指标、考核、保证"体系，把企业对国家的承包指标逐级分解，层层落实，实行全员承包，设计并完善了多种承包形式。

（三）深化企业内部改革

深化以"三项制度改革"为重点的企业内部配套改革，不断完善分配机制和竞争机制。

二、强化管理，深挖内潜，努力增加效益

（一）加强以标准化为重点、以班组建设为落脚点的基础管理

在标准化工作中，××钢厂在积极采用国际标准和认真执行国家标准、部颁标准的同时，重新补充、修订了企业技术标准；在信息管理中，建立了厂信息中心和17个分中心，扩大信息网络，聘用外部信息员，扩大信息来源；在班组建设中，始终坚持以班组建设为落脚点的基础管理，贯彻落实。

（二）不断提高专业管理水平，向管理要效益，加强以质量为中心的生产管理

　　××钢厂始终坚持"生产经营以质量为中心，企业管理以全面质量管理为中心"的经营思想。多年来，××钢厂在全厂范围内先后开展了"××钢质量巡查""质量万里行"等活动，进一步增强了全体职工的质量意识，促进了产品质量的提高；加强新形势下的营销管理，建立健全营销组织机构，成立了经销处和进出口公司、××钢物资实业总公司；把开拓两个市场、抓好物资供应和产品销售这"两头"作为营销工作的重点，始终坚持"以销定产、以销促供"的原则，积极开展营销业务；加强以成本为中心的财务管理。××钢厂一贯重视成本管理，加强成本核算；针对上游产品不断涨价的严峻形势，紧紧抓住降低产品成本这个关键环节不放。

（三）大力推广和应用现代化管理方法，积极推进企业管理现代化

　　××钢厂先后推广和应用了方针目标管理、网络技术、价值工程、正交试验法等15种现代化管理方法和手段，计算机已广泛应用于财务、劳动人事、生产、质量、统计等专业管理，都收到了较好的效果。

三、坚持科技兴厂方针，加快技术改造步伐

（一）加快技术改造步伐，提高装备水平，增强企业发展后劲

　　××钢厂始终坚持"小步快跑、滚动发展、保证重点"的技改方针，在各项技术改造过程中，把科学管理和现代化管理方法及手段运用于实践，取得了投资省、质量好、达产快的效果。去年，××钢厂完成了炼钢电炉、650连轧等8项主要工程和公辅设施的配套改造，在资金紧张的情况下，坚持自我积累、自我发展和"自行设计、自行施工、自行制造、自行安装、尽快见效"的方针，重点对炼钢进行改造，进一步改善了企业的装备水平。

（二）依靠科技进步，积极开发"三新"

　　××钢厂坚持市场急需、适销对路产品的研制开发方向，充分发挥新产品研制开发体系和研制开发管理网络的骨干带头作用：根据有关文件规定，每年按销售收入的1.5%提取技术开发费，确保技术开发工作得以顺利开展；同时，对技术难度高、对全厂经济指标影响大的攻关项目和"三新"开发项目等实行了技术承包，进一步调动了科技人员的积极性。

　　目前，××钢厂围绕建立现代企业制度进行公司制改造，本着"管好主体、放活辅助、加强基层、服务现场"的指导思想，重点抓好经营机制的转换，逐步实现主辅分离，为建立现代企业制度、进行公司化改制打好基础。

××钢厂

××××年××月××日

【提示】这是一篇典型的经验总结，采用双标题，正标题概括总结的主题，副标题概括总结的具体内容。前言简要介绍企业的基本情况和主要成就。正文主体部分采用小标题的方式对每条经验加以概括，从3个方面具体介绍了企业在转机制、抓管理、练内功、挖潜力、增效益方面的成功做法。全文条理清晰，对钢厂今后的工作和其他兄弟企业的工作都有良好的指导作用。

三、知识概览

（一）总结的含义、特点、作用和种类

❶含义

　　总结是单位、部门或个人对前一段的实践活动进行回顾、检查、分析和研究，从中找出经验教训和规律性的认识，以指导今后实践而写成的实用文书。

❷总结的特点

① 回顾性：即回顾实践或工作的全过程。

② 经验性：总结旨在把实践中的成功经验和教训归纳出来。

③ 说理性：能否进行理性分析，能否找出带有规律性的东西，是衡量一篇总结写得好坏的重要标准。找出带有规律性的东西，用以指导今后的工作，这是总结的实质。

④ 简明性：总结通常只做概括叙述，做简要说明，或直接议论，而不必多方论证。

3 总结的作用

总结的作用主要体现在肯定成绩和积累经验、沟通信息和增强交流、提高工作能力和思想水平等方面。

4 总结的种类

根据不同的标准进行划分，总结可分为不同的种类。

① 按内容分，有工作总结、生产总结、学习总结和思想总结等。

② 按时间分，有年度总结、季度总结、月份总结和阶段总结。

③ 按范围分，有单位总结、部门总结、个人总结等。

④ 按性质分，有综合性工作总结（全面总结）、专题性工作总结（专项总结）。

（二）总结的结构和写法

总结的结构一般包括标题、正文和落款。

1 标题

（1）"完整式"标题

"完整式"标题一般包含单位名称、时限和文种，如"××单位××××年度工作总结"。综合性总结一般采用这种形式的标题。

（2）公文式标题

公文式标题有以下3种形式。

① 单位名称+时间+事由+文种，如"××市财政局20××年工作总结"。

② 单位名称+事由+文种，或时间+事由+文种，如"××百货公司创先争优活动总结"。

③ 事由+文种，如"暑期社会实践活动总结"。

（3）双标题

正标题点明文章的主旨或重心，副标题一般用公文式标题。如"加强医德修养　树立医疗新风——××医院内科精神文明建设的经验"。

（4）新闻式标题

标题只是内容的概括，并不标明"总结"字样，但一看内容就知道是总结。如"一年来的谈判及前途""走活三步棋，选好一把手"等。

2 正文

正文结构形式主要有以下5种。

（1）"三段式"结构

"三段式"结构由工作概况、经验体会、今后打算构成。工作概况是总结的开头部分，应简明扼要地说明总结所涉及的时间、背景、任务、效果等；经验体会是在说明做法与成绩的基础上概括出来的，是总结的重心；存在的问题和今后打算，这是总结的结尾部分。

（2）"两段式"结构

"两段式"结构由情况+体会构成。先叙述基本情况，后集中谈体会，包括经验的总结、教训的归纳以及对存在问题的认识等。

（3）"阶段式"结构

"阶段式"结构指根据工作发展过程中的几个阶段，按时间先后分成几个部分来写。每一部分对每个阶段的工作都要既讲情况、做法，又讲经验教训及存在的问题。

（4）"总分式"结构

"总分式"结构指首先概述总的情况，然后分若干项主要工作一一进行总结。全面总结一般采用这种写法。各部分对各项工作进行总结时，都要求把做法、成绩、经验、教训等有机地结合在一起写。

（5）"体会式"结构

"体会式"结构即以体会（而不是以工作本身）为中心来安排结构。

3 落款

署名并写明日期。

（三）总结写作的注意事项

1 要有新发现

总结要归纳出过去没有或与过去不同的东西来，不能老生常谈。千万不要漏掉好的经验体会和好的材料。

2 要找出带有规律性的东西

总结不能有了新发现就匆忙落笔，而应当找出其中能够揭示事物本质、带有规律性的东西。

3 要突出重点，写好重点经验

在总结的主要内容占比中，基本情况概述占10%，成绩和经验占60%，问题和教训占20%，今后的努力方向占10%。由此可见，成绩和经验是总结的重点。

4 要叙议得当

应以叙述为主，做到叙议结合。一般在交代工作的过程、列举典型事例时，以叙述为主；在分析经验教训、指明努力方向时则多发议论。

四、知识链接

计划和总结的区别

1. 出现的时间段不同

计划和总结出现的时间段有所不同，计划早于总结。

计划是根据对组织外部环境与内部条件的分析，提出在未来一定时期内要达到的组织目标以及实现目标的方案、途径；而总结是社会团体、企事业单位和个人在自身的某一时期或某些工作告一段落或完成后进行回顾检查、分析评价，从而归纳经验，找出差距，得到教训和一些规律性认识的方式。

2. 具体内容不同

计划包含的要素有目的或使命、目标、战略、政策、程序、规则、方案，以及预算等，要明确时间、方法、步骤、预算等；而总结主要是对已完成的事项进行效率或经验、做法的评价，需要将实际执行的事项与计划内容做对比。

3. 分类不同

计划和总结的具体分类形式不同。

从计划的重要性程度上来看，可以将计划分为战略计划和作业计划；根据计划内容的明确性指标，可以将计划分为具体性计划和指导性计划。

根据内容的不同，可以把总结分为工作总结、生产总结、学习总结、教学总结、会议总结等；根据范围的不同，可以把总结分为全国性总结、地区性总结、部门性总结、本单位总结、班组总结等；根据时间的不同，可以把总结分为月总结、季总结、年度总结、阶段性总结等。

五、本节训练

（一）网上自测

1. 单项选择题

（1）总结的写作一般采用的人称是（　　）。

　　A. 第一人称　　　　B. 第二人称　　　　C. 第三人称　　　　D. 3种人称互用

（2）总结最基本的特点是（　　）。

　　A. 简明性　　　　　B. 时效性　　　　　C. 理论性　　　　　D. 客观性

（3）写好总结的重要原则是（　　）。

　　A. 实事求是　　　　B. 材料充分　　　　C. 突出重点　　　　D. 语言简明

（4）单位或个人对以往一段时间的工作活动进行全面回顾、分析、评价得失、探求规律性认识的一种文体是（　　）。

　　A. 计划　　　　　　　　　　　　　　　B. 总结

　　C. 市场调查报告　　　　　　　　　　　D. 市场活动分析报告

（5）总结不能停留在对事实的叙述上，必须对客观事物的本质和内在规律进行概括，从实践中找出规律性的经验教训，因此，总结应有的特点是（　　）。

　　A. 客观性　　　　　B. 主观性　　　　　C. 理论性　　　　　D. 针对性

（6）无论是综合性总结还是专题总结，如果面面俱到地罗列现象，就不能说明问题，更不能提供规律性的借鉴，因此，总结在写作上的要求是（　　）。

　　A. 分析正确　　　　B. 议论充分　　　　C. 突出重点　　　　D. 具有说服力

（7）总结是对实际情况的调查和分析，它的基本内容就是反映实践过程的各式各样的材料，因此，撰写总结的要求是（　　）。

　　A. 谨慎思考　　　　B. 材料充分　　　　C. 推理正确　　　　D. 具有说服力

2. 多项选择题

（1）总结的正文包括（　　）。

　　A. 基本情况　　　　　　　　　　　　　B. 成绩和体会

　　C. 存在的问题或教训　　　　　　　　　D. 步骤和注意事项

　　E. 今后的努力方向

（2）写作总结的要求有（　　）。

　　A. 实事求是　　　　B. 突出重点　　　　C. 语言简明

　　D. 就事论事　　　　E. 材料充分

（3）按性质划分，总结的种类有（　　）。

　　A. 个人总结　　　　B. 工作总结

　　C. 综合总结　　　　D. 年度总结　　　　E. 专门性总结

（4）下列有关总结正文结构形式表述错误的有（　　）。

　　A. 常见的形式有两部式、三段式、四段式和阶段式

　　B. 两部式中，第一部分写工作概况、成绩、经验

　　C. 三段式是按提出问题、分析问题和解决问题的层次写的

　　D. 阶段式是按时间顺序安排结构，把工作过程分为几个阶段来写的

　　E. 体会式是以工作本身为中心来安排结构的

（5）下列有关总结正文内容表述错误的有（　　）。

　　A. 正文的主要内容一般有前言、主体、结尾3部分

    B. 前言简明扼要地概述某一阶段的工作和任务

    C. 主体主要写成绩和经验，以及今后的打算及努力方向

    D. 结尾写存在的问题和应汲取的教训

    E. 结尾写今后的打算及努力方向

3. 判断题

（1）撰写总结主要是为了探寻规律性的认识，以指导今后的工作。   （　　）

（2）总结是对以往的工作、学习等实践活动进行回顾，归纳经验和教训，指导实践的文书。

    （　　）

（3）总结和计划有不可分割的联系，它们都以实践为基础，以指导实践为最终目的。（　　）

（4）总结与经验调查颇为相近，但前者叙述成分多，更加具体，后者更有概括性和理性。（　　）

（5）观点和材料统一，叙述和议论结合，综述和分说交替，这是写总结必须注意的基本要求。

    （　　）

（6）总结要突出成绩，对存在的问题要慎重对待，能省则省。   （　　）

（7）写总结要坚持实事求是的原则。   （　　）

（8）为了说明问题，总结可以引用事例、数据、典故。   （　　）

（9）所有的总结都具有回顾性。   （　　）

（二）情境写作

    ××××年年底，由于"演讲与口才"协会工作业绩出色，该协会被学校团委评为优秀社团，张明本人也被校团委评为先进个人。学校要求他写出工作总结介绍经验，以便学习和推广。

    要求：以学习小组为单位开展情境写作活动，帮助张明撰写一份年度工作总结，做到格式正确，内容完整，语言简明，书写规范。

（三）习作评改

    根据情境，在分组完成写作任务后，每组在自评的基础上将代表作品上传至学习通"群聊"进行互评和修改。

第七节　会议记录

一、任务导入

    指出下列会议记录中的问题，并按照会议记录的写作要求进行修改。

××公司党支部会议记录

时　　间：2019年6月28日。

地　　点：行政楼501会议室。

出　　席：赵××，白××，于××，刘××，郑××，张××。

记录人：刘××。

主持人：赵××。

    首先由赵××发言。接着进行了两项内容。第一项是对入党积极分子的培养情况进行了总结，对每个人的缺点和进步进行了分析，提出了改进之处。支部成员一致同意将蔡××、尚××列为预备党员。

    第二项是召开党内民主生活会，全体党员进行了自我检查，并开展了相互批评。张××认为支部成员的工作还不够细致，工作方法还应改进。支部书记赵××对此进行了解释，并表示将尽

力改善。

散会。

二、例文借鉴

【例文1】

市管委会整顿市容市貌会议记录

时间：4月8日上午。

地点：管委会会议室。

主持人：李××（管委会主任）。

出席者：杨××（管委会副主任）、周××（管委会副主任，管城建）、李××（市建委副主任）、肖××（市工商局副局长）、陈××（市建委城建科科长）、罗××（工商局市管科科长）及建委、工商局有关科室人员，街道居委会负责人。

列席者：管委会全体干部。

记录：邹××（管委会办公室秘书）。

讨论议题：

1. 如何整顿城市市场秩序；

2. 如何制止违章建筑，维护市容市貌。

杨主任报告城市现状：我区过去在开发区党委领导下，各职能单位同心协力、齐抓共管，在创建文明卫生城市方面取得了一定成绩，相应的城市市场秩序有一定进步，市容街道也较可观。可近几个月来，市场秩序倒退了，街道上小商贩逐渐多起来，水果摊、菜摊、小百货满街乱摆……一些建筑施工单位沿街违章搭棚，乱堆放材料，搬运泥土撒落大街……这些情况严重地破坏了市容市貌，使大街变得又乱又脏，社会各界反应很强烈。因此今天请大家来研究：如何整顿市场秩序？如何治理违章建筑、违章作业，以维护市容？……

讨论发言（按发言顺序记录）

肖××：个体商贩不按规定到指定市场经营，对其管理不得力、处理不坚决，我们有责任。这件事我们坚决抓落实：重新宣传市场有关规定，坐商归店、小贩归市、农民卖蔬菜副食到专门的农贸市场……工商局全面出动，也希望街道居委会配合，具体行动方案我们再考虑。

罗××（工商局市管科科长）：市场是到了非整不可的地步了。我们的方针、办法都有了，过去实行过，都是行之有效的，现在的问题是要有人抓，敢于抓，落到实处。只要大家齐心协力，问题是能够解决的。

秦××（居委会主任）：整顿市场纪律我们居委会也有责任。我们一定发动群众配合好，制止乱摆摊、乱叫卖的现象。

李××（建委副主任）：去年上半年创建文明卫生城市时，市上出了个7号文件，其中规定施工单位不能乱摆"战场"。工棚、工场不得临街设置，更不准侵占人行道。沿街面施工要有安全防护措施……今年有的施工单位不顾市上文件，在人行道上搭工棚、堆器材。这些违章作业严重地影响了街道的整齐、美观，也影响了行人安全。基建取出的泥土，拖斗车装得过多，外运时沿街撒落，到处有泥沙，破坏了街道整洁。希望管委会召集施工单位开一次会，重申市府7号文件，要求它们限期改正。否则按文件规定惩处。态度要明确、坚决。

陈××：对犯规者我们先宣传教育，如果施工单位仍我行我素不执行，那时按文件严肃处理，它们也就无话可说。

周××：城市管理我们都有文件、有办法，现在是贵在执行。职能部门是主力军，着重抓，其他部门配合抓。居委会要把居民特别是"执勤老人"（退休职工）都发动起来，按7号文件办事，我们市区就会文明、清洁，面貌改观……

与会人员经过充分讨论、协商，一致决定开展以下工作。

1. 由工商局牵头，居委会和其他部门配合，第一周宣传，第二周行动，监督实施，做到坐商归店、摊贩归点、农贸归市，改变市场的紊乱状况。

2. 由管委会牵头，城建委等单位配合，对全区建筑工地进行一次检查，然后召开一次施工单位会议，对违章建筑、违章工地限期改正。一个月内改变面貌。过时不改者，坚决照章处理。

散会。

【提示】这是一份规范、详细的会议记录，由标题、会议组织情况、会议内容和尾部 4 个部分构成。注明了与会者的身份，对会议进行情况记录详细、生动。条理清楚，重点突出。

【例文2】

××区干部培训中心第×次办公室会议记录

时间：2005年3月4日14:30至17:00。

地点：培训大楼第×会议室。

出席人：刘××（主任）、杨××（教务长）、张××（办公室主任）、吴××（办公室秘书）及各培训部主要负责人。

缺席人：王××、张××（外出开会）。

主持人：刘××（主任）。

记录人：吴××（办公室秘书）。

一、报告

（一）杨××报告中心基本建设进展情况……

（二）主持人传达区人民政府《关于压缩行政经费的通知》（以下简称《通知》）……

二、讨论

我中心如何按照区人民政府《通知》的精神抓好行政经费的合理开支，切实做到既勤俭节约，又不影响正常的培训教学、科研等活动的开展。

三、决议

（一）利用两个半天时间（具体时间由各培训部自己安排，但必须安排在本周内）组织有关人员集中传达和学习《通知》精神，提高认识，统一思想。

（二）各培训部负责人在认真学习的基础上，利用下周政治学习时间向群众传达、宣讲。

（三）各培训部责成有关人员根据《通知》的压缩指标，重新审查和修改本年度行政经费开支预算，并于两周内报主任办公室。

（四）各培训部必须严格控制派出参加外地会议及外出学习人员的人数，财务科更要严格把关。

（五）利用学习和贯彻《通知》精神的机会，对全中心员工普遍开展一次勤俭节约、艰苦朴素的传统教育。

散会。

主持人（签名）

记录人（签名）

【提示】这是一份摘要式会议记录。标题由单位名称、会议名称、文种名称"会议三要素"构成，表达完整而明确。格式符合会议记录的要求。正文叙述了会议的组织情况，并摘要记录了会议的过程情况。对于会议发言内容要点、会议最后形成的决议都简明扼要地记录下来了。

三、知识概览

（一）会议记录的含义

会议记录是如实记录会议情况和重要信息的文字材料。

重要的会议都采用书面文字材料记录。书面文字材料的会议记录一直是保存会议信息的普遍载体。

会议记录是执行会议决定、汇报会议情况、传达会议精神的依据，可以唤起参会者对相关问题的回忆。会议记录可长期保存的优点决定了会议记录具有文献资料的作用。

（二）会议记录的特点

会议记录主要有以下特点。

❶ 真实性

会议记录的执笔者与其他文章的写作者有一个重要的区别，那就是其只有记录权而没有改造权，要符合会议原貌。与会者发言时说了些什么就记下什么，执笔者不能进行加工、提炼，不能增添、删减，不能移花接木，不能张冠李戴。

❷ 原始性

会议记录是会议情况和内容的原始记录。所谓原始，就是未经整理、未经综合。在这一点上，会议记录跟会议简报、会议纪要有很大区别。会议简报和会议纪要也是真实的，但不是原始的。虽然在内容上可能没有太大差别，但在存在形态上，会议记录与会议简报和会议纪要的差异甚大。

❸ 完整性

会议记录对会议的时间、地点、出席人员、主持人、议程等基本情况，对领导讲话、与会者的发言、讨论和争议、形成的决议和决定等内容，都要记录下来，一般没有太多的选择性。

（三）会议记录的分类

❶ 简要记录

一般会议只要求有重点地、扼要地记录与会者的讲话和发言以及决议，不必"有闻必录"。所谓重点、要点，指发言人的基本观点和主要事实、结论。对一般性的例行会议，只要概括地记录讨论内容和决议的要点，不必记录详细过程。简要记录，一般是要在开会时认真地记，过后不必整理。

❷ 详细记录

对特别重要的会议或者特别重要的发言，要做详细记录。详细记录要求尽可能记下每个人发言的原话，不管重要与否；最好还能记下发言人发言时的语气、动作表情及与会者的反应。如果发言者是照稿子念的，可以把稿子收作附件，并记下稿子之外的插话、补充解释的部分。详细记录，不仅要在开会时认真地记，会后还要加以整理，必要时还应经会议主持人审阅。

（四）会议记录的格式

会议记录的格式共分标题、正文、结尾3部分。

❶ 标题

会议记录的标题一般分两种：一是完全式公文标题，如"××县人民政府关于落实棉花种植面积办公会议记录"；二是省略性的公文标题，如"××学院第五次行政办公会议记录"。

❷ 正文

正文由两部分组成。

（1）会议的组织情况

这部分内容要在会议开始前写好。它主要包括以下7个方面。

① 会议名称：写清召集会议的单位或机构名称，要写全称。

② 开会时间：写明会议的起止时间，注意年、月、日的准确性。

③ 会议地点：写明准确具体的地址。

④ 出席人：指按照规定必须参加的人数。规模小、人数少的会，应将出席人的名字全部列上；规模大、人数多的会，只写会议对象和范围，如全委会便写委员、候补委员多少人，扩大会需写扩大到哪一级，工作例会只写缺席者和名字，注明其他人均到。

⑤ 列席人：不属于本次会议的正式代表，被邀请参加会议的人员。

⑥ 主持人或会议主席：可写主持人姓名、职务。

⑦ 记录人：写明执笔人姓名。

（2）会议内容

会议内容是记录的主体部分。

记录的内容包括会议议题、领导的报告、会议的发言、讨论情况、形成的决议，及主持人对会议的总结情况。

❸ 结尾

会议记录的结尾包括"散会"说明和"核稿签名"两项。前者另起一行，写上"散会"二字；后者是记录整理后由主持人审核签名，记录人同时签名。

（五）会议内容记录的方法

主要有两种。

❶ 详细记录法

详细记录法适用于重要会议，特别是会议审议或讨论重大的关键性问题，或者是对审议的问题有重大原则分歧时，一定要将其发言具体完整地记录下来，尽量记录原话。记录时，应抓住以下内容。

① 主持人或报告人的发言：如果发言有书面稿子，只需记个题目，用括号注明；如果是即兴发言，必须详细记下原话。

② 讨论发言：包括发言人的姓名、职务及谈话的内容。

③ 主持人总结性发言：包括决议事项都得记清楚。

④ 会议通过的情况：赞成、反对、弃权的票数要写清楚。

❷ 摘要记录法

摘要记录法适用于一般性会议，分以下两种情况：①记讨论情况的，将发言的要点和有争议的问题摘录下来，并写上发言人的名字；②不反映讨论情况，不记发言人，直接摘出议程、议题及决议事项。实则只需记下会议所报告的事情、讨论的问题、通过的决议。

四、知识链接

会议记录写作需要注意的事项

1. 记录前要做好思想、物质方面的准备

做好思想准备，指会前要了解会议的性质、任务，参加对象和主要议程，估计会议过程中可能产生的意见分歧。只有情况明，记录才能抓住会议的重点，把握会议的大方向，掌握其主要精神，发现不同意见的分歧点。

做好物质准备指及时准备好纸、笔等，尽管这些是微不足道的小事，而一旦疏忽，也会影响会议的记录。

2. 记录要快要准

要忠实地记录会议情况，"快"和"准"是记录的基本功。

如何做到快？一要耳聪、脑灵、手快，平日养成边听、边记、边思的良好习惯；二要掌握一些速记的技巧，如简称、简化符号的运用，以及长句的压缩和表达众多意义的合体字符；三要提高记录速度。

如何做到准？首先，必须符合原意。不管是会议情况，还是发言、决议等，不能用记录人的语言加工概括，更不能随便增删改，要忠于原话原意。有时候连发言人的措辞、语气、手势都要显示出来。其次，做到完整、清楚。对发言者，除记录他们的原话外，发言的中心、线索，分几层意思，都要记得一清二楚。

3. 记录后要仔细整理

记录有原始记录、整理记录和印发记录之分。会议进行中的记录，多为原始记录，这种记录不可能达到准确无误的完美程度，这就需要整理加工。这种整理不像其他文字材料的整理，能加材料、换观点；它只需检查文字上的错漏，或将记录中因时间紧张而空掉或错记、短缺的原话补充即可。

记录整理要趁热打铁，一般在会议的后半段或者会议结束时，就必须着手整理，趁着记忆犹新，及时完善整理工作，使记录更为完善。

五、本节训练

（一）网上自测

1. 单项选择题

（1）会议记录尾部的正确写法是（　　　）。

    A. 提出希望和号召→主持人签名→记录人签名

    B. 散会→主持人签名→记录人签名

    C. 会议结束→主持人签名→记录人签名

    D. 休会→记录人签名→主持人签名

（2）会议记录的基本格式是（　　　）。

    A. 标题→会议基本情况→会议流程→尾部　　B. 标题→成文日期→正文

    C. 标题→正文→发文机关→成文日期　　　　D. 标题→主送单位→正文→版记

（3）下列表述错误的一项是（　　　）。

    A. 会议记录是由记录人员把会议情况和会议内容如实记录下来成为书面材料的文书

    B. 会议记录必须以忠实于原话为原则，它有资料依据和存档备查的价值

    C. 会议记录与会议纪要不同，前者是会后整理的文书，后者是会议的实录

    D. 详细的会议记录甚至要将发言人的语态声调等做详细的实录

（4）下列关于会议记录分类表述正确的一项是（　　　）。

    A. 详细的会议记录，实录会议的全过程、所有的发言及会场上的各种情景

    B. 摘要式会议记录，只是提纲挈领地记录会议的主要内容或决议

    C. 重点式会议记录，只记录发言者的讲话要点、重要数据和材料

    D. 会议记录的分类是以反映会议的情况和内容的详略程度来分的

（5）下列表述符合会议记录特点的一项是（　　　）。

    A. 会议记录最重要的特点是实录性

    B. 实录性表现在由记录员在开会过程中同步记录会议的全过程

    C. 实录性也表现在会议记录不允许弄虚作假，不允许任意歪曲他人原话的基本含义

      D. 客观性要求记录员坚持"听到什么记什么"的原则

（6）下列表述不符合会议记录规范性的一项是（　　）。

      A. 应使用机关统一的记录专用笺

      B. 按统一的记录格式，用规范的速记法和紧缩法写

      C. 快速记录可以使用规范的简化字和行书字体

      D. 使用灌注碳素墨水或蓝黑墨水的钢笔做记录

2. 多项选择题

（1）会议记录的基本情况主要包括的内容有（　　）。

      A. 会议时间和地点　　B. 出席人　　　　C. 主持人

      D. 记录人　　　　　　E. 列席人

（2）写作会议记录应注意的事项有（　　）。

      A. 要客观真实　　　　B. 要全面翔实　　　C. 要条理分明

      D. 要有所取舍　　　　E. 要及时校对

（3）会议记录的准备工作主要有（　　）。

      A. 熟悉会议情况和文件　　　　　　　B. 熟悉与会人员

      C. 熟悉会议环境　　　　　　　　　　D. 学习会议记录工作业务知识

      E. 做好物质上的准备

3. 判断题

（1）会议进行情况包括主持人开场白、大会主题报告、讨论发言、决议共 4 项。（　　）

（2）主持人开场白是对会议大概情况的简单说明，记录时可以一笔带过。（　　）

（3）讨论发言是按发言顺序记录下每个发言人的姓名及发言内容。（　　）

（4）决议要根据主持人的总结或表决发言的内容归纳概括，没有就不记。（　　）

（5）会议组织情况包括时间、地点、出席人、缺席人、列席人、主持人、记录员、议题。

                                           （　　）

（6）会议时间要写清年、月、日、午别、时、分。（　　）

（7）记录员的姓名、出席人的姓名、主持人的姓名都由自己签写。（　　）

（8）会议组织情况的内容通常记录在会议记录专用笺的首页。（　　）

（二）情境写作

    某晚 7：00，护理 3 班在 121 教室举行了一次"远离毒品"的主题班会。会议由班长曹定海主持。班委会成员依次发言。如果你担任会议记录者，你将怎样完成会议记录呢？

    要求：以学习小组为单位开展情境写作活动，培养竞争意识，增强责任感。做到格式正确，内容完整，语言简明，书写规范。

（三）习作评改

    根据情境，分组完成写作任务后，每组在自评的基础上把代表作品上传至学习通"群聊"进行互评和修改。

第八节　护理查房记录

一、任务导入

    指出下列护理查房记录存在的问题，说一说该如何修改。

偏瘫病人护理查房记录

一、病人病史介绍

患者×××，女性，73岁，因言语不能、反应迟钝入院。神志模糊，精神差，言语不能，双侧瞳孔等大等圆，直径约3mm，对光反射存在，留置胃管尿管在位通畅。左侧肌力3级，右侧肌力0级，入院后完善相关检查及功能评定。遵医嘱给予偏瘫肢体综合训练。

二、护理诊断

1. 躯体移动障碍——与偏瘫有关。
2. 进食模式改变——与留置胃管有关。
3. 皮肤完整性受损——与长期卧床有关。
4. 言语沟通障碍 ——与病变累及有关。
5. 低效型呼吸形态——与长期卧床有关。
6. 潜在并发症——与肺部感染有关。

三、护理计划

P1诊断：躯体移动障碍。

目标：病人躯体活动增强。

措施：

保持患者舒适体位，保持各关节功能体位，指导患者家属协助患者正确移动躯体；

积极配合偏瘫肢体综合训练，以促进肢体功能恢复；

指导患者热敷患侧肢体，按摩患侧肢体，以促进血液循环；

引导患者应用健侧肢体活动患侧肢体，以促进功能恢复。

P2诊断：进食模式改变。

目标：患者住院期间留置胃管在位通畅。

措施：

向患者及家属介绍鼻饲饮食的注意事项；

妥善固定胃管，防止扭曲滑脱；

保持口腔清洁，口腔护理每日一次；

进行吞咽功能训练，以促进功能恢复。

P3诊断：皮肤完整性受损。

目标：患者住院期间皮肤完整。

措施：

建立褥疮预防报告，建立翻身卡，按摩受压部位；

保持床单清洁干燥平整；

温水擦浴，保持个人卫生；

应用气垫床，减轻局部受压。

P4诊断：言语沟通障碍。

目标：患者能用简单的言语表达基本需要。

措施：

向病人及家属讲解言语障碍的原因，保持床单清洁干燥平整；

尽早诱导患者说话、发音；

注意患者非语言沟通信息，体贴关心病人；

配合康复训练，以促进语言功能的改善和恢复。

二 例文借鉴

【例文1】

高血压病人护理查房记录

时间：2019年7月28日。

地点：护士办公室。

题目：高血压病的护理。

主持人：护士长欧××。

参加人员：秦××主任、欧××、吴××、何××、姜××、蒋××、伍××、邹××、夏××。

一、查房目的

护士长：今天组织大家进行教学查房，目的有二。第一，发现护理过程中的不足，及时改进，为病人提供更全面优质的护理。第二，加强护士对该病的业务学习，为今后的护理工作奠定基础。

二、病史汇报

现病史：黄××，女性，68岁，汉族，已婚，退休。患者自述反复头晕，头痛10余年，一直服用"北京降压0片"降压治疗，血压控制尚可，近一个月由于情绪激动，头晕、头痛加重，测量血压高达168/100mmHg。为求进一步治疗，门诊将其以"高血压病"收住入院。

三、床边问诊、查体

患者神志清，精神可，体型偏胖，对答切题，查体合作。体温36.5℃，呼吸20次/分，心率66次/分，双侧瞳孔等大等圆，光反应灵敏，口无歪斜，皮肤黏膜色泽正常。

四、健康指导

责任护士姜××：黄奶奶您好！根据病情为您简单做个健康指导，对您今后的健康生活有所帮助。

1. 控制体重与减肥：提倡合理膳食，控制体重，饮食要合理，以清淡少脂为原则，多吃新鲜的蔬菜和瓜果，适当多吃蛋白质高的食物，如鱼、虾，主食以粗粮为主，7～8分饱为好，少吃甜食。

2. 膳食限盐：人均限盐量6克/日。每天所吃食物本身就含2～3克盐，因此每日调味品的食盐控制在5克以下较合适。减盐窍门：①人工制作的食品含盐量较高，应尽量少吃，提倡多吃新鲜清洁的蔬菜；②菜熟九成再放盐，利于控制咸淡；③可利用醋、糖、芝麻酱、香料来增加食物的味道；④可加蒜、葱、胡椒等来调剂口味。

3. 增加及保持适量有氧运动：学会一种适合自己的有氧运动方法，如散步、慢跑、倒退行、骑车、游泳、太极拳、有氧舞、跳绳、爬山、踢毽子，形式自便。

4. 情绪激动常常是诱发急性心血管病和脑卒中的因素，尽量避免过累、紧张、激动、焦虑，保证充足的睡眠，保持宽松、宁静、愉快的心情。

5. 应该在医生的指导下服用降压药，做好自我检测。

6. 出现头晕头疼、恶心呕吐、心悸、胸闷、心前区疼痛、视物模糊、四肢发麻等症状时，应及时去医院就诊。

五、操作示教

协助病人服用口服药。

（一）用药准备

（二）查对解释

（三）实施流程

（四）帮助病人

（五）签字记录

六、讨论

护士长：现在由我来提问，通过回答问题我们共同复习高血压病人理论知识。

问题1：什么是高血压？

问题2：高血压的临床表现如何？

问题3：高血压的分级是怎样的？

问题4：高血压有哪些并发症？

问题5：什么是高血压危象？

以上问题请大家逐一回答。

护师吴××答问题1：高血压病指以体循环收缩压和（或）舒张压持续升高为主要临床表现，伴或不伴有多种心血管危险因素的综合征，通常简称为高血压。成人收缩压大于或等于160mmHg（21.3kPa）、舒张压大于或等于95mmHg（12.6kPa）为高血压；血压值在上述二者之间，亦即收缩压为141～159mmHg（18.9～21.2kPa），舒张压为91～94mmHg（12.1～12.5kPa），为临界高血压。

护师何××答问题2：头痛、头晕、头胀、颈部扳住感、耳鸣、眼花、健忘、注意力不集中、失眠、烦闷、乏力、四肢麻木、心悸等。此外，还可出现身体不同部位的反复出血，如眼结膜下出血、鼻衄、月经过多，少数有咯血等。

责任护士姜××答问题3：高血压分为3级。

1级，即"轻度高血压"，收缩压为140～159mmHg，舒张压为90～99mmHg。

2级，即"中度高血压"，收缩压为160～179mmHg，舒张压为100～109mmHg。

3级，即"重度高血压"，收缩压≥180mmHg，舒张压≥110mmHg。

收缩压≥140mmHg，舒张压≤90mmHg，为"单纯收缩期高血压"。

护士蒋××答问题4：高血压可并发左室肥厚、高血压性心脏病、冠心病、脑血管并发症、肾损害、眼底血管病变等。

护士蒋××答问题5：高血压危象出现在高血压病的进程中，如全身小动脉发生暂时性强烈痉挛，周围血管阻力明显上升，致使血压急骤上升而出现一系列临床症状时称为高血压危象。病人会出现剧烈头痛、头晕、眩晕等症状，也可能伴有恶心、呕吐、胸闷、心悸、气急、视力模糊、腹痛、尿频、尿少、排尿困难等。有的伴随自主神经紊乱症状，如发热、口干、出汗、兴奋、皮肤潮红或面色苍白、手足发凉等；严重者，尤其在伴有靶器官病变时，可出现心绞痛、肺水肿、肾功能衰弱、高血压脑病等。

护士长：问题回答完毕，接下来由责任护士向大家介绍针对该病人采取的护理措施。

责任护士姜××：通过前面对该病人的介绍，大家可以看出该病人的病史很简单，所以建议采取的护理措施如下。

① 给病人创造安静舒适的休养环境，避免环境刺激加重头痛。

② 指导病人休息和饮食，血压不稳定/症状加重时必须卧床休息。

③ 协助病人满足生活需要。

④ 改变体位时要缓慢，从卧位至站立前先坐一会儿。

⑤ 监测血压，发现血压变化时，立即同医生联系，及时给予治疗。

⑥ 指导病人合理用药，做好自我检测，配合治疗。

护士长：大家是否还有更好的意见和建议，请给予补充。

护师吴××：补充一个护理诊断——睡眠形态紊乱，其护理措施如下。

① 消除或减轻情绪紧张的促进因素（家庭、社交、医院及病情），鼓励病人保持平稳的心理状态。

② 告诉病人睡眠与血压的关系。

③ 晚餐后控制水分的摄入，减少夜尿次数。

④ 科学地安排治疗、检查的时间，避免干扰睡眠。

⑤ 遵医嘱给予安眠药。

⑥ 指导病人促进睡眠方法，如热水泡脚、睡前喝热饮料、听轻音乐、看书报杂志等。

护师吴××：潜在并发症——脑血管意外，相关护理措施如下。

① 限制探视，减少刺激因素，防止情绪激动或紧张。

② 评估病人的活动耐力，指导自护活动范围。

③ 提供安全的活动场所，外出时要有人陪伴。

④ 洗澡水温不宜过冷或过热，时长不宜过长。

⑤ 若出现肢体麻木、头痛、偏瘫甚至昏迷，应立即报告医生，采取措施。

⑥ 血压高时绝对卧床休息，头稍抬高。保持安静，避免搬动病人。遵医嘱应用降压药和脱水剂。

护师吴××：潜在并发症——动脉粥样硬化，相关护理措施如下。

① 进行用药指导，监督用药情况。

② 指导病人及家属安排每日饮食并督促执行。

③ 遵医嘱服用抗凝剂，如小剂量肠溶阿司匹林。

④ 遵医嘱定时服药，不可随意停药。

⑤ 定时复查。

护师吴××：潜在并发症——高血压危象，出现症状时的相关护理措施如下。

① 绝对卧床休息，减少搬动病人，告知病人缓慢改变体位。

② 限制探视，减少刺激因素，防止情绪激动或紧张。

③ 持续高流量吸氧。

④ 遵医嘱给予速效降压药、镇静药及脱水剂等。

⑤ 告诉病人避免屏气用力。

护师吴××：因为该病人病史简单，病情平稳，我认为加强健康知识宣教才是护理该病人的重中之重，包括在院如何配合治疗护理，出院后如何饮食、活动、休息、服药，做好自我检测，定期复查。只有做好因人而异的护理，才是最有效、最全面、最细致的护理。

七、总结

护士长：首先，从本次查房的总体情况来看，大家都做了充分准备，针对病人提出的护理措施也是非常全面有效的，要将其落实到位。

护理部主任：大家都补充完毕，现在由我做最后总结。通过本次查房，使低年资护士更加深入全面地学习了高血压病的相关知识，为今后护理此类病人打好理论基础。此次查房结束。

【提示】这是一份详细的高血压病人护理查房记录，内容包含时间、地点、查房种类、参加查房人员、记录人、主持人等基本信息，以及查房目的、病人病史、床边问诊、查体、健康指导、操作示教、高血压病人理论知识、所采取的护理措施和查房总结。

【例文2】

护理查房记录单

查房时间：2011-11-24　主讲者：陆××		主持者：余××	查房类别：护理查房
参加人员：余×、李×、张×、王×、於×、常×、胡×、任×、郑×			
患者姓名：徐×× 病室床号：1028　性别：男　年龄：75岁　住院号：119538			

护理级别：二级
中医诊断：骨折筋伤、气滞血瘀。 西医诊断：左股骨粗隆间骨折
简述病情：患者徐××，男性，75岁，晚7点不慎跌跤，臀部落地，当即感左髋部疼痛剧烈，拟"左股骨粗隆间骨折"收住入院，既往有高血压病史，服用尼群地平、美托洛尔，2010年残胃切除+食道空肠吻合术，骨牵引在位质量为6kg
辅助检查阳性结果 　CT：左股骨粗隆间骨折。 　骨密度：骨量下降，骨质疏松。 　心脏彩超：左室舒张功能下降，轻度二尖瓣关闭不全。 实验室检查 　红细胞：3.04×10^{12}/L。 　血红蛋白：99.0g/L。 　红细胞压积：31.700。 　中性粒细胞比率：85.9%。 　白蛋白：33.2g/L
特殊治疗用药 1. 参芎：活血化瘀。 2. 复方甘露醇：消肿。 3. 田力、果糖、复方氨基酸：补液。 4. 输液后血糖增高，改用甘油果糖氯化钠。 5. 前列地尔改善微循环。 6. 核糖核酸提高免疫力。 7. 肺宁合剂：清肺化痰。 8. 盐酸溴己新：促排痰。
护理阳性症状、体征：左髋部肿胀压痛，左下肢纵向叩击痛，左下肢外旋畸形，左下肢感觉良好；左侧肢体肌力2级，肌张力增高；左侧痛觉针刺觉较右侧减退，右侧肌力正常，肌张力正常
现存护理问题 1. 疼痛：与骨折有关。 2. 自理能力缺陷：与活动障碍有关。 3. 有皮肤完整性受损的危险：与体位受限有关
护理措施 1. 疼痛：（1）正确体位；（2）心理护理，分散注意力；（3）环境安静，操作轻柔；（4）使用止痛药。 2. 自理能力缺陷：协助生活护理，基础护理生活物品放于近处。 3. 有皮肤完整性受损的危险：使用气垫床，床单平整干燥，定时抬臀，防长期受压
讨论 余×：简述尼群地平、美托洛尔的作用。 答：尼群地平为钙通道阻滞剂，抑制血管平滑肌，引起冠状动脉、肾小动脉全身血管扩张降压，不良反应是头痛、面部潮红、头晕、恶心、呕吐、低血压，禁忌证是过敏严重的主动脉瓣狭窄。美托洛尔为β1受体阻滞剂，对心脏β1受体产生作用，不良反应是头晕、头痛、肢体

发冷、心悸、腹痛、恶心、呕吐、心衰、血小板下降、皮肤过敏，禁忌证有心源性休克、病态窦房结综合征、二三度房室传导阻滞、心衰患者心动过缓或者低血压。

李×：饮食方面怎么根据其具体情况进行指导？

答：患者2010年进行了残胃切除+食道空肠吻合术，一直吃荤食较少，家属理解不够，让患者喝汤较多，而鱼肉进食较少，应注重指导患者饮食，多吃高蛋白食物，少吃肥甘厚腻饮食，少食多餐

前沿信息

老年人外伤后局部疼痛、肿胀、压痛和功能障碍均较明显，有时髋外侧可见皮下瘀血斑，远侧骨折段处于极度外旋位，严重者可达90°外旋。伤后髋部疼痛，不能站立或行走。下肢短缩及外旋畸形明显，无移位的嵌插骨折或移位较少的稳定骨折，上述症状比较轻微。检查时可见患侧粗隆升高，局部可见肿胀及瘀斑，局部压痛明显。叩击足跟部常引起患处剧烈疼痛。往往需经X线检查后，才能确定诊断，并根据X线片进行分型。

关于下肢周径的测量，髌骨上15cm，胫骨结节下10cm，护士需要掌握。

深静脉血栓的预防，护士的主动干预可以起到有效控制的作用

查房总结

通过护理查房，帮助全体人员充分地了解股骨粗隆间类疾病的成因及术后护理；护理人员主动提问，把自己心中的疑惑说出来，寻求答案；通过采用互动的形式，帮助大家不断进步

【提示】这是一份护理查房记录单，内容包括时间、地点、查房种类、参加查房人员、记录人、主持人等基本信息，病人病史，检查结果，特殊治疗用药，护理阳性症状、体征，现存的护理问题及护理措施，查房者提出的讨论题及讨论的重要信息，前瞻信息介绍及查房总结。

三、知识概览

（一）护理查房记录的含义

护理查房记录是具体记录护理查房情况的文字资料，包括责任护士对病人病情和治疗护理效果的报告，对病人的体格检查和与病人及家属的交流沟通情况，以及护理专家或上级护士对护理方案的讨论、分析、指导和修正情况等。它对全面掌握病人情况、客观评价责任护士的护理措施和护理效果、改进和提高护理质量具有重要作用。

（二）护理查房的流程

（1）主查人说明查房目的。

（2）责任护士报告病人情况：重点说明病人现存护理诊断/问题、护理计划、采取的护理措施。

（3）护理体检：主查人根据责任护士的报告和护理病历记录情况询问病人并进行护理体检。

（4）评价与指导：主查人依据病人护理诊断问题、护理计划落实情况等组织护士进行讨论，做出评价。

（三）护理查房记录的书写

❶ 基本信息

基本信息包括时间、地点、查房种类、参加查房人员、记录人、主持人等。

❷ 责任护士的报告

根据责任护士重点报告的患者的基本情况、现存护理问题、护理措施，依次记录以下信息。

（1）病人病史。

（2）阳性检查化验情况、主要用药、特殊治疗护理措施。

（3）现存护理问题、重要护理措施。

（4）查房者提出的讨论题及讨论的重要信息。

（5）查房者分析、指导性建议、前瞻信息介绍。

（四）查房总结

主查人询问病人并进行护理体检，根据查体情况、责任护士的报告和护理病历记录情况做出评价。

四、知识链接

护理查房的种类

1. 护理业务查房

（1）临床护理查房：对新入危重病人的现存护理问题、措施、护理效果、护理质量进行的护理查房。目的是检查、指导责任护士的工作质量，修正指导护理措施。时间在20分钟内。

（2）个案护理查房：针对疑难、复杂、特殊、新开展的治疗护理项目等病人的护理方案、护理措施以及护理质量进行的查房。目的是指导、解决、修正病人的护理方案、护理措施。时间应在30~40分钟。

（3）护理教学查房：根据教学大纲的要求，选择专科疾病的典型病例的护理方案进行的查房。目的是了解病人的护理质量，了解、指导护生运用护理程序，复习疾病的相关知识。

2. 护理行政查房

（1）院级护理行政查房：院级护理质量组织对临床护理单元的护理行政管理进行检查、了解、指导、协调修正护理行政管理质量的过程。

（2）科级护理行政查房：科护理管理组织对护理单元进行护理行政管理质量检查，了解、指导、协调修正护理行政管理质量的过程。

（3）护理单元护理行政查房：护理单元组织护理质量组对本护理单元的护理管理质量进行检查、发现问题、解决问题、消除安全隐患的过程。

五、本节训练

（一）网上自测

1. 单项选择题

（1）护理查房时，对病人病情、治疗护理效果进行汇报的人员是（　　　）。

　　A. 病人　　　　　　　　B. 上级护士　　　　　C. 护理专家　　　　　D. 责任护士

（2）在护理查房过程中，负责护理体检的是（　　　）。

　　A. 护理专家或上级护士　　　　　　B. 医师

　　C. 责任护士　　　　　　　　　　　D. 一般护士

（3）下面的护理查房记录标题表述正确的一项是（　　　）。

　　A. 胆结石病人查房　　　　　　　　B. 胆结石病人查房记录

　　C. 胆结石病人护理查房记录　　　　D. 护士江燕查房记录

2. 多项选择题

（1）护理查房的流程有（　　　）。

　　A. 主查人说明查房目的　　　　　　B. 责任护士报告病人情况

　　　C．护理体检　　　　　　　　　　　D．评价与指导
　　　E．院长总结
（2）护理查房记录的基本信息有（　　　）。
　　　A．时间和地点　　　B．查房种类　　　C．主持人和记录人　D．参加查房人员
　　　E．病人家属
（3）责任护士报告的重点有（　　　）。
　　　A．患者的基本情况　　　　　　　　　B．目前的护理措施
　　　C．现存的护理问题　　　　　　　　　D．查房者提出的讨论题和讨论信息
　　　E．患者家属意见

3．判断题

（1）护理查房时，主查人必须对患者进行体检，并与病人及家属交谈。　　　　（　　　）
（2）主查人在听取责任护士和病人病情汇报后，不必在查房时进一步讨论病人的护理方案。

　　　　　　　　　　　　　　　　　　　　　　　　　　　　　　　　　　　（　　　）
（3）主查人只需听取责任护士汇报，评价责任护士的护理措施，其他护士一般不参与护理
查房。　　　　　　　　　　　　　　　　　　　　　　　　　　　　　　　　（　　　）
（4）在查房时，主查人可以组织护士讨论，学习相关疾病护理知识，提升护理业务。（　　　）
（5）护理查房结束时，应该由责任护士做总结。　　　　　　　　　　　　　　（　　　）

（二）情境写作

　　××××年×月×日上午8点，已经是普外科责任护士的张亮参与了由护士长欧阳××组织的胰腺炎病人的护理查房。张亮的同事护士文××、肖××等人也参与了本次活动。本次查房的对象是59床的吴××。这是一位老年女患者，今年71岁，于1天前无明显诱因出现腹痛、腹胀，以脐周呈阵发性绞痛为主，无放射性疼痛；无发热、畏寒；伴有恶心、呕吐非咖啡色胃内容物多次，每次呕吐约30mL，入院诊断为"急性胰腺炎"。欧阳护士长在床边查体时发现，患者仍间有腹痛，排稀烂便数次，无畏寒、发热、恶心、呕吐、胸闷、气促等，睡眠、精神较差。PE：BP80/50mmHg，神清，双肺呼吸音粗，未闻及啰音，心律齐，腹稍胀、肌软，上腹压痛明显；无反跳痛，肠鸣音稍弱。假如你是张亮，这篇护理查房记录应怎样写呢？
　　要求：以学习小组为单位开展情境写作活动，培养竞争意识，增强责任感。做到格式正确，内容完整，语言简明，书写规范。

（三）习作评改

　　根据情境，分组完成写作任务后，每组在自评的基础上将代表作品上传至学习通"群聊"进行互评和修改。

第九节　诊断证明书

一、任务导入

　　指出下面这份诊断证明书在格式上存在的两个问题，并补充完整。

科别：
姓名：
性别：
年龄：

入院日期：	
出院日期：	
就诊日期：	
联系地址：	
诊断意见：	
建议：	
负责医生：	
日期：	

例文借鉴

【例文 1】

××人民医院诊断证明书

姓名：曾兵　　　性别：男　　年龄：46　　　科别：内科　　　病历号：12

入院日期：20××年 3 月 12 日　　　　　　出院日期：20××年 3 月 22 日

工作单位或住址：×××××××

入院体检：××××××××

诊断意见：入院治疗。

医师签名：××　日期：20××年 3 月 22 日（公章）

【提示】这是一份某医院开具的诊断证明书。从结构来看，诊断证明为表格式，该表格包含的信息有 3 大部分：医院的信息、病人的信息、医生的诊断过程。医院的信息主要有医院的名称、科室名称、医院盖章。病人的信息包含姓名、性别、年龄、住院号或者门诊号。诊断过程的信息包含症状、检查及查体，诊断结果，处理意见，医生签名。从诊断过程看，具有严格的逻辑性。因为诊断证明具有法律效果，所以属于医疗文书的一部分。

【例文 2】

××省餐饮服务从业人员健康证明

工作单位：×××××××

姓名：伍宽　　　　　　　　性别：男

身份证号码：×××××××

体检单位（盖章）：××疾病预防控制中心

体检日期：20××年5月12日　　　　　　（有效期壹年）

【提示】健康证明是由有资质的机构，如疾控中心、医疗机构，在对证件持有者进行了相关项目的健康体检后，出具的证件持有者身体健康体检合格的证明。这份健康证明内容合法、格式规范。

三、知识概览

（一）诊断证明书的含义

广义的诊断证明书包括出生、健康、疾病、诊断、伤残、功能鉴定、医学死亡等证明文件。诊断证明书具有法律效力，必须由医生根据实际情况做出准确的判断，再由医院盖章生效。

狭义的诊断证明书指医生根据病人的症状和检查报告综合判断做出的诊断结果的文书。

诊断证明书一般采用表格式。它具有法律性，是理赔、伤残鉴定、行政处罚、法院判决的重要依据。

职业病诊断证明书要符合《职业病诊断证明书》法规规定。《职业病诊断与鉴定管理办法》第十四条规定，职业病诊断机构在进行职业病诊断时，应当组织三名以上取得职业病诊断资格的执业医师进行集体诊断。

（二）诊断证明书的特点

诊断证明书是日常医疗工作中经常使用的一种实用文书，从性质、格式、内容 3 个方面来看，它具有以下特点。

1 法律性

作为司法鉴定、因病退休、工伤、残疾鉴定、保险索赔等重要依据之一，诊断证明书一旦由医生签字由医院盖章就具有法律效力。诊断证明的出具必须符合法律规定。医师签署有关医学证明文件，必须亲自诊查、调查，并按照规定及时填写医学文书，不得隐匿伪造或者销毁医学文书及有关资料，并且不得出具与自己执业范围无关或者与执业类别不相符的医学证明文件，违法出具诊断证明要承担相应的法律责任。

为患者出具诊断证明，医师是不得附带任何条件的。

2 规范性

格式上统一使用表格式。一般作为证据的诊断证明书必须是一式两份。其格式由两个部分构成：一个是患者的基本信息，另一个是医生诊断的过程信息。诊断的过程信息包括检查结果及症状。

3 严谨性

诊断证明书的内容十分严谨。不能把自述作为诊断的结果，不能把症状等同为疾病的名称。疾病的名称一般采用国际疾病分类编码规定的名称。

正确掌握完整的疾病诊断有 4 个基本成分：病因、解剖部位、病理、临床表现。疾病诊断的过程是其中的核心，也是最专业的地方。在急性病与慢性病、重病与轻病、已治疗疾病与未治疗疾病、同时患有两种以上跨科疾病的诊断上，诊断证明的开具必须优先选择前者和收治科疾病。

由于形态学编码与部位编码的双重编码问题，应当考虑病理诊断，这样诊断结果必须考虑双重编码，才能对疾病的分类做出准确的判断。

诊断证明的内容只能记载疾病的诊断名称、治疗时间及结果等内容，不能出现有关治疗费用甚至预期医疗费用等内容。

4 准确性

诊断证明书用词要准确无误。例如"术后"，应该准确地写为"某病术后"。

（三）诊断证明书的分类

广义的诊断证明书包括出生证明、健康证明、诊断证明、伤残证明、功能鉴定书、医学死亡证明等证明文件。下面只介绍前 3 种。

1 出生医学证明

自 2019 年 1 月 1 日起，启用由国家卫生健康委员会统一制发的出生医学证明（第六版）。

自填单一般包括父母姓名、身份证号、民族、婴儿姓名、婴儿申报户口地址、母亲居住地址、床位号等。

注意事项：《出生医学证明》是婴儿的有效法律凭证，要妥善保管。

2 健康证明

健康证明采用表格式，内容包括行业从业人员的基本信息和体检结果。

3 诊断证明

诊断证明是由医生根据临床表现以及检验结果做出的对疾病名称及其进程的诊断，需要加盖医院的公章才能生效。内容包括患者基本信息、医院信息、患者自述、临床表现、体检结果、诊断结果、注意事项。

（四）诊断证明书的格式

诊断证明书一般由标题、正文、落款 3 个部分构成。

1 标题

标题由单位+事由+文种组成，如"某行业从业人员健康证明""某医院诊断证明"等。

2 正文

正文一般分为 3 个部分：第一部分包括姓名、性别、年龄、身份证号码、入院或门诊编号等；第二部分包括临床表现与体检结果；第三部分是诊断结果，主要确定疾病名称，如果是手术必须写明手术全称。

3 落款

落款部分写明签发单位名称（加盖公章）、签发日期等。

（五）诊断证明书的写作要求

1 诊断要客观

医生对疾病的诊断必须做出客观公正的判断。由于医生开具诊断证明书要负法律责任，所以必须谨慎。

2 内容要完整

诊断证明书的内容主要有 3 个方面：一是患者自述或者临床表现，二是体检结果，三是疾病名称的确定。

3 书写要真实

医生应根据诊断结果如实填写诊断证明书，不能人为增减或弄虚作假。

4 语言要得当

医生在填写诊断证明书时应严格按照规范使用专业术语，做到准确无误。

四、知识链接

开具诊断证明书时要遵守哪些规定？

医疗诊断证明的法律效力主要体现在可以作为司法鉴定、因病休假、办理病退、工伤认定、残疾鉴定、申请生育二胎指标、保险索赔等的重要依据。

1. 诊断证明包括疾病诊断、治疗、出生、死亡等证明文件，是重要的法律依据。

2. 出具诊断证明书的人员应为具有主治医师及以上职称，在本医疗机构注册的执业医师。医师不得出具与自己执业范围无关或者与执业类别不相符的医学证明文件。

3. 医师必须亲自诊查患者后方可出具诊断证明书，诊断证明书应客观、全面，每项诊断都应具备科学的、客观的诊断依据，并与病历中记载的病情和检查结果相符，主要处理意见也应在病历中记载备查。

4. 医师开具的诊断证明书、休假证明，日期应填写就诊当日，当日盖章有效。原则上，急诊开具病休假时间一般不超过3天，门诊不超过1周，慢性病不超过2周，特殊情况不超过1个月。门诊病休证明书仅供病人单位参考。

5. 诊断证明、休假证明只证明病人疾病诊断和是否需要病休以及时间或医疗建议，不得出现疗养、免夜班等非临床医学治疗内容，不应提及与医疗不相关的其他处理意见。

6. 医师只能出具在本医疗机构死亡患者的死亡证明文件，医师未经特殊授权不得出具劳动能力、伤残程度及职业病等专用诊断证明文件。凡涉及司法办案需要的证明，以及用于因病退休、伤害、残疾、工伤、劳动鉴定、保险索赔、办理低保、生育第二胎等特殊诊断证明，由当事人或家属持公检法、交通管理、劳动保障等相关部门的介绍信，经医院管理部门审核后，由相应科室医师按照相关规定开具诊断证明书。

7. 诊断证明书应加盖医院专用印章方为有效，负责加盖公章的部门应严格按照规定对诊断证明审核、把关、登记、保存。

8. 诊断证明书严禁涂改、伪造、弄虚作假，开具诊断证明书的医师须承担相应的法律责任。

五、本节训练

（一）网上自测

1. 单项选择题

（1）下列关于诊断证明书的说法错误的一项是（　　）。

  A. 医师可以独立开具诊断证明   B. 医院必须盖章

  C. 诊断证明必须包括疾病名称   D. 诊断证明书其实有狭义与广义之分

（2）下列关于诊断证明书结构的说法错误的一项是（　　）。

  A. 诊断证明书包括3个部分：标题、主体、落款

  B. 诊断证明书标题主要由"单位名称+事由+文种"构成

  C. 诊断证明主体部分包括症状、检查及查体

  D. 最后的诊断必须依据国际疾病分类标准确定名称

（3）诊断证明书对医师的要求不正确的一项是（　　）。

  A. 儿科医师不能开内科疾病的诊断证明

  B. 医师开具诊断证明只能在本医院

  C. 取得执业医师资格并且注册的临床执业医师才有资格开具诊断证明

  D. 凡涉及司法部门处理的案件中的医疗诊断问题，以医生的最后意见为最终诊断

（4）下列关于诊断证明书内容的说法错误的一项是（　　）。

  A. 诊断证明与病历记载必须一致

  B. 不能以患者主诉、症状、体征、描述等非规范的医学诊断出具诊断证明

  C. 对学术上有争议的诊断，需开诊断证明书者，应由医院组织会诊，经过讨论后，慎重开出诊断证明书

D. 诊断证明的内容只能记载疾病的诊断名称、治疗时间及结果、治疗费用等内容

（5）对诊断证明书法律要求的说法错误的是（　　　）。

A. 医师的证明必须单位盖章才能生效

B. 违法开具诊断证明要承担相应的法律责任

C. 同一诊断证明只能出具一份

D. 诊断证明可以由医院领导代为出具

（6）下列关于诊断证明的语言要求说法错误的一项是（　　　）。

A. 诊断证明必须具有通俗性，所以要形象生动

B. 诊断证明必须使用专业术语

C. 诊断证明的语体特征为说明文

D. 诊断证明的疾病诊断名称可以运用简称

2. 判断题

（1）诊断证明书有广义与狭义之分。　　　　　　　　　　　　　　（　　　）

（2）每项诊断都应具备科学的、客观的诊断依据，并与病历中记载的病情和检查结果相符。

（　　　）

（3）医师不得出具与自己执业范围无关或者与执业类别不相符的医学证明文件。（　　　）

（4）各科临床医师只能出具本专业领域的证明文书，不得跨专业出具证明。（　　　）

（5）出具有关医学证明文书，必须经过亲自诊查，仔细询问病情、周密查体、合理分析，再开具真实、合理、规范的医学证明文书。　　　　　　　　　　　　　　（　　　）

（6）未经医师（士）、助产人员亲自接产，医院不得出具出生证明书或者死产报告书。（　　　）

（7）急诊开具休息时间不超过3天，门诊一般不超过一周，慢性病不超过2周，特殊情况不超过1个月。　　　　　　　　　　　　　　　　　　　　　　　（　　　）

（二）情境写作

医生张某接诊一位腹泻病人。病人30岁，男性，因腹泻来医院检查，检查未监测出痢疾杆菌等细菌，排除食物中毒。医生诊断为急性肠胃炎。假如你是张医生，这份诊断证明书应怎样写呢？

要求：以学习小组为单位开展情境写作活动，培养竞争意识，增强责任感。做到格式正确，内容完整，语言简明，书写规范。

（三）习作评改

根据情境，分组完成写作任务后，每组在自评的基础上将代表作品上传至学习通"群聊"进行互评和修改。

第三章 公务活动类实用文书

引言

公务活动类实用文书是党政机关、人民团体和企事业单位在公务活动中使用的具有规范体式和法定效力的文书。根据 2012 年 4 月 16 日由中央办公厅、国务院办公厅印发的《党政机关公文处理工作案例》规定，公文种类主要有：决议、决定、命令（令）、公报、公告、通告、意见、通知、通报、报告、请示、批复、议案、函、纪要。

本章主要介绍企事业单位在行政管理中常用的公文，包括报告、请示、批复、通知、通报、通告、决定、会议纪要。通过学习此类文书，了解常用公文文种的概念和特点，掌握其写法和行文规则，以便在今后的公务活动中正确使用。

第一节 报告

⬤ 任务导入

指出下列公文文稿的错误之处，并根据报告的写作要求，将其改写为一份规范的公文。

×××职业技术学院文件

×职院发〔201×〕×××号　签发人：×××

关于 201×年招生计划的申报

省教育厅：

教育厅（×发〔201×〕×号）文件《关于申报201×招生专业计划的通知》已收到，我们对文件的精神进行了认真学习，大家一致表示要落实教育厅的意见，积极发展高等职业教育，办好社会所需要的各种新型专业。经各院系研究，决定201×年申报机器人、投资与理财、临床医学、计算机网络等5个专业，5个专业预计招收高职学生共2 000名。特申报给你们。

附：招生计划表。

×××职业技术学院

二〇一×年×月×日

抄送市人民政府

二、例文借鉴

【例文1】

××县交通局关于扫黑除恶工作的情况报告

××市交通局：

扫黑除恶专项斗争开展以来，我局高度重视，按照"有黑扫黑、无黑除恶、无恶治乱"的工作方针，积极开展扫黑除恶专项斗争，大力宣传，营造氛围，全面加强交通运输行业监管，铲除黑恶势力滋生的土壤，摸排行业重点领域，严查涉黑涉恶线索，进行涉黑涉恶腐败专项治理，以最坚决的态度、最有力的措施、最务实的作风，强力推进扫黑除恶专项斗争，维持全县交通运输行业的稳定。

一、抓组织领导，贯彻部署

我局立足全县交通运输工作实际，第一时间成立了以局党组书记为组长，班子成员为副组长，各股室负责人为组员的扫黑除恶专项斗争工作领导小组，领导小组下设办公室。小组实现了党组统一领导，分管领导牵头负责，各股室、所齐抓共管，各组员人人参与的大会战格局。结合交通运输行业实际，我局制定出台了《县交通局扫黑除恶专项斗争工作实施方案》，明确了指导思想、目标任务、工作步骤、打击重点和整治重点、工作要求。20××年来，我局共召开扫黑除恶工作会议4次，对上级扫黑除恶专项斗争工作安排及时进行传达部署，总结前阶段工作，针对存在的问题，制定切实有效的举措，强力推进全局扫黑除恶活动向纵深开展。

二、抓宣传发动，营造氛围

我局通过车站、码头、出租车、公交车等载体，以张贴通告、悬挂标语、LED滚屏、微信群等多种形式，在行业领域进行全覆盖、无死角宣传，营造了良好的宣传氛围；针对农村公路、桥梁及在建工程各工地施工企业发放《关于依法严厉打击黑恶势力违法犯罪的通告》等宣传资料300余份；通过公开举报电话、举报信箱，鼓励社会各界提供线索，广泛收集涉黑涉恶涉乱问题；对收集的信息进行了及时的梳理和台账管理。

三、抓摸底排查，强化落实

我局积极配合县扫黑办及相关部门依法打击我县非法营运以及班车站外揽客、货运车辆非法改装等违法行为；组织人员对近3年来的信访件进行了排查梳理，同时安排人员到各乡镇、汽运、驾校、交通建设施工企业等交通运输行业领域开展线索摸排，目前未发现强揽工程、非法占地、强买强卖、恶意竞标、暴力围标等涉黑涉恶情况。

下一步，我局将继续加大扫黑除恶专项斗争工作力度，坚决做到"黑恶必除，除恶务尽"，确保交通运输行业扫黑除恶专项行动取得实实在在的成效，为我县长治久安做出更大的贡献。

××县交通局

二〇一九年五月五日（公章）

【提示】这是一篇关于扫黑除恶工作的情况报告。标题采用完全式写法。开头说明工作的依据、内容和效果，简明扼要；主体突出"三抓"的工作做法并说明今后打算；结尾以习惯用语做结。全文既有情况概述，又有具体做法说明，条理清楚，语言简洁，可读性强。

【例文2】

关于脱贫包保工作经验的报告

××市人民政府：

根据"×府发〔2017〕×号"文件精神，我区定点帮扶××街道的4个贫困村，并联系街道各包保部门及各村书记一起开展扶贫工作，为实现2020年全面脱贫目标而奋斗，帮助贫困户找出一条适合自己的脱贫道路。现将情况汇报如下。

一、基本情况

2018年年初，开发区与街道、所包保村配合，对所包保4个村居民进行精准识别，共识别55户贫困户，119人。其中，红花村11户，37人；旭东村15户，34人；长耀村23户，36人；军田村6户，12人。截至2018年7月中旬，根据省、市关于"对贫困户信息数据进行重新核实调整"的工作部署，开发区配合街道及所包保村开展信息核实及重新录入工作，开发区所包保4个村共核实录入贫困户15户，贫困人口31人。其中，红花村5户，13人；旭东村4户，7人；长耀村4户，7人；军田村2户，4人。同时，2017年、2018年已脱贫贫困户作为巩固对象，可以继续享受相关帮扶政策。

二、帮扶措施

1. 加强领导，配强工作力量

为贯彻落实中央和省、市关于脱贫攻坚工作部署，完成所承担的包保工作任务，开发区成立"脱贫攻坚包保工作领导小组"，先后由两任党工委书记兼管委会主任担任领导小组组长，其他班子成员为副组长，管委会骨干力量为成员。2017年年末，为进一步充实工作力量，将村包保领导调整为开发区党工委委员、街道主任陈明阳同志，由原来的一个村一名包保干部，充实为每个村两名包保干部，开发区党工委、管委会"精锐力量"全部参与脱贫攻坚包保帮扶工作，既促进了工作，又锻炼了干部。

2. 深入群众，精准施策

自开发区被设为包保帮扶部门以来，为了深入群众，了解贫困家庭实情，倾听贫困村民的真实想法，分析致贫原因，寻找脱贫对策，开发区管委会的工作人员克服人员少、工作日难以抽身的困难，利用周六、周日休息时间集中开展入户走访活动，通过和贫困户谈心、交朋友，做到"一户一策、精准施策"，让贫困户不仅获得物质上的帮助，而且感受到内心的温暖。

3. 产业扶助为重点，扶贫与扶智、扶志相结合

根据4个贫困村的具体情况，做好"黑金"产业扶持与维修村屯道路扶贫工作，正所谓"要脱贫先修路"。

对具有一定劳动能力、有木耳种植经验和意愿的贫困户，继续坚持以产业扶助为重点，由开发区出资扶助一部分贫困户发展黑木耳产业。首先对这些贫困户提供技术上的帮助，如何培养，如何能够加大产能，对领取木耳菌的贫困户都要求签字按手印，到年底的时候再进行统计，看这一年的投入是否有效，是否真真切切地帮助到贫困户；对于全体贫困户和其他村民，通过赠送科普图书等形式，提高农户自我发展能力；对于个别存在"等、靠、要"思想的贫困户，主要通过深入交流、谈心谈话等方法激发他们依靠自己能力脱贫的信心，摒弃"等、靠、要"思想，让他们首先从思想上站起来。

4. 以街、村为主体，相互配合开展工作

街道和村委会是脱贫攻坚工作的责任主体，村委会和街道与村民接触更多、更广泛，也更熟悉每户村民情况，开展包保帮扶工作要与街道和村委会密切配合，既要相对独立开展工作，又要多听村委会和街道的意见，做到帮忙不添乱。

三、主要工作成效

开发区自2018年承担脱贫攻坚包保帮扶工作任务以来，除投入大量人力开展工作外，近3年来累计投入帮扶资金75.52万元，用于扶持贫困户发展产业、建文化设施、维修道路。2016年投入帮扶资金28.737 2万元，2017年投入15.7万元，2018年投入31.08万元。其中2018年截至目前投入的31.08万元，分别用于帮助4个村15户贫困户发展木耳产业投入7.08万元，帮助3个村维修村路投入16万元，帮助村建设小型文化活动场所投入8万元，有效扶持了贫困户发展产业，解决了群众出行难问题，为村民丰富文化生活创造了条件。

1. 精准扶贫，修路先行

让村民告别行路难，打破村域经济社会发展的瓶颈制约，为贫困村发展插上腾飞的翅膀，这

是开发区全体干部和贫困户们的共识。开发区所包保街道4个村的辖区面积大，村屯路、田间路里程长且基础差，大部分路段已坑洼不平，涵管破损路面下陷，给村民们的外出、农资的运进、粮食的运出都带来不便。经实地考察，市财政评审中心评审，通过采取砂石料就地取材、组织村民出工等方式，开发区不但把路修好了，还缩减了开支经费。拿2018年来说，原本35万元的工程预算资金最后压缩到了21万元，在减少开支的同时又保证了施工质量和施工进度。自2018年开发区成为包保部门以来，狠抓村路基础设施建设，3年来已投入40.5万余元，修路6条，新建小型文化活动场所1个。

2. "黑金"产业，助力发展

2018年，开发区在经过细致的调研入户走访和多次与村委会开展座谈会后，根据贫困户特点，制定了木耳产业扶贫的总体方略。在菌种的选择上，开发区选用了菌业公司华鑫菌业的优质木耳菌，管委会分管领导、工作人员带着华鑫菌业技术员，深入各村木耳种植户进行"手把手"技术指导和种植户交流学习活动。同时，对于贫困户关于种植的一些难题，开发区第一时间联系华鑫菌业技术人员上门解决，通过换菌、调整喷淋方式等技术手段，有效保障了木耳的出芽率及产量。3年来，每户贫困户的木耳产量一直维持在50千克以上，实现增收4 000元。

3. 转变思想，激发动力

多年来，开发区一直将物质帮扶与扶智、扶志相结合。以前，很多贫困户在思想层面上没有高度的认识，存在"等、靠、要"的固化思想，认为扶贫就是各个包保单位以及相关部门补助金钱、物资，自己不用劳动，就能享有好的生活。开发区包保干部利用每月两次下乡的机会，与贫困户坐下来聊家常，晓之以理、动之以情，阐明"等、靠、要"思想的危害，同时用木耳产业脱贫致富这一真实案例向贫苦户阐释内生动力的重要性，从源头改变了部分贫困户的消极观念，激发了他们的内生动力，同时也激发和触动了非困难群众致富谋发展的热情。

4. 发挥优势，提供保障

开发区作为工业集中区，企业密集，在用人用工方面有相当体量的需求，开发区作为包保企业，一直充分发挥这一优势，积极与贫困户家中成年子女取得紧密联系，对于贫困户家庭成年子女尚未就业且符合条件的，可以优先到开发区企业应聘。通过这一举措，在帮助企业招工的同时，也增加了贫困家庭的收入。

通过两年包保帮扶工作，55户贫困户已有40户分别于2017年和2018年实现脱贫，两年脱贫率达到72.7%。预计2018年15户待脱贫贫困户还会有较大比例实现脱贫，届时，2019年、2020年，脱贫包保帮扶任务将以巩固脱贫成果为主。

3年来，开发区通过帮助村屯维修道路、发展木耳产业、介绍劳务等各项措施，不仅使贫困户实现了增收脱贫，而且使他们感受到了社会大家庭的温暖，增强了他们发展的信心，为广大村民办了实事，得到了村民的认可。

以上报告，请审查。

××市开发区管委会

二〇一八年十一月五日（公章）

【提示】这是一篇以汇报工作经验为主的情况报告。开头说明工作的根据和目的；主体主要从3个方面汇报了基本情况、帮扶措施及工作成效；结尾以习惯用语做结。全文层次清楚，语言通俗流畅，工作经验值得借鉴。

三、知识概览

（一）报告的含义

报告属于上行公文。它是一种适用于向上级机关汇报工作、反映情况、提出意见或建议、答复上级询问的陈述性公文。

报告的使用范围很广。按照上级部署或工作计划，每完成一项任务，一般要向上级呈送报告，反映任务完成的基本情况、工作中得到的经验教训、存在的问题以及今后工作设想等，以便下情上传或及时得到上级领导部门的指导。

（二）报告的类别

按照报告的用途来划分，主要有以下 5 种。

❶ 工作报告

工作报告指向上级汇报工作的报告，又可分为综合工作报告和专题工作报告两种。

❷ 情况报告

情况报告指向上级反映情况的报告。"下情上传"是下级机关的责任，隐情不报是一种失职的表现。

❸ 建议报告

建议报告指向上级提出建议的报告。将成熟的工作设想整理成意见、办法、方案上报，希望上级机关采纳。

❹ 答复报告

答复报告指答复上级机关询问的报告。要针对上级询问来答复，不能答非所问。

❺ 报送报告

报送报告指向上级报送文件、物件时使用的报告。此种报告正文比较简单，以"现将××××报上"写明报送材料（文件、物件）的名称、数量即可，结尾用"请审阅""请收阅"结束。

（三）报告的特点

❶ 单向性

向上级机关汇报工作或反映情况，这是下级机关应尽的义务。因此，报告不需要上级机关给予批复。类似"以上报告当否，请批示"的说法是不妥当的。

❷ 陈述性

报告要向上级机关提供准确的现实性信息，它所表达的内容和使用的语言都是陈述性的。

❸ 事后性

在机关工作中，有"事前请示，事后报告"的说法；但根据工作需要，报告也可在事先、事中行文。

（四）报告的写作格式

报告的结构主要由标题、主送机关、正文、落款 4 个部分构成，具体写法如下。

❶ 标题

报告的标题通常采用完全式标题，即由发文机关、介词"关于"、事由和文种组成，如"××信访局关于第一季度来访接待情况的报告""××县交通局关于扫黑除恶工作的情况报告"。有时候可根据情况省略发文机关，如"关于我校工会干部有关待遇的报告"。

❷ 主送机关

按照行文规则，报告一般只写明一个上级机关（即受文机关），且为直属的上级机关。上级机关名称要写全称或规范化简称。

❸ 正文

正文一般包括以下 3 个部分。

（1）导语

导语部分用于交代报告产生的现实背景、根据，或说明发文目的、报告缘由。情况报告的开头一般叙述事件的概况。

（2）主体

主体部分用于写明报告事项。如果报告的是事件，要写明事件的起因、经过、结果和处理意见；若报告是反映问题，则要写明所反映问题产生的原因、影响、解决办法；若答复上级询问，则要有针对性地解答相关问题。常用的写法：①总结式写法，主要用于工作报告；②"情况→原因→教训→措施"4步写法，多用于情况报告；③指导式写法，多用于建议报告。

（3）结尾

结尾可以重申意义、展望未来。一般用呈请语作为结尾，如"特此报告""以上报告，请审阅""以上报告如无不妥，请批转执行"等。

④ 落款

落款部分要标注发文机关全称或规范化简称，另外要标明成文时间并加盖印章。

（五）报告的写作要求

① 实事求是

无论是汇报工作还是反映问题，或是答复上级询问，都要坚持实事求是的原则，做到客观、真实。

② 及时写作

完成专项工作任务，或者解决某个问题之后，要及时向上级单位呈送报告。

③ 遵守规则

报告中要明确自己的观点，表明自己对问题的看法。可以向上级单位提出建议，但不得夹带请示事项。

四、知识链接

报告与请示的区别

报告与请示虽然都属于上行文，其格式有些类似，但二者是两个不同的文种，在实际应用中要把它们区别开来，不能混淆乱用。其区别主要包括以下4个方面。

1. 行文的目的不同

报告是下级机关用以向上级机关汇报工作、反映情况或提出建议的文件，为的是下情上达，让上级机关及时掌握情况，更好地指导下级机关正确贯彻执行方针、政策，防止工作失误；请示则是下级机关用以向上级机关请求指示、批准的公文，要求上级机关对所请示的事给予答复、审批或解决。

2. 行文的时间不同

报告的写作时间比较灵活，事前、事后或工作进行中间皆可行文；而请示的事项必须得到上级机关明确指示或批准后方可付诸行动。所以，"先斩后奏"是违反组织原则的，请示必须事先写。

3. 内容的含量不同

报告有专题性的与综合性的。请示没有综合性的，应坚持"一文一事"的原则，因为，一文数事，有时会因其中某一事的滞缓而耽误其他事项的批复，从而影响办事效率。

4. 结尾用语不同

报告的结尾用语不具有期复性；请示则要用期复性、期准性的结尾用语。

五、本节训练

（一）网上自测

1. 单项选择题

（1）只能有一个主送单位的公文是（   ）。

    A. 命令   B. 通知   C. 函   D. 报告

（2）建议报告的习惯用语是（   ）。

    A. 特此报告   B. 请审批

    C. 请审核   D. 以上报告如无不妥，请批转有关部门执行

（3）符合公文上行文文种归类的是（   ）。

    A. 函、议案   B. 请示、报告

    C. 会议纪要、条例   D. 通报、通知

（4）事前、事中、事后都可以行文的公文是（   ）。

    A. 通报   B. 调查报告   C. 请示   D. 报告

2. 多项选择题

（1）按保密级别划分，公文的种类有（   ）。

    A. 机密   B. 绝密   C. 秘密

    D. 特密   E. 一般

（2）上行文报告的特点有（   ）。

    A. 单向性   B. 陈述性   C. 事后性

    D. 建议性   E. 指导性

（3）公文按行文方向来分，其种类有（   ）。

    A. 紧急   B. 上行文   C. 下行文

    D. 机密   E. 平行文

（4）报告的下列结语中，正确的有（   ）。

    A. 特此报告，请批复   B. 妥否，请批复   C. 特此报告，请审阅

    D. 特此报告   E. 以上意见当否，请指示

（5）下列文种属于"上行文"的有（   ）。

    A. 函   B. 报告   C. 通告

    D. 决定   E. 请示

（6）报告的特点有（   ）。

    A. 汇报性   B. 陈述性   C. 文学性

    D. 抒情性   E. 说理性

3. 判断题

（1）主送机关主要指写作、发出公文的机关。（   ）

（2）发文字号按顺序排列是发文机关代字、年份、序号。（   ）

（3）报告事前、事中、事后都可以行文。（   ）

（4）"以上意见如无不妥，请批转有关部门执行"常用于建议报告结尾。（   ）

（5）级别低的机关可以和级别高的机关联合行文。（   ）

（6）下级机关向上级机关汇报某一阶段的工作情况，写成的公文是情况报告。（   ）

（7）公文都是由法定作者履行法定程序的文书。（   ）

（8）公文的特定作者是依法成立并能以自己的名义行使权利和承担义务的组织。（   ）

（9）请示和报告的标题都可以省略发文机关，事由前必须有介词"关于"。（ ）

（10）公文的附件与求职信的附件都起到证明、证件的作用。（ ）

（二）情境写作

弹指一挥间，一年的实习很快过去了。一年来，吴天浩除了完成本职工作，还经常帮助经理整理资料，写作文书，实用写作能力不断增强。经理十分赏识他，破格提拔他为公司办公室主任。

某日，1号仓库发生火灾，经调查，收集到以下材料。

（1）2019年7月20日9点20分，××公司1号仓库发生重大火灾事故。

（2）事故后果：未造成人员伤亡，但烧毁仓储物品，直接经济损失792万元。

（3）施救情况：事故发生后，市消防支队出动3辆消防车，经4小时扑救，火灾才被扑灭。

（4）事故原因：直接原因是电焊工××违章作业，在仓库铁窗架电焊，火花溅到易燃货品上引起火灾，但也与××公司管理层及员工安全思想模糊，公司安全制度得不到落实，许多安全隐患长期得不到解决有关。

（5）善后处理：公司副经理××带领有关人员赶到现场调查处理；经理××组织召开办公会议，对有关人员视情节轻重，做了相应处理。

事后，经理要求吴天浩将这一情况上报集团总公司。那么，这个报告应怎样写呢？

要求：以学习小组为单位开展情境写作活动，培养竞争意识，增强责任感。报告要格式正确、内容完整、语言简明、书写规范。

（三）习作评改

根据情境，分组完成写作任务后，每组在自评的基础上将代表作品上传至学习通"群聊"进行互评和修改。

第二节 请示

一、任务导入

指出下列公文文稿的错误之处，并根据请示的写作要求，将其改写为一份规范的公文。

关于要求解决学生公寓拥挤等问题的请示

市人民政府、市教育局：

我校适应社会发展需要，近几年新增机器人、临床医学等8个专业。由于招生人数急剧增加，已有的学生宿舍已无法容纳全部学生，有2 000名学生被安排在校外住宿，这严重影响了学生的身心健康。为解决这一困难，我校决定再建一栋学生公寓。另外，我校人文素质教育展厅创建项目尚需20万元，望上级部门给予适当支持。特此请示，请回复。

××职业技术学院

二〇一九年六月十五日

二、例文借鉴

【例文1】

关于奔赴德国参加培训的请示

××市人民政府：

根据××省商务厅《关于举办国际服务贸易人才培训班的通知》（×商发〔2019〕31号）文件精神，经研究，我区拟派夏三友、吴思两名同志于2020年4月上旬参加省商务厅在德国举办的国际服务贸易人才培训班，在外时间15天。

此次培训目的，主要是学习和借鉴发达国家服务贸易的发展经验和模式，通过相关活动广泛结识德国企业，寻求合作项目。学习内容包括：

1. 德国服务贸易的发展历程；

2. 德国会展旅游业；

3. 德国公共服务业；

4. 德国现代物流服务；

5. 德国科技园建设情况；

6. 德国现代商业服务等。

当否，请批复。

××市商务局

二〇一九年十月五日（公章）

【提示】这是一份请求参加国外培训的请示。正文说明参加培训的依据、人员和时间，同时说明培训目的和具体内容。全文叙述清楚，请示事项单一，理由充分，习惯用语也十分规范。

【例文2】

关于请求设立县、乡两级电子商务服务机构的请示

××县机构编制委员会：

根据《关于印发××市2018年电子商务进农村综合示范项目实施方案的通知》（×政办发〔2019〕5号）文件精神，为全面推进我县电子商务进农村示范工作，加快全县电商产业发展，有效促进农业升级、农村发展、农民增收，现将有关事项请示如下。

一、机构设置

拟设立××县电子商务服务中心，为县商务局下属公益一类事业单位，机构规格为正科级，县电子商务服务中心设5个内设股室，即办公室、技术部、培训部、营运部、客户部；拟设立乡（镇）电子商务服务站，为乡（镇）下属公益一类事业单位，机构规格为股所级。

二、主要职责

1. 产业研究服务。研究电子商务产业发展的重点难点，探索产业技术和发展模式，制订电子商务产业政策和发展规划，为推动电子商务应用提供相关服务。

2. 产业推进服务。发掘电子商务发展创新的样板案例，实施和落实重大项目，总结和推广电子商务创新模式，促进产业链整合和其他产业转型升级。

3. 产业培训服务。举办电子商务产业培训，普及传播电子商务应用知识，辅助开展电子商务继续教育和在职培训工作，促进企业开展电子商务；制订电子商务专业人才培养标准和计划，培养商务人才。

4. 产业宣传服务。建设电子商务宣传平台，展示我县电子商务发展状况和进程，介绍发展规划、政策扶持信息，全面宣传和营造产业氛围。

5. 产业公共服务。提供电子商务企业设立注册及企业开办电子商务业务所需的各种电子商务服务业务。提供与电子商务及互联网产业相关的招商引资服务。提供电子商务企业投融资上市咨询服务、培训辅导服务，辅助支持电子商务服务企业培育工作。研究制定全县农村物流建设规划并组织实施。

三、人员编制

请求核定××县电子商务服务中心事业编制21名，核定各乡（镇）电子商务服务站事业编制21名（每个乡镇均3名）。

妥否，请批示。

附件：《××市2018年电子商务进农村综合示范项目实施方案》（×政办发〔2018〕5号）

××县商务局

二〇一九年二月八日（公章）

【提示】这是一份请求设立机构的请示。全文围绕请示事项说明依据和目的、所设机构的主要职责和人员编制，并以附件证实请示目的。全文有理有据，规范得体。

【例文3】

关于处理废旧物资的请示

××总公司：

我公司因设备更新退换的一批闲置设备，长期存放于露天仓库，表面锈蚀情况严重，经与使用单位和设备组专业工程师沟通，设备更新改造后，该批设备已无法应用于生产运行，为清洁场地卫生，特申请将此批废旧物资竞价出售。

当否，请批示。

附设备清单如下：

1. 锅炉6台；
2. 塔杆2套；
3. 取样头2套。

××公司

二〇一八年八月八日（公章）

【提示】这是一份请求处理废旧物资的请示。开头叙述基本情况，说明请示事项的客观原因和目的；主体说明处理废旧物资这一事项；结尾采用习惯用语结束全文；附件以清单说明了要处理的设备，具体明确。

三、知识概览

（一）请示的含义

请示是下级机关向上级机关和业务主管机关请求对某项工作或要求对某件事情给予批准或指示时使用的上行公文。请示的写作目的就是希望上级对下级所请示的事项给予帮助、批准或指示，因此，它要求上级机关回复并明确表态。

（二）请示的特点

请示作为一种呈请性的上行文，它具有以下特点。

❶ 呈请性

请示是向上级机关请求指示和批准的公文，行文内容具有请求性。

❷ 期复性

请示的行文目的是请求上级批准，解决某个具体问题，期望做出明确答复，因此具有期复性。

❸ 单一性

请示的事项要单一，即一份请示写一个问题，要符合"一文一事"的原则。请示中的问题一般是亟待解决的问题，迫切希望得到上级的及时批复，因此在写请示时一定要体现内容单一、集中的特点，便于上级批复。

❹ 事先性

请示必须在事前行文，等上级做出指示后才可付诸实施，不能"先斩后奏"。

（三）请示的分类

在实际工作中，下级单位遇到不能自主解决或无法解决的问题时，必须向上级单位请示。因此，根据不同功用及行文目的，可以将请示分为以下 3 种类型。

❶ 请求指示类

下级机关遇到新问题、新情况而又无章可循，或者对有关方针政策有疑问，或者与协作单位发生分歧，均需要上级给予指示，如《关于可否批准民盟等非社会团体的党派和组织成立律师事务所的请示》《关于交通肇事是否给予被害者家属抚恤问题的请示》等。

❷ 请求批准类

下级机关遇到重要事情而不能擅自做主时，必须事先请示上级批准，如《××县商务局关于请求设立县、乡两级电子商务服务机构的请示》。

❸ 请求帮助类

下级机关在实际工作中遇到人、财、物等困难，自身无法按时完成时，需请示上级，要求给予帮助和支持，如《关于修建电子商务等专业实训大楼所需资金的请示》。

（四）请示的格式

请示一般由标题、主送机关、正文、落款和日期 4 部分构成。

❶ 标题

标题一般采用完全式，即"发文机关+关于+事由+文种"，如"×市商务局关于奔赴德国参加培训的请示"。这样便于上级单位及时准确地予以答复。

❷ 主送机关

请示的主送机关是直属的上级领导机关，一般只写一个。其他需要了解请示内容的机关，可以用抄报或抄送的形式，但不得抄送其下级机关。

❸ 正文

请示的正文一般由开头、主体、结尾 3 个部分组成。

（1）开头

开头写请示缘由，一般应简要而充分地写出请示的背景、原因、目的、根据，要求叙述简明，理由充分。请示的理由既要实事求是，又要具体充分。这是请求的事项能够得到上级机关批准的关键所在。

（2）主体

主体部分写请示事项，它是正文的核心部分，要写清楚要求上级机关予以批准、指示、答复的具体问题和事项，不能脱离实际出难题，也不能含糊其辞让领导难以决断，不然，就达不到请示的目的。

（3）结尾

结尾部分写请示结语，针对请示事项提出请求，一般采用期请征复用语，如"当否，请批示""特此请示，请批复"，但不能用"以上请示，请予批准"。

❹ 落款和日期

在落款处写明发文机关名称及发文日期，并加盖公章。

（五）请示的写作要求

❶ 一文一事

请示要坚持"一文一事"的原则，请示的内容要明确，事项要单一。同时注意不要滥用请示。

❷ 逐级请示

请示要切实遵守隶属关系的行文规定，不得越级进行请示。如遇特殊情况必须越级行文时，应抄报越过的直属领导机关。除领导直接交办的事项外，"请示"不得直接送交领导者个人。

❸ 注意抄送

请示的主送机关只有一个。应根据具体情况写明主送机关以明确责任。其他需要知晓或协助办理的单位则以抄报或抄送的形式送到。

❹ 语言得当

请示的语言要简明，语气要和缓。要注意分寸，不能言辞过激、语气生硬。

四、知识链接

写作请示的主送机关时应注意的事项

1. 主送机关只能写一个

请示一般只写一个主送机关，如需同时送其他机关，应当用抄送的形式。向上级机关行文，应当主送一个上级机关；受双重领导的机关向上级机关行文，应当写明主送机关和抄送机关，由主送机关负责答复其请示事项。因此，为了避免互相推诿，请示不能多头行文。

2. 只能主送上级机关，不能送领导者个人

除上级机关负责人直接交办的事项外，不得以机关名义向上级机关负责人呈报"请示"。不应直接送领导者个人。

3. 不得越级

一般不得越级请示和报告。党委各部门应当向本级党委请示问题。未经本级党委同意或授权，不得越过本级党委向上级党委主管部门请示重大问题。

五、本节训练

（一）网上自测

1. 单项选择题

（1）公文的印制时间写法正确的是（　　　）。

　　A. 2019 年 6 月 5 日　　　　　　　　B. 二〇一九年六月五日

　　C. 2019.6.5　　　　　　　　　　　　D. 一九年六月五日

（2）只能有一个主送单位的公文是（　　　）。

　　A. 命令　　　　　　B. 通知　　　　　　C. 请示　　　　　　D. 通报

（3）《××职业技术学院关于修建教师公寓的请示》这一文件的发文字号规范的写法是（　　　）。

　　A. ×职院发〔2019〕5 号　　　　　　B. ×职院发〔2019〕第 5 号

　　C. ×职院字〔19〕5 号　　　　　　　D. ×职院字〔2019〕5 号

（4）为便于上级领导阅读、有问必答，请示写作时的要求是（　　　）。

　　A. 全面分析　　　　B. 针对性强　　　　C. 论证充分　　　　D. 语言简明

（5）符合"请示"主送机关写作规则的是（　　　）。

　　A. 多个　　　　　　B. 可以是二至三个　　C. 只有一个　　　　D. 不必写主送机关

（6）必须事前行文的公文是（　　　）。

　　A. 通报　　　　　　B. 调查报告　　　　C. 请示　　　　　　D. 报告

2. 判断题

（1）请示事前、事中、事后都可以行文。 （　　）

（2）"以上意见如无不妥，请批复"常用于请示结尾。 （　　）

（3）受双重领导的单位写请示时主送机关可以写两个上级单位。 （　　）

（4）工作中只要遇到问题就要写请示。 （　　）

（5）下级机关向上级机关汇报某一阶段的工作情况，写成的公文是请示。 （　　）

（6）一般情况下，请示的主送机关可以是其所隶属的上级机关，也可以是其他上级机关。

（　　）

（二）情境写作

张明是××汽修公司办公室文员。近年来，新能源汽车受到市场肯定，发展前景十分广阔。为了提高新能源汽车的维修与保养技术，公司领导召开会议研究，决定派王强、赵真赴上海参加"鸿运新能源汽车维修培训班"学习一个月，费用由公司自行承担。经理要求办公室负责起草一份请示。那么，这个请示应该怎样写呢？

要求：以学习小组为单位开展情境写作活动，培养竞争意识，增强责任感。做到格式正确，内容完整，语言简明，书写规范。

（三）习作评改

根据情境，分组完成写作任务后，每组在自评的基础上将代表作品上传至学习通"群聊"进行互评和修改。

第三节　批复

一、任务导入

指出下列公文文稿的错误之处，并根据批复的写作要求，将其改写为一份规范的公文。

关于要求解决学生公寓拥挤等问题的批复

××学院：

有关请示已收到。关于再建一栋学生公寓一事，似乎不可行。经我们领导研究，认为以不建为宜。望理解。

××职业技术学院

二〇一九年六月十五日

二、例文借鉴

【例文1】

关于奔赴德国参加培训的批复

××市商务局：

你局《关于奔赴德国参加培训的请示》（×商字〔2019〕5号）文悉。经研究，同意派夏三友、吴忌两名同志于2020年4月上旬参加省商务厅在德国举办的国际服务贸易人才培训班，在外时间15天。

此复。

××市人民政府

二〇一九年十月六日（公章）

【提示】这是一份同意下级单位请示事项的批复。正文首先引述来文标题和发文字号，接着明确表态。最后用习惯用语做结。层次清楚，语言得体，符合行文规范。

【例文2】

关于请求设立县、乡两级电子商务服务机构的批复

××县商务局：

你局《关于请求设立县、乡两级电子商务服务机构的请示》（×商字〔2019〕5号）文悉。经研究，现批复如下。

一、同意设立××县电子商务服务中心，为县商务局下属公益一类事业单位，机构规格为正科级，县电子商务服务中心设5个内设股室，即办公室、技术部、培训部、营运部、客户部；设立乡（镇）电子商务服务站，为乡（镇）下属公益一类事业单位，机构规格为股所级。

二、核定××县电子商务服务中心事业编制21名；核定各乡（镇）电子商务服务站事业编制21名（每个乡镇均为3名）。

此复。

××县机构编制委员会

二○一九年二月九日（公章）

【提示】这是一则关于机构设置的批复。正文开头引据来文字号，明确发文针对性；接着用文种承启语过渡到主体部分的批复事项，对机构设置和人员编制给予明确批复，体现了上级机关的权威性；结尾以习惯用语做结。文章思路清晰，规范得体。

三、知识概览

（一）批复的含义

批复属于下行文。它是上级机关答复下级机关请示事项时所使用的一种答复性公文。《党政机关公文处理工作条例》明确规定，批复"适用于答复下级机关请示事项"。因此，批复与请示具有一一对应的关系，在实际工作中，有请示则必有批复。

（二）批复的特点

❶ 针对性

针对请示单位和请示事项进行批复。批复的主送机关只能是请示单位。批复的内容必须围绕请示的事项来写。不能乱抄乱送、节外生枝或答非所问。

❷ 明确性

针对下级单位请示的问题进行批复，无论同意与否，都要明确表态，不能含糊其辞，回避责任。

❸ 权威性

批复是上级机关领导意图和领导权威的具体体现。批复对下级机关具有行政约束力，下级单位要按照批复的意见办事。

（三）批复的格式

批复包括标题、主送机关、正文和落款4部分。

❶ 标题

批复的标题有4种构成形式：第一种由发文机关名称、批复事项、行文对象和文种构成，如《××总公司关于扩建业务大楼给第三分公司的批复》；第二种由发文机关名称、事由和文种构成，如《国务院关于编纂中华大辞典问题的批复》；第三种由事由和文种构成，如《关于请求设立县、乡两级电子商务服务机构的批复》；第四种由发文机关名称加请示标题和文种构成，如《××市

人民政府对〈关于改造金桥市场棚户区的请示〉的批复》。

2 主送机关

批复的主送机关即请示发文机关,只有一个。

3 正文

正文是批复的主体,其内容单一,层次构成相对固定,一般由批复引语、批复事项和批复结语组成。

(1)批复引语

批复引语通过引叙来文以说明批复缘由和根据,一般先引请示标题,再引发文字号,发文字号应加圆括号,如"你公司《关于……的请示》(×字〔20××〕×号)文悉"。

(2)批复事项

要根据党和国家的方针、政策、法令、法规和实际情况,针对请示事项给予明确的答复或具体的指示,或肯定,或否定,要明确说明,一般不加以评论。如果不同意请示事项,或难以满足下级机关的要求,那么,在批复中除了表明态度,还要适当说明理由,以便下级单位正确理解,及时安排或调整相关的工作。

(3)批复结语

结尾一般用"此复""特此批复"等习惯用语。

4 落款

落款一般包括署名和成文时间两项内容。署名要写上单位名称,并加盖批复单位公章。

四、知识链接

批复写作应注意的事项

1. 行文要有针对性

下级机关请示什么事项,上级机关就批复什么事项。同时要核实请示事项的真实性,弄清下级单位请示的背景,研究请示事项的可行性。

2. 观点要明确

对下级单位的请示事项,无论是同意还是不同意,是立办还是缓办,上级机关的态度一定要明朗,不能模棱两可,否则,下级单位就会无所适从。

3. 批复要及时

下级机关向上级机关呈送请示,要么事关重要,要么时间紧迫,急需得到上级机关的指示和帮助。因此,上级机关应当及时批复,不然就会贻误工作,甚至会造成重大损失。

4. 语言要简明

批复要做到言简意赅、言止意尽、庄重周严,以充分体现批复的权威性。

五、本节训练

(一)网上自测

1. 单项选择题

(1)下列选项中符合批复写作内容的一项是(　　)。

　　A. 引述来文+表态　　　　　　　　　B. 引述来文+说明理由

　　C. 表态+说明原因　　　　　　　　　D. 引述来文+分析原因

(2)只能有一个主送单位的公文是(　　)。

　　A. 命令　　　　　B. 通知　　　　　C. 批复　　　　　D. 通报

（3）《××市人民政府关于修建教师公寓的批复》这一文件的发文字号规范的写法是（　　　）。

    A.×府发〔2019〕5号　　　　　　　　B.×府发〔2019〕第5号

    C.×府发〔19〕5号　　　　　　　　　　D.×府字〔2019〕5号

（4）下列选项中不符合批复写作特点的一项是（　　　）。

    A.针对性　　　　　B.时效性　　　　　C.明确性　　　　　D.情意性

（5）批复写作对应的公文文种是（　　　）。

    A.函　　　　　　　B.调查报告　　　　C.请示　　　　　　D.情况报告

（6）下列选项中不符合批复写作表态依据的一项是（　　　）。

    A.领导意图　　　　B.实际情况　　　　C.个人喜好　　　　D.政策

2．判断题

（1）批复应一文一事。　　　　　　　　　　　　　　　　　　　　　　　（　　）

（2）"以上意见如无不妥，请认真执行"常用于批复结尾。　　　　　　　（　　）

（3）批复可以写两个以上的下级单位。　　　　　　　　　　　　　　　　（　　）

（4）批复如果同意下级单位的请示事项，可以不必说明同意理由，表明同意态度即可。（　　）

（5）如果不同意下级单位的请示事项，批复就要说明不同意的理由。　　（　　）

（6）批复内容若涉及其他部门，为了体现上级机关的权威性，起草批复时不必与有关部门协商。　　　　　　　　　　　　　　　　　　　　　　　　　　　　　　　　（　　）

（二）情境写作

王浩是××园林局办公室主任。某日收到江南森林公园的一份请示。局长办公会研究后，同意了请示的事项，并责成办公室回复江南森林公园。那么，这个批复应怎样写呢？

附请示原文如下。

关于乘坐太空飞行器收费事宜的请示

园林局：

我园投资55 000元新增娱乐项目"太空飞行器"，2019年10月1日面向市民和游客开放。经研究，乘坐太空飞行器拟按照25元/人次进行收费。当否，请批示。

江南森林公园管理处

二〇一九年九月二十五日（公章）

要求：以学习小组为单位开展情境写作活动，培养竞争意识，增强责任感。请示要做到格式正确，内容完整，语言简明，书写规范。

（三）习作评改

根据情境，分组完成写作任务后，每组在自评的基础上将代表作品上传至学习通"群聊"进行互评和修改。

第四节　通知

一、任务导入

指出下列公文文稿的错误之处，并根据通知的写作要求，将其改写为一份规范的公文。

关于校庆60周年开展游园活动的通知

为了庆祝建校60周年，更好地促进师生之间的关系，我校定于×月×日晚×时在××（地点）举办游园活动。为确保此次活动的顺利开展，现将有关事项通知如下。

一、参加游园活动者必须是本校教职工和校友，其他人员不得参加。

二、必须听从工作人员的安排，服从工作人员的指挥，不得无理取闹，以免影响工作人员的正常工作。

三、必须严格遵守各项活动规则，不准随便破坏游园活动的规定，如有这种情况应受到校纪处分。

四、参加任何活动都必须排队，不准随意插队，不准在队列中故意拥挤。

五、保护好一切活动器械，严禁私自拿或破坏。

六、领奖时必须排队，不准发生不排队领奖现象。

七、工作人员必须严格要求自己，不得乱发奖票。

以上规定，望大家自觉遵守，互相监督执行。对那些不遵守者，应给予校纪处分。

特此通知。

×××学校校庆活动筹备组（章）

二〇一九年六月九日

二、例文借鉴

【例文1】

关于举办中秋游园活动的通知

各部门、车间、直属班组：

每逢佳节倍思亲！八月十五是中国传统节日——中秋佳节。在这个阖家团圆的日子里，宏发公司为营造浓厚的节日氛围，让宏发人感受公司这个大家庭的温暖，公司党支部、工会决定于中秋节前夕联合举办主题为"家好月圆畅意游园"的中秋游园活动。现将活动的有关事项通知如下。

一、主题

家好月圆　畅意游园。

二、时间

9月21日下午3点至5点。

三、地点

综合大楼前空地。

四、参加对象

所有员工。

五、参加方式

每人凭一张游园入场券（各个游园项目限玩一次，每个项目按编号画钩）。

六、活动准备

（1）各活动项目实行承包责任制。由各部门为单位分担活动项目的准备与实施工作。各部门按以下方式分组：综合管理部（2个）、技术部、营销部、质量管理部（2个）、财务部、设备部、采购部、装备制造部、仓储部、QCD改善部、生产制造部（2个）。

（2）承包项目所需准备的工作。根据所给的项目名称、游戏规则准备道具、安排工作人员，9月17日下午下班前上交项目负责人名单，以便于沟通。

七、活动议程

（1）全体到会人员集中，领导致辞。

（2）宣布注意事项；

① 注意安全；

② 遵守游戏规则。

（3）各队员凭票进入自己喜爱的游园项目游玩。

八、活动内容及规则

1. 月兔归巢——反弹乒乓球（仓储部）

准备好3个乒乓球和一个小纸盒，小纸盒平放在一张小桌子上，参赛者站在桌子前面约两米处（用粉笔画好线，参赛者脚和身体不能越过），将乒乓球从地上弹起，每个人有3次机会，只有3个球全部弹进小纸盒内，才得一张兑奖券。

道具：编好号码的乒乓球3个，小纸盒一个，桌子一张，粉笔一支。

2. 俯首折桂——筷子投酒瓶（综合管理部）

酒瓶放在桌子底下，手拿筷子，上半身可靠在桌子上，手腕不能离开桌面，筷子对准瓶口放手，投进一根筷子得一张兑奖券，以此类推。

道具：空啤酒瓶一个，筷子3根，桌子一张。

3. 一鸣惊人——吹蜡烛（财务部）

点5根蜡烛，从工作人员手中任意抽取一张牌（共有4张牌，上面写着4个特定的字），然后参赛者需要用抽中的字来组词，通过说出词语时的空气流动来吹灭蜡烛，吹灭3根以上得一张兑奖券。

道具：蜡烛15根（备用），桌子一张。注意安全。

4. 水中捞月——夹弹珠（生产制造部）

准备一个脸盆（能接水即可），倒水至八成满即可。放入若干个五颜六色的弹珠，用筷子夹，在规定的时间内，夹得（　　）个以上得一张兑奖券。这个由负责此项目的人员先做测试，再定个数。（建议30秒夹10个，供参考）

道具：弹珠30个，脸盆（　　）个，这也由工作人员自行安排，在人数比较多的情况下可以安排几组同时进行。

5. 广寒解谜——中秋谜语（技术部）

准备200个纸条，里面写上与八月十五或中秋有关的谜语，但不用全部都是。每人限猜一个。猜中一个得一张兑奖券。

道具：五颜六色的纸，挂钩。

6. 后羿射月——射月饼（生产制造部）

在飞镖的镖心贴上月饼的图形，参赛人员必须站在规定的距离外（距离由负责此项目的人员商量设定，既要合理又要稍带难度），射中即得一张兑奖券。

道具：飞镖盘及飞镖（公司有）。

7. 流星赶月——投圈子（装备制造部）

套圈：在地上摆放5个空易拉罐。每个易拉罐之间的距离为20厘米。参赛者应站在离易拉罐一米远的地方，才能向易拉罐扔圈圈。每人3个圈，套中2个及2个以上可获得兑奖券一张。

道具：3个圈子，5个可乐瓶。

8. 吴刚钓月——钓月（设备部）

工作人员做几根小鱼竿，用一根小木棒，一端绑上一根棉线，棉线下方用铁丝做个钩。在纸上画几个月饼图形（这里可自由发挥，可多做些东西，动物、植物、食物都可以），在这些图形的一端挖个小孔即可。

道具：纸、小木棒、线、铁丝。

9. 掌上明月——端乒乓球（装备制造部）

工作人员要准备好一个乒乓球和一个乒乓球拍。参赛者将乒乓球平放在乒乓球拍上，沿着桌子走。走至终点，球未丢就得一张奖券。（桌子竖排3张，参赛者沿桌子在规定时间内绕一圈。）

道具：乒乓球一个，乒乓球拍一个，桌子3张。

10. 皎月点水——吹乒乓球（质量管理部）

准备好8个等高的杯子。每个杯子都要装满水，竖排，每4个杯子排成一排。每排的第一个杯子都要放一个乒乓球。参赛者要将乒乓球从第一个杯子吹向另一个杯子，一个一个地吹，不能跳杯子。若乒乓球吹落了，则不能得奖。若一次性吹过4个杯子则可得一张兑奖券。

道具：杯子8个（或者用碗也可以），乒乓球两个。

11. 嫦娥奔月——小保龄球（质量管理部）

10瓶矿泉水，排成底线1米宽的三角形，参赛者站在5米外，双手滚出皮球，倒3瓶矿泉水及以上即得一张兑奖券。凡出现抛、弹、砸等动作者一律不给兑奖券。

道具：矿泉水10瓶，皮球一个。

12. 花容月貌——画像（采购部）

工作人员在一个固定的白板上，画上几个（也可打印）有特色的人物头像，把眼睛及嘴巴留白。参加者蒙上双眼，听到裁判计时口令后，原地转3圈，向前走3米，在相应位置画出眼睛及嘴巴，画对者可得兑奖券一张。

道具：一个画板，记号笔，布（蒙眼用）。

13. 阿炳掩月——盲人吹灯（综合管理部）

在桌子上摆上10根蜡烛，不规则摆放，点亮，用布蒙上眼睛，每人吹一次，吹灭3根以上得一张兑奖券。

道具：蜡烛10根，打火机1个，桌子1张。

14. 众星捧月——叠月饼（营销部）

准备若干个易拉罐，每个易拉罐外壳贴上写有"月"或"饼"的字，放在篓子或箱子内，参赛者在规定的时间内（建议是10秒），必须叠成"月饼"，且易拉罐不倒。叠得"月饼" 6个（易拉罐12个）以上得一张兑奖券。

九、兑奖方式及方法

1. 各游戏处只放兑奖券，赢得游戏的员工凭兑奖券到兑奖处兑奖。

2. 凭兑奖券到兑奖台现场兑奖，可以一张兑奖券兑换一样奖品，也可多张兑换另一样价格较高些的奖品。

十、活动安排及要求

活动设组委会。组委会主任：林祥清。组委会副主任：林秀丽、芦荣东、朱荣山。组员：各项目负责人。

1. 总策划——张品

职责：活动策划、组织、协调。

组员：陈大明、金一鸣、林祥、李大华、程浩、卢秀华、陈良、张诚、张用。

职责：主会场布置、场地划分及调度。

2. 分组负责人

职责：各项目的组织分工、工作人员安排、具体实施规则的制订及活动分现场布置。

要求：

（1）各负责单位要醒目粘贴各活动规则；

（2）分组负责人要公平公正，反对弄虚作假。活动结束后，各组要负责搞好场地卫生工作；

（3）参加活动员工要自觉遵守活动场所秩序（排队、不大声喧哗、不追逐打闹和插队等）。

十一、人员安排

（1）安全保卫：王明海队长负责。

（2）兑奖组：由主会场组员负责（组长为李大华，组员有陈大明、林祥）。

（3）奖品采购员：金一鸣。

（4）摄影：程浩、林祥。

十二、补充事项

道具：一些需要购买的道具请以书面的形式报到综合管理部金主任处。需辅助的工作：1 000张入场券的制作与兑奖券的制作。

特此通知。

宏发有限公司党支部

宏发有限公司工会委员会

二〇一九年九月十六日（公章）

【提示】这是一则举办中秋游园活动的工作通知。正文开头说明了活动的背景和目的；主体部分具体说明活动的主题、时间、地点、议程、活动内容及规则，以及活动安排和要求等；结尾用习惯用语做结。全文条理清楚，说明具体，具有很强的指导性，值得借鉴。

【例文2】

天成物质集团公司批转××民爆公司关于安全质量检查方案的通知

各公司、集团公司各部门：

我公司同意××民爆公司制定的《安全质量检查方案》，现转发给你们，请认真贯彻执行。

天成物质集团公司

二〇一九年九月十六日（公章）

【提示】这是一则批转下属公司文件的通知。正文用一句话说明批转的文件及工作要求，简明扼要，具有指导性和约束力。

【例文3】

××市宏达公司关于印发《宏达公司发展规划》的通知

各分公司、公司各部门：

为了拓展我公司业务，规范各分公司进入市场的行为，根据市商委《关于印发〈东山开发区商业发展规划〉的通知》的精神，我公司制定了《宏达公司发展规划》，现印发给你们，请认真贯彻执行。各单位执行过程中遇到问题，请及时向我公司反映。

××市宏达公司

二〇一九年八月二十六日（公章）

【提示】这是一则印发文件的通知。正文只有一段，首先说明规划制订的目的和根据，然后说明印发的文件及工作要求，语言简洁明快，庄重有力。

【例文4】

关于张晶等同志职务任免的通知

公司各部门、各分公司：

根据公司经营发展需要，经总经理办公会研究，决定对部分人事任免调整如下。

任命张晶为总经理助理，免去其××分公司总经理职务。

任命贾超为××分公司总经理，免去其××部门经理职务。

以上任免自本通知发布之日起开始执行。

××物资公司

二〇一九年七月十日（公章）

【提示】这是一则任免通知。正文开头说明职务任免的依据，主体写明任免事项，结尾说明要求。全文简明扼要，条理清楚，符合任免通知的写作规范。

【例文5】

关于召开2018年度工作总结和表彰大会的通知

各分公司、集团总公司各部门：

年关将至，为表彰本年度有突出业绩的部门和个人，总结工作经验，做好来年的工作计划，经研究，总公司决定召开"2018年度工作总结和表彰大会"。现将有关事项通知如下。

一、会议内容

1. 总结2018年度工作。

2. 表彰先进单位和个人。

3. 各公司和集团总公司各部门负责人发言。

4. 集团总公司领导做总结性发言。

二、参会人员

各公司负责人和集团总公司全体员工必须参加本次会议，若有不能参加会议的，必须事先向部门领导请假，并报请上级领导批准。

三、到会时间

2018年12月25日下午14：00。

四、会议地点

总公司办公楼3楼大会议室。

特此通知。

××集团总公司

二〇一八年十二月五日（公章）

【提示】这是一篇会议通知。开头说明会议目的和主题，主体说明会议内容、时间、地点及参会者，结尾以习惯用语做结。全文层次清楚，内容要素齐全，写作格式规范。

三、知识概览

（一）通知的概念

通知是公文中运用范围最广泛、使用频率最高的文种。在实际工作中，无论哪一级机关、企事业单位、社会团体，都可以根据工作需要制发通知。其写作内容也不受轻重繁简的限制，发布重要决策和安排日常行政工作时都可以使用通知。在行政公文和党的机关公文中，通知都被列为主要文种。它既是下行文，又是平行文。

《国家行政机关公文处理办法》中指出通知的适用范围为批转下级机关的公文，转发上级机关和不相隶属机关的公文，传达要求下级机关办理和需要有关单位周知或者执行的事项，任免人员。

（二）通知的分类

根据内容和适用范围的不同，通知可以分为5种。

❶ 传达文件的通知

它又可以分为3种：一是上级机关根据实际工作需要，对公务活动中某一具体事项的标准做明确的规定，并将文件印发给下级有关单位，以便在工作中遵照执行，如《国务院关于印发〈鼓励软件产业和集成电路产业发展若干政策〉的通知》；二是上级机关批转下级机关的公文给所属单位，让所属单位周知或执行，如《××县人民政府批转县供电局关于做好农村电网改造工作意见的通知》；三是转发上级机关、平级机关和不相隶属的机关的公文给所属单位，让所属单位周知或执行，如《××省政府办公厅转发国务院办公厅关于加强基础设施工程质量管理的通知》《××省政府办公厅转发省农业厅关于加强今年秋种作物结构调整意见的通知》。

❷ 布置工作的通知

布置工作的通知即指示性通知，用于上级机关指示下级机关如何开展工作。

③ 告知事项的通知

告知事项的通知用于处理日常事务性的工作，常把有关信息或要求用通知的形式传达给有关单位，如设立或撤销机构、调整办公时间、更换印章等。

④ 任免人员的通知

这种通知用于任免和聘用干部。

⑤ 召开会议的通知

这种通知用于告知相关单位或人员参加会议。

（三）通知的写作格式

通知主要包括标题、主送机关、正文、落款4部分。

① 标题

通知的标题可以采用完全式写法，如《国家旅游局关于进一步做好旅游涉外饭店星级评定工作的通知》。也可以采用"事由+文种"的写法，如《关于举办中秋游园活动的通知》。一般事务告知性通知且使用范围很小的通知，也可只用文种名。

发布规章的通知，标题中要用书名号标注所发布的规章名称。批转和转发文件的通知，标题中要概括所转发的文件内容，但不一定用书名号。

如果事情重要或紧急，也可以在标题中写明"重要通知"或"紧急通知"，以引起阅读通知者的注意，如《关于抗洪抢险的紧急通知》。

② 主送机关

主送机关部分写明接收和办理公文的单位名称，在第二行顶格写。通知的主送机关通常较多，要注意主送机关排列的规范性。

③ 正文

正文由开头、主体、结尾3部分构成。

（1）开头

开头说明通知缘由，交代有关背景、根据、目的、意义等。

（2）主体

主体部分说明通知事项，交代所发布的指示，安排的工作，提出的方法、措施和步骤等，内容复杂的一般采用条款式行文，做到一目了然，便于遵照执行。

（3）结尾

结尾说明执行要求。发布指示、安排工作的通知，可以在结尾处提出贯彻执行的有关要求。如无必要，可以省略。

④ 落款

落款分两行写在正文右下方，一行署名，一行写日期并加盖公章。

四、知识链接

批转、转发与印发有哪些区别

批转、转发属于同一类文书处理方式，它们与印发的主要区别如下。

1. 标题的基本形式不同

批转、转发类文件标题的基本形式为（××）（关于）批转（或转发）××××关于××××的××（文种）的××（文种）。

印发类文件标题的基本形式为××关于印发×××××××的××（文种）。

比较上述基本形式可以发现。

一是批转、转发类文件标题中的发文单位和"关于"可以不用；而印发类文件标题中的"关于"一般不能缺少。

二是基本的用词不同。三者分别使用"批转""转发""印发"。

三是批转、转发类文件在拟制标题时往往要对被批转、转发的标题做技术处理，特别是要将被批转、转发文件标题中的原发文单位移出原文件名称，移至"批转""转发"后，若被批转、转发文件的标题中没有发文单位，一般要在"批转""转发"后加上"发文单位"；而印发类文件不需要对被印发的文件的标题做任何改动。

2. 发文者与被发文件的制发者形成的关系不同

批转、转发类的文件一般是对外单位发送文件的处理，即发文者与被批转、转发文件的制发者不是相同的单位。当发文者与被发文件的制发者构成"上级与下级关系"时用"批转"，当发文者与被发文件的制发者构成"下级与上级、平级、不相隶属关系"时用"转发"。

印发类的文件，发文者与被发文件的制发者往往是同一个单位，即主要用于发文者对本机关单位文书的处理，如国务院办公厅《关于印发〈国务院办公厅主要职责内设机构和人员编制规定〉的通知》。这里，"国务院办公厅主要职责内设机构和人员编制规定"实际上就是国务院办公厅自己制发的文书，经有关领导机构同意后再由国务院办公厅发送有关单位。

3. 对被发文件的处理要求不同

一般来说，批转、转发类文件，要求对被批转、转发的文件进行技术处理，以取消被批转、转发文件的独立性。对被批转、转发文件的技术处理一般有以下4个步骤。

首先是取消被批转、转发文件的眉首（即俗称的文头、版头）。在被批转、转发的文件被取消眉首后，原文件眉首中的发文字号将在批转、转发文件的"引用文件"部分出现。因为按照《国家行政机关公文处理办法》第二十五条的规定："引用公文应当先引标题，后引发文字号"。如"现将××省环境保护厅《关于印发××省有机食品生产基地环境管理办法的通知》（×环然〔201×〕5号）转发给你们"。

其次是取消被批转、转发文件的主送机关单位。

三是取消被批转、转发文件的印章、附注，并在成文日期之上补加原发文单位名称。如果原来印章之上有发文单位名称，则不需要补加。

四是取消被批转、转发文件的文尾（即俗称的版记）部分。

批转、转发类文件对被批转、转发的文件进行处理以后，被批转、转发的文件只保留了以下部分：标题、正文、成文机关单位、成文日期。

印发类文件因为主要是对内发文，所以不需要对被印发的文书进行技术处理。

五 本节训练

（一）网上自测

1. 单项选择题

（1）可以用作下行文和平行文的公文是（　　）。

　　A. 命令　　　　　B. 通知　　　　　C. 请示　　　　　D. 批复

（2）使用范围最广的公文是（　　）。

　　A. 命令　　　　　B. 决定　　　　　C. 批复　　　　　D. 通知

（3）"××学院做好评先工作的通知"这一标题的错误之处是（　　）。

　　A. 文种不正确　　B. 事由不全面　　C. 事由语序有错　　D. 缺少"关于"

（4）《××职业技术学院关于 2018 年迎新年文艺活动的通知》这一文件发文字号规范的写法

是（　　）。

  A．×职院发（2018）5 号　　　　　　B．×职院发〔2018〕第 5 号

  C．×职院字〔18〕5 号　　　　　　　D．××职院字〔2018〕5 号

（5）某物资集团总公司要开展安全文明知识竞赛活动，可采用的文种是（　　）。

  A．通告　　　　　B．通知　　　　　C．决定　　　　　D．通报

（6）通知中用作平行文的一种是（　　）。

  A．会议通知　　　　B．任免通知　　　　C．布置工作的通知　　D．传达文件的通知

2．判断题

（1）任免通知均需写明经何组织研究决定、任免谁及任免职务、任期和待遇，这样才便于执行。　　　　　　　　　　　　　　　　　　　　　　　　　　　　　　　　　（　　）

（2）任免通知属于平行文。　　　　　　　　　　　　　　　　　　　　　（　　）

（3）通知正文一定包括通知缘由、通知事项和通知要求。　　　　　　　　（　　）

（4）会议纪要、会议通知都是法定公文。　　　　　　　　　　　　　　　（　　）

（5）市政府要求下属单位开展植树造林活动，用通知发文。　　　　　　　（　　）

（二）情境写作

  因为工作勤奋，写作能力较强，吴天浩被抽调到集团公司办公室从事文员工作。从此，写作应用文成了家常便饭。2018 年年末，为了总结工作经验，为来年制订工作计划打好基础，集团总经理决定召开一次经验交流会，要求各分公司经理和集团各部门负责人参加并发言。那么，这个会议通知应怎样写呢？

  要求：以学习小组为单位开展情境写作活动，培养竞争意识，增强责任感。会议通知要做到格式正确，内容完整，语言简明，书写规范。

（三）习作评改

  根据情境，分组完成写作任务后，每组在自评的基础上将代表作品上传至学习通"群聊"进行互评和修改。

第五节　通报

一、任务导入

  指出下列公文文稿的错误之处，并根据通报的写作要求，将其改写为一篇规范的公文。

××有限责任公司关于对 2-萘酚车间铜管失盗案件的通报

××函字〔201×〕1 号

各单位：

  201×年 2 月 13 日早 10 点 20 分左右，办公室副主任翟××接到 2-萘酚车间主任史××报案，称位于 2-萘酚车间二楼磺化水解岗位的 40 余米铜管丢失。

  接到报案后，翟××立即向办公室主任王××汇报。办公室立即成立以翟××牵头，以巡逻人员为主的专案小组。专案小组兵分两路，在 2-萘酚车间主任的配合下，一路人员对现场进行仔细勘查，另一路人员调取 13 日前车间、门房、马路等监控视频。经过连续 8 小时的仔细鉴别研究，发现亚钠技改现场施工人员××，公司机修车间的张××、党××到过二楼磺化水解岗位，后对视频进行对比分析，确定是张××、党××在 7 日、8 日、9 日、10 日中午 13 时到 14 时作案。保卫人员连夜对张××、党××进行审问。张、党二人在铁的证据面前，承认了 4 次偷盗铜管之事。

他二人在下午16：30下班前将铜管扔出墙外，下班后回家骑电动三轮车将铜管拉走，卖到废品收购站。两人4次共卖铜管5 600元，每人各分2 800元。

在"两节"来临之际，2-萘酚车间连续4次发生失盗案件，车间干部管理人员和夜间看守人员毫无察觉，不认真检查交接，监管不力，玩忽职守，负主要管理责任。经公司研究决定，要求张、党两人将赃款5 600元上交公司，并对二人分别处以6 000元罚款，并暂将2-萘酚车间看守人员毋××、刘××、景××停职。

××有限责任公司（章）

201×年××月××日

二、例文借鉴

【例文1】

××市环境保护局关于突发环境事件应急预案备案工作开展情况的通报

各县（市、区）环保局，开发区、高新区环保局：

201×年7月4日，市局下发了《关于转发××省环境保护厅〈关于督促国家重点监控企业限期完成突发环境事件应急预案备案的通知〉及〈关于切实落实突发环境事件应急预案备案工作的通知〉的通知》（××办〔201×〕63号），要求各县（市、区）环保局认真做好本部门及辖区内有关企业的应急预案备案工作。部分县（市、区）环保局比较重视，取得了一定的成绩，但仍有一些县（市、区）环保局至今未完成报备。现将应急预案备案工作开展情况通报如下。

一、应急预案备案工作基本情况

根据省环保厅文件的有关要求和规定，各县（市、区）环保局要于201×年6月30日前完成本部门应急预案的编制、修订、备案登记工作；国家重点监控企业于9月30日前完成应急预案在省厅的备案工作，其中较大以上环境风险源于8月15日前完成。

截至10月31日，环保局本部门应急预案除A县、A市、B县、C县、××开发区外，其余县（市、区）均未完成本级应急预案报备工作；全市共有国家重点监控企业64家，除15家停产、1家搬迁外，其余企业已全部完成应急预案在省厅的备案；非国控企业应急预案报备工作，A县、B县、A市完成较好，其他县（市、区）相对滞后。

二、应急预案管理工作存在的问题

我市应急预案管理工作虽然取得了一定的成绩，但是与上级要求还存在很大差距，突出表现在以下3个方面。

1. 个别县（市、区）环保局对此项工作认识不足，重视程度不够，领导不力，严重影响了备案工作的整体推进。

2. 部分县（市、区）环保局本级应急预案编制、报备进展缓慢；多数需编制、报备应急预案的非国控企业未开展应急预案报备工作。

3. 个别县（市、区）环保局未对企业就应急预案备案工作进行统一的安排部署和指导检查，致使企业对应急预案报备工作不了解、不重视、不积极，企业的主体责任未得到有效落实。

三、工作要求

为进一步做好我市突发环境事件应急预案备案工作，现提出以下要求。

（一）进一步提高认识，抓紧抓好应急预案备案工作。各县（市、区）环保局一定要充分认识应急预案备案工作的重要性、紧迫性，明确职责分工，采取有效措施，大力推进应急预案备案工作，尽快实现应急预案备案工作的常态化、规范化。

（二）B市、C市、D市、D县、高新区等县（市、区）环保局要在201×年12月31日前完成本部门突发环境事件应急预案的编制、修订、备案工作；各县（市、区）环保局要督促需报备应急预案的非国控企业尽快完成备案工作。

（三）各县（市、区）将辖区内较大及以上环境风险单位应急预案编制、备案情况于12月10日前上报××市环境监察支队；对其他企业，各县（市、区）环保局要结合各自实际情况，可采取"先大后小（企业规模大小）、先高危后一般（危害程度）、先重后轻（重点行业）"等原则，层层落实，有序推动应急预案编制、备案工作的展开。

联系人：×××。

电话/传真：××××××××。

××市环境保护局

二〇一×年十一月十九日（公章）

【提示】这是一份情况通报，采用"概述总体情况→分述具体情况"的总分结构模式，通报突发环境事件应急预案备案工作开展情况。主体部分从"应急预案备案工作基本情况""应急预案管理工作存在的问题"和"工作要求"3个方面回应社会关切，消除民众对公共安全问题的疑虑和恐慌，以维护稳定、和谐的社会环境。

【例文2】

关于表彰2018年度商务工作先进单位的通报

各县（市、区）经济商务和信息化局、××高新区经发局、市直有关部门：

2018年，全市商务系统在市委、市政府的正确领导下，克服各种压力，把握供给侧改革的机遇，初步形成激活流通繁荣市场消费、加大外向型经济建设、促进产业转型升级、对外经济合作成效突出的稳定发展局面。各项商务指标继续保持全省领先，为全市经济发展做出了积极贡献。

经综合考评及局办公会研究，决定表彰××海关等19家支持商务工作先进单位、××市经济商务和信息化局等47家商务流通工作先进单位、××区商务局等21家外贸外经工作先进单位。

希望受表彰的单位珍惜荣誉，再接再厉，继续发挥表率作用。全市商务工作要以先进为榜样，加强管理，注重长效，为全市经济发展做出新的贡献。

附件：××市2018年度商务工作先进单位

××市商务局

二〇一九年二月九日（公章）

【提示】这是一份表彰先进集体的通报。正文从整体概述2018年全市商务工作的背景、成绩，点明其对全市经济发展的意义；然后根据综合考评和局办公会研究对先进单位做出表彰决定；最后提出发文单位的希望号召。全文结构合理，格式规范，语言通俗流畅。

【例文3】

关于×××工程有限公司在资质申报中弄虚作假的批评通报

各区、县（市）建设局、××区管委会建设局、××开发区建设局：

经查，×××工程有限公司在201×年7月建筑装饰装修工程设计与施工资质晋级申报中存在弄虚作假行为。根据《中华人民共和国建筑法》《中华人民共和国行政许可法》和《建筑业企业资质管理规定》（建设部令第159号）相关规定，决定对其予以全市通报批评，不批准其资质报送申请，一年内不得再次申请该项行政许可。同时，根据《××市建设市场主体信用管理办法》（××建市发〔20××〕111号），决定对×××工程有限公司进行信用扣分。

希望建筑施工单位以此为戒，严格遵守国家法律法规，自觉规范资质申报行为。

××市城乡建设委员会

二〇一×年十月十四日（公章）

【提示】这是一份批评性通报。正文先概述错误事实，然后根据相关法规做出处理决定，最后对相关企业提出要求。全文层次清楚，有理有据，能够发挥通报的教育和警示作用。

三、知识概览

（一）通报的概念

《国家行政机关公文处理办法》中通报的适用范围是：适用于表彰先进，批评错误，传达重要精神或者情况。

通报属于下行文，其应用范围广泛。在实际工作中，它既可以用于表扬好人好事和新风尚，又可以用于批评错误，总结教训，以防止类似的问题再次发生，还可以用来传达重要精神，互相沟通情况，以加强交流，或指导推动工作。

（二）通报的特点

❶ 典型性

无论是好人好事，还是坏人坏事，都必须是真实的和典型的，在现实生活中具有代表性的。通报的情况也必须是重要的情况。而一般性质的好人好事、错误或现象，可以用内部简报来反映。

❷ 教育性

通报是知照性公文中一个比较特殊的文种，它不仅以普遍地告知和传达为基本职能，而且以教育干部和群众为目的。其作用在于从先进典型中得到鞭策，或从反面典型中受到警示，或从重要情况中受到启发，以便提高认识，规范行为。

❸ 政策性

通报与其他公文一样，具有很强的政策性。尤其是做出表彰或处理决定时，必须有政策依据，做到合情合理，不能与事实、政策相抵触。如此，才能发挥教育当事人和人民群众的重要作用。

（三）通报的分类

通报从内容上划分，一般有 3 种。

❶ 表彰性通报

表彰性通报是用来表彰先进人物或先进集体，介绍先进事迹、推广典型经验的通报。

❷ 批评性通报

批评性通报是用于批评有严重错误的单位或个人，产生普遍的警戒作用的通报。

❸ 情况通报

情况通报是用于传达重要精神或重要情况，达到交流情况、沟通信息和促进工作作用的通报。

（四）通报的写作格式

通报主要包括标题、主送机关、正文、落款 4 个部分。

❶ 标题

通报的标题大多采用发文机关+关于+事由+文种的常规写法，如"××市环境保护局关于近期发生的两起突发环境事件应急处置情况的通报"。

❷ 主送机关

主送机关部分写明直属的下级单位。普发性的通报一般不写主送机关。

❸ 正文

通报的正文一般包括 3 个层次：第一层主要是叙述事实；第二层主要是对事实进行评价，或揭示所表彰先进事迹的价值和意义，或剖析错误事实的性质和原因；第三层提出要求，或希望大家向所表彰的先进典型学习，或要求人们从通报批评的错误行为中汲取教训。

不同类型的通报，其正文的写法各不相同。

（1）表彰性通报

正文内容包括以下4个方面。

① 概述先进事迹，包括时间、地点、人物、基本事件过程及其结果。不能展开绘声绘色的描绘。

② 分析先进事迹的价值和典型意义，或概括主要经验。用议论的方式，但并不要求有严谨的推理，而是在概念清晰的前提下，以判断为主。要注意文字的精练性、措辞的分寸感和准确性，不能出现过誉或夸张的现象。

③ 做出表彰决定。写明什么会议或什么机构决定，给予表彰对象以什么项目的表彰和奖励，要注意清晰、简练，用词精当。

④ 提出希望和学习号召。

（2）批评性通报

正文内容包括以下4个方面。

① 叙述错误事实或现象。交代错误事实发生的时间、地点、人物、事件、背景及其后果。

② 分析错误性质或危害性。这部分是通报重点。要在周密调查，认真研究分析的基础上，准确找出错误或事故产生的根源，指出不良甚至严重后果，绝不能含糊其词或轻描淡写。

③ 提出处理决定和治理措施。根据相关规定和会议讨论决定，给予当事人相应的处分，并提出治理、纠正的方法措施。

④ 提出希望要求。在结尾部分，发文机关要对受文单位提出希望要求，以便受文单位能够高度重视、认清性质、汲取教训，以防止类似的错误或事故再次发生。

（3）情况通报

正文内容包括以下3个方面。

① 概括叙述情况，或说明缘由与目的。

② 具体叙述情况并进行分析。通常内容较多，篇幅较长，要注意梳理归类，合理安排结构。

③ 提出希望与要求。在明确情况的基础上，对受文单位提出希望和要求。这部分是全文思想的归结之处，写法因文而异，总的原则是抓住要点，切实可行，简练明白。

④ 落款

落款分两行写在正文右下方，一行署名，一行写日期并加盖公章。

（五）通报写作注意事项

① 要注意类型

不同类型的通报，其内容层次有所不同，要采用不同的写作方法。

② 要学习政策

要学懂吃透上级领导机关的有关文件精神，全面准确地了解和掌握有关方针政策、法律法规。要依据政策对通报的当事人做出表彰或处理的决定。

③ 要弄清情况

要深入实际，认真调查研究，选择通报的事例，并对被通报的人或事件有比较全面、准确的了解。

④ 要实事求是

要坚持实事求是的原则。对事件的叙述不拔高、不贬低，确保通报的客观性。

⑤ 要合情合理

无论是表彰先进的通报还是批评错误的通报，评价或定性要十分准确，恰如其分。

四、知识链接

通知与通报的区别

1. 行文目的不同

通知主要用于安排下级机关的工作，告知有关需要了解的事项；而通报的目的侧重于通过对某一事件的处理而教育下级机关。

2. 行文内容不同

通知的内容主要是对未来工作进行安排或告知；通报的内容主要是对已经发生的事情进行处理。

3. 行文对象不同

通知的行文对象一般是确定的下级机关；通报的行文对象可能是确定的下级机关，也可能是一定范围内确定的单位和公众。

五、本节训练

（一）网上自测

1. 单项选择题

（1）下列选项中不符合表彰性通报写作要求的一项是（　　　）。

　　A. 具体叙述先进事迹　　　　　　　B. 分析先进事迹的典型意义

　　C. 提出表彰决定　　　　　　　　　D. 提出希望和学习号召

（2）下列选项中不符合批评性通报写作要求的一项是（　　　）。

　　A. 概括叙述错误事实　　　　　　　B. 分析客观原因无须处分

　　C. 指出事故的性质及其危害　　　　D. 希望大家汲取经验教训

（3）下列选项中符合情况通报写作内容的一项是（　　　）。

　　A. 重大安全事故　　B. 安全检查情况　　C. 创先争优单位　　D. 创先争优个人

（4）××总公司处理下属公司1号仓库重大火灾事故应采用的文种是（　　　）。

　　A. 情况报告　　　　B. 情况通报　　　　C. 批评通报　　　　D. 总结

（5）通报中做出表彰或处理决定的依据是（　　　）。

　　A. 主要领导拍板　　　　　　　　　B. 领导之间协商

　　C. 下级单位建议　　　　　　　　　D. 领导会议集体决定

2. 判断题

（1）××市政府拟宣传"中国好人"的事迹，用通报。　　　　　　　　　　　　（　　）

（2）××物流公司拟向市交通物流局汇报遭受火灾的情况，用通报。　　　　　（　　）

（3）××市安全办公室拟向各有关单位知照全市安全大检查的情况，用通报。（　　）

（4）××市政府拟公布加强机关廉政建设的几条规定，用通报。　　　　　　　（　　）

（5）××总公司将召开年终工作总结会议，需告知各下属公司事先做好准备，用通报。（　　）

（6）××市卫生局拟批评×医院×××等干部玩忽职守，造成国家经济损失的错误，用通报。

（　　）

（7）表彰通报要具体叙述先进事迹，包括时间、地点、人物、事迹、经过及其结果。

（　　）

（8）情况通报要针对重要情况来写。　　　　　　　　　　　　　　　　　　　（　　）

（9）通报由领导机关制发。　　　　　　　　　　　　　　　　　　　　　　　（　　）

（10）批评通报一定要分析事故或错误产生的主观原因。　　　　　　　　（　　　）

（二）情境写作

某日，××集团总公司收到下属公司1号仓库发生火灾的情况报告，主要内容如下。

（1）2019年7月20日9点20分，××公司1号仓库发生重大火灾事故。

（2）事故后果：未造成人员伤亡，但烧毁仓储物品，直接经济损失达792万元。

（3）施救情况：事故发生后，市消防支队出动3辆消防车，经4小时扑救，火灾才被扑灭。

（4）事故原因：直接原因是电焊工××违章作业，在仓库铁窗架电焊，火花溅到易燃货品上引起火灾，但也与××公司管理层及员工安全思想模糊，公司安全制度不落实，许多安全隐患长期得不到解决有关。

（5）善后处理：公司副经理××带领有关人员赶到现场调查处理；经理××组织召开办公会议，对有关人员视情节轻重，做了相应处理。

集团总公司领导十分重视这一情况。经会议研究，决定对当事人严肃处理，并在所有下属公司进行通报批评。那么，这个批评通报应怎样写呢？

要求：以学习小组为单位开展情境写作活动，培养竞争意识，增强责任感。通报要做到格式正确，内容完整，语言简明，书写规范。

（三）习作评改

根据情境，分组完成写作任务后，每组在自评的基础上将代表作品上传至学习通"群聊"进行互评和修改。

第六节　通告

一、任务导入

指出下列公文文稿的错误之处，并根据通告的写作要求，将其改写为一份规范的公文。

禁止通行通告

各公安分局、交通分局：

因修建长江大桥，长航1路至解放路除行人外，禁止机动车辆通行。如有违反一律罚款。

特此公告。

××市交通局
××市公安局
2018年11月15日（公章）

二、例文借鉴

【例文】

道路封闭通告

滨江长廊项目是××市河道生态修复工程建设项目，也是全市绿化亮化美化的配套工程。目前，该工程已完成施工相关手续办理，计划开工建设。为确保施工进度、工程质量及施工安全，拟对××路段实行全封闭施工，现将有关事项公告如下。

一、封闭施工范围

环城南路至三江桥北200米。

二、封闭时间

计划自2019年7月20日至2020年12月31日。

三、请沿线居民合理选择出行路线，避让施工路段。

四、过往车辆请绕行××大道—××大道—××路。

施工期间给沿线群众和车辆出行带来不便，敬请谅解与支持。

特此通告。

××市交通和住房建设局

××市城市管理和综合执法局

二〇一九年七月十五日（公章）

【提示】这是一篇告晓性通告。文章开头直陈行文背景和目的，然后，以文种承启语导出 4 项通告事项。结尾以习惯用语"特此通告"做结。全文语言简明庄重，富有人文情怀，事项排列合乎逻辑，它是一篇短小精悍的通告。

三、知识概览

（一）通告的含义

《国家行政机关公文处理办法》中通告的适用范围是：适用于公布社会各有关方面应当遵守或者周知的事项。通告是下行文，国家机关、社会团体和企事业单位在所辖范围内均可使用。

（二）通告的特点

1 内容的周知性

通告不但可以用来公布法规、政策，还可以告知一些具体事务，在社会生活中发挥着非常重要的作用。

2 使用的广泛性

党政机关、企事业单位、人民团体都可发布通告，它的内容涉及社会的方方面面，因此，无论其使用主体还是写作内容都具有相当的广泛性。

3 执行的强制性

针对辖区内的单位和公众发布通告所告知的事项，作为有关方面的行为准则或对某些活动的约束限制，具有行政和法律效力，有关单位和个人都必须遵守。

（三）通告的分类

通告从内容和用途上划分，一般有3种。

1 告晓性通告

告晓性通告用于公布让有关单位和个人周知的事项，如通告停电、停水、网络升级等。

2 办理性通告

办理性通告用于公布要求有关单位和人员需要办理的事项，如注册、登记、年检等。

3 制约性通告

制约性通告用于公布一些令行禁止类事项的通告，如交通管制、查处违禁物品等。

（四）通告的写作格式

通告主要包括标题、主送机关、正文、落款4部分。

1 标题

标题的写法有4种。

① 发文机关+关于+事由+文种，如"××市人民政府关于整治招牌广告设置的通告"。

制约性通告或一些重要的告晓性通告通常使用完全式标题。

② 发文机关+文种，如"中国农业银行××分行、××信用社通告"等。

③ 关于+事由+文种，如"关于税收财务大检查实行持证检查的通告"等。

④ 只写文种。

2 主送机关

主送机关部分写明直属的下级单位或辖区内的群众，也可以不写主送机关。

3 正文

通告的正文通常由开头、主体、结尾3个部分组成。

（1）开头

开头部分写明发通告的原因、根据。

（2）主体

主体部分写明通告的具体事项或规定。如果内容比较多，应分条列项来写。

（3）结尾

结尾部分提出希望或要求。以"特此通告"作为结语，起到强调的作用。有的省略结语，通告事项写完即结束全文。

4 落款

落款部分写明发文机关、日期，并加盖公章。

四、知识链接

通告与公告的区别

1. 发文内容的重要程度不同

《国家行政机关公文处理办法》规定公告"适用于向国内外宣布重要事项或者法定事项"。通告则是"适用于公布社会各有关方面应当遵守或者周知的事项"。二者内容的重要程度明显不同。

2. 发布范围不同

公告是面向国内外发布的公文，应用范围最广泛；通告只是在国内一定区域或业务范围内发布，针对的是特定的人群。

3. 作用性能不同

公告以宣布重大事项为主要目的，一般对告知对象没有直接的强制力或约束力；而通告的事项有的需要周知，有的必须遵守，因而具有强制力和约束力。

4. 制发单位级别不同

公告的发文机关一般是国家一级机关；通告的发文机关级别较低。其中制约性通告多由政府机关发布；告晓性通告和办理性通告则行政机关、人民团体、企事业单位均可发布。

5. 发布方式不同

公告多用登报、广播的方式发布；通告可用文件形式印发，也可登报、广播或张贴。

五、本节训练

（一）网上自测

1. 单项选择题

（1）层次级别较高的机关发布对国内外产生重大影响的事项应采用的文种是（　　）。

　　A. 通告　　　　　B. 通报　　　　　C. 公告　　　　　D. 通知

（2）下列选项中不属于通告特点的一项是（   ）。

    A. 周知性   B. 制约性   C. 广泛性   D. 形象性

（3）某水厂拟停水检修管道，行文应采用的文种是（   ）。

    A. 通告   B. 通报   C. 公告   D. 通知

（4）某校拟禁止外来车辆进入校园，行文应选的文种是（   ）。

    A. 通告   B. 通知   C. 决定   D. 公告

（5）不宜采用通告行文的单位是（   ）。

    A. 行政机关   B. 企业   C. 事业单位   D 党的机关

2. 多项选择题

（1）发布通告通常采用的方式有（   ）。

    A. 张贴   B. 电视   C. 电台

    D. 报纸   E. 电话

（2）下列选项中可以发布通告的机关有（   ）。

    A. 行政机关   B. 事业单位   C. 党委机关

    D. 企业单位   E. 社会团体

（3）下列选项中属于通告种类的有（   ）。

    A. 规定性通告   B. 周知性通告   C. 生动性通告

    D. 事实性通告   E. 幽默性通告

3. 判断题

（1）基层机关通常没有制发公告的权力。   （   ）

（2）通告的制发机关没有严格的级别限制。   （   ）

（3）通告和公告都有公开告知的目的，但使用范围不同。   （   ）

（4）倡导广大学生爱护校园草坪绿地，用通告。   （   ）

（5）公布社会各有关方面应当遵守或者周知的事项，用通告。   （   ）

（6）告知房屋拆迁、机动车辆禁止通行之类的事情，用通告。   （   ）

（7）通知的对象一般是机关或单位，通告的对象一般是社会公众。   （   ）

（8）告知的事项需要办理和贯彻，用通告。   （   ）

（二）情境写作

    最近，东山区城区公路上机动车辆乱停乱靠现象十分严重，不少小贩在公路上随意摆摊经营，经常造成交通堵塞。还有很多行人不遵守交通规则，随便乱穿公路不走人行横道线，因而时常发生事故，对 3 号工程造成很坏的影响。为此，区交通局拟面向全区人民制发一份文件，对这种现象进行整治以维护正常的交通秩序。那么，这个通告应怎样写呢？

    要求：以学习小组为单位开展情境写作活动，培养竞争意识，增强责任感。通告要做到格式正确，内容完整，语言简明，书写规范。

（三）习作评改

    根据情境，分组完成写作任务后，每组在自评的基础上将代表作品上传至学习通"群聊"进行互评和修改。

第七节　决定

一、任务导入

    指出下列公文文稿的错误之处，并根据决定的写作要求，将其改写为一份规范的公文。

××交通大学处分张强等违纪学生的决定

张强同学，男，电气学院电气09班学生。20××年×月×日，该生多次在××交大"××BBS"上以片面、激烈的语言发帖子，并首先提出在3月31日和4月1日两天罢餐，对引发罢餐事件起了直接作用，造成恶劣影响。因此我校决定给予张强同学留校察看处分。

李峰同学，男，电信学院计算机12班学生。20××年3月31日，该生将"罢餐"歌曲及图片上传至个人FTP，供其他人下载查看。因此，我校决定给予李峰同学记过处分。

××交大学生处（盖章）

20××年五月二十一日

二、例文借鉴

【例文】

关于表彰奖励2016年大学生学科竞赛获奖集体和个人的决定

各部门：

2016年我校学生在全国及某省各类学科竞赛、课外科技实践创新活动中取得了优异成绩，全年共获得省级以上奖项594项。其中，国际特等提名奖1项、一等奖34项、二等奖40项；国家特等奖10项、一等奖15项、二等奖32项、三等奖14项，全国"优秀组织奖"7项，全国"优秀指导教师"2人；省级特等奖3项、一等奖142项、二等奖145项、三等奖136项，省级"优秀组织奖"4项，省级"优秀组织个人"5人，省级"优秀指导教师"4人。

根据《××电子科技大学大学生学科竞赛成绩优胜者表彰奖励办法》（×电教〔2013〕261号），为进一步提升广大学生参加竞赛的积极性，现对获奖单位、本校在校学生及指导教师给予表彰奖励。希望有关单位和个人共同努力、再接再厉，在2017年的各项学科竞赛及课外科技实践创新活动中取得优异的成绩。

附件：

1. 2016年各项学科竞赛获奖情况及获奖队员和指导教师名单；
2. 2016年各项学科竞赛获省级及以上优秀指导教师名单；
3. 2016年各项学科竞赛获省级及以上优秀组织单位名单；
4. 2016年各项学科竞赛获省级及以上优秀组织个人名单。

××电子科技大学

二〇一七年二月二十四日（公章）

【提示】这是一份奖励性决定。正文部分先对决定做出的事件背景进行叙述，然后阐述奖励的理由，写明奖励的具体内容，最后发出号召。这份决定按照事件的进程、事件的理由、决定的原因、决定的内容的行文逻辑，合理有序展开正文，行文流畅，值得借鉴。

三、知识概览

（一）决定的含义

根据《党政机关公文处理工作条例》的规定，决定是适用于对重要事项做出决策和部署、奖惩有关单位和人员、变更或者撤销下级机关不适当的决定事项的公文。

（二）决定的特点

决定作为下行文，具有全局性、指令性、规范性的特点。

❶ 全局性

单位做出的决定必须从全局出发，因为决定具有明显的导向作用，会对整个单位造成影响；

其次，决定面向全体人员。

② 指令性

由于决定是上级机关对重要事项做出决策和部署或撤销下级机关不恰当的决定事项所使用的，因此，它具有很强的指令性，下级机关必须认真执行。

③ 规范性

决定因为在下行文中带有命令的色彩，是行政权力的表达，因此，其行文的格式以及内容对下级具有规范性。

（三）决定的分类

按照具体用途和内容的不同，可将决定分为以下 4 类。

① 法规性决定

法规性决定用于发布权力机关制定、修订或试行的法律文件以及由政府部门制定的行政法规，如《××市人民政府关于修改〈市商品交易市场管理规定〉的决定》。

② 指挥性决定

指挥性决定用于对某个问题、某种事项、某种行动进行决策性的指挥部署，如《××市政府关于加快全市工业发展的决定》。

③ 奖惩性决定

奖惩性决定用于表彰或处分有关的单位或个人，如《关于表彰 20××年度先进集体和先进个人的决定》。

④ 变更性决定

变更性决定用于变更机构人事安排或撤销下级机关不适当的决定事项，如《国务院关于撤销××同志××省省长职务的决定》。

以上 4 种类型的决定也可以归类拆分为 3 种，即奖励性决定、处分性决定、重大工作安排决定。法规性决定、指挥性决定、变更性决定统一称为重大工作安排决定。

根据具体用途和内容的不同，决定还可以分为知照性决定和指挥性决定。

① 知照性决定

知照性决定包括表彰决定、处分决定、机构设置决定、人事安排决定、发布法规性事项或对某一具体事项做出安排的决定等，如《全国人民代表大会常务委员会关于教师节的决定》。

② 指挥性决定

指挥性决定常见的有规定性决定、规范性决定、指导性决定、指示性决定、具有有关法令性质的决定、处理重大问题的决定和安排重要行动的决定等。

（四）决定的写法

与其他公文文种一样，决定的写作要严格遵守公文统一的格式和要求。但不同类型的决定，正文部分的写法略有不同。

① 重大工作安排决定的正文内容

（1）决定的缘由：写明发布决定的背景、根据、目的或意义。

（2）决定的事项：既要提出工作任务，又要阐述完成工作任务的方针政策、方法。

（3）结尾：可以省略。

② 表彰性决定的正文内容

（1）被表彰对象的先进事迹。

（2）表彰决定。

（3）发文机关发出的号召或提出的希望。

③ 处分性决定的正文内容

（1）所犯错误的事实，包括时间、地点、事件、过程、后果等。

（2）错误的性质，造成的危害和影响。

（3）被处分人员的认识和态度。

（4）处分决定。如果决定的内容很多，可分条列出。

（5）普发性决定结尾可以提出要求和希望；单位内部的处分性决定一般不印发，可以不提要求和希望。

（五）决定的写作要求

① 事件具有典型性或重要性

选择典型性的事件来做出决定对全局具有指导意义，因此，选择什么样的事件来写决定这一点就显得很重要。无论是奖励性决定还是处罚性决定，一定要考虑达到某种效果而不能适得其反。奖励性决定具有风气的导向作用；处罚性决定对重大恶性事件具有震慑作用。

② 文种使用要正确

决定的内容要和"决定"文种相符，避免把"决定"与"命令"等公文文种相混淆，写作之前要用心体会，正确区分。

③ 原因要简短明确

决定是制约性非常强的公文，下级机关要无条件执行。因此，行文时，对于做出决定的原因应写得简短明确，不可长篇大论，以显示决定的强制性。

④ 事项要具体可行

决定既然要求下级机关无条件执行，那么决定的事项就应该写得具体明确，具有一定的可行性，以利于下级机关遵照执行。

四、知识链接

处分决定与批评性通报的区别

1. 目的不同

处分决定与批评性通报虽然都能起到让人引以为戒、使人受到教育的作用，但前者是组织传达对某人所犯错误的处理结果，是在一定范围内组织对某人的处理结论，而后者则是以反面典型教育大家，总结教训。二者的行文目的显然不同。

2. 涉及对象不同

处分决定一般对人，而批评性通报通常以对事为多，对人较少。

3. 行文范围不同

处分决定的行文范围比较严格，有些还具有保密性，不宜广为宣传；而批评性通报的行文范围比较广泛，较少具有保密性，一般让群众知道。

4. 写法不同

处分决定的写法比较简单，一般包括个人身份情况、错误事实和结论3部分，而批评性通报则一般包括情况介绍、原因分析、希望和要求等内容。

五、本节训练

（一）网上自测

1. 单项选择题

（1）《××交通大学关于给予张××等学生违纪处分的决定》，该决定的种类为（　　　）。

    A. 法规性决定　　　　B. 指挥性决定　　　　C. 奖惩性决定　　　　D. 变更性决定

（2）用于发布权力机关制定、修订或试行的法律文件以及由政府部门制定的行政法规是（　　　）。

    A. 法规性决定　　　　B. 指挥性决定　　　　C. 奖惩性决定　　　　D. 变更性决定

（3）公文题注指的是（　　　）。

    A. 在标题下加括号注明成文日期　　　　B. 由发文机关、发文事由和文种组成

    C. 发文字号　　　　D. 受文机关

（4）"关于表彰奖励2016年学校大学生学科竞赛获奖集体和个人的决定"这一标题的组成是（　　　）。

    A. 发文机关+发文事由+文种　　　　B. 发文事由+文种

    C. 发文机关+事件+文种　　　　D. 发文事由+时间+文种

（5）关于处分性决定的正文必须考虑的因素，不正确的说法是（　　　）。

    A. 处分对象的感受　　B. 处分的原因　　　　C. 违背了什么规定　　D. 处分决定的内容

（6）奖励性决定正文部分的内容，说法不正确的是（　　　）。

    A. 必须写奖励的背景　　　　B. 必须写奖励的原因

    C. 必须写奖励的人员姓名　　　　D. 最后提出希望

2. 判断题

（1）决定作为上行文，具有全局性、指令性、规范性的特点。　　　　　　（　　　）

（2）处分决定与批评性通报有相同点也有区别。　　　　　　　　　　（　　　）

（3）决定可以写"特此决定"。　　　　　　　　　　　　　　　　（　　　）

（4）奖励性决定主要针对人，处分性决定主要针对事。　　　　　　（　　　）

（5）决定不需要写决定的理由。　　　　　　　　　　　　　　　（　　　）

（二）情境写作

张明是××职业技术学院某专业的学生，其参加全国某专业的技能大赛获得了一等奖。学校决定奖励张明奖金8 000元。那么，这份奖励性决定应怎样写呢？

要求：以学习小组为单位开展情境写作活动，培养竞争意识，增强责任感。决定要做到格式正确，内容完整，语言简明，书写规范。

（三）习作评改

根据情境，分组完成写作任务后，每组在自评的基础上将代表作品上传至学习通"群聊"进行互评和修改。

第八节　会议纪要

一、任务导入

指出下列公文文稿的错误之处，并根据会议纪要的写作要求，将其改写为一份规范的公文。

办公会议纪要
（××××年一月十一日）

21日下午，陈××总裁在总部主持召开了新年第一次总裁办公会议，确立今年集团的工作思路，布置了工作任务。参加会议的有各部门负责人。

一、集团今年的工作思路："扶持和培育10～15家骨干企业；稳定30家左右中等企业；撤、并、停、转、重组一批小企业和困难企业"，减少企业集团下属子企业数量，促进有潜力的企业快速发展。会议要求集团总部各部门依据工作思路制订出今年的工作计划。

二、今年的工作重点是建立"三库"，即建立企业资产财务信息库、人力资源库和企业基本情况数据库。

三、今年要加强集团内部管理，强化服务意识，理顺工作程序，严格考勤考核工作，增强执行制度和各项规定的自觉性，树立企业集团的良好形象。

四、年初出台新的企业考核体系。对不同性质的企业出台不同的考核办法。

×××企业集团

二、例文借鉴

【例文】

产学研讨论会议纪要

时间：20××年2月16日上午。

主持人：郑龙。

出席人：黄鹏、梅珍、陈星、陈运、张福达、黄良炜。

列席人：林××、徐××、梁××、吕××、董××。

一、郑龙同志传达了全国第二次产学研工作会议精神和20××年全省教育工作要点。要求要结合上级指示精神，创造性地开展工作。

二、会议决定，梅珍同志协助郑龙同志主持学院行政日常工作。各单位、部门要及时向分管领导请示、汇报工作，分管领导要在职权范围内大胆工作，及时拍板。如有重要问题需要学院解决，则提交办公会议研究。

三、郑龙同志再次重申了会议制度改革和加强管理问题。郑院长强调，院长办公会议是决策会议，在会上要研究、解决学院办学过程中的重大问题。要形成例会制度，如无特殊情况，每周一上午召开，以确保及时研究问题、解决问题，提高工作效率。具体程序是，每周四前，在取得分管领导同意后，将需要解决的议题提交办公室。会议研究决定的问题，即为学院决策，各单位、部门要认真执行，办公室负责督促检查。毛院长就有关部门反映的教学管理中的若干具体问题，再次重申，一定要理顺工作关系，部门与部门之间、机关与分院之间、分院与分院之间一定要做好沟通、衔接工作，互相理解，互相支持。机关职能部门要注意通过努力工作来树立自己的形象。基层分院要提高工作效率，对没有按时间节点完成任务的要提出批评。要切实加强基础管理工作，查漏补缺，努力杜绝教学事故的发生。

四、会议决定，要进一步关心学生的生活问题。责成学生处结合教室管理等工作，落实好学生的勤工俭学任务。将教工餐厅移到二楼，一楼餐厅全部供学生使用，以解决学生就餐拥挤问题。针对校外施工单位晚上违规施工，影响学生休息问题，会议责成计划财务处立即与高教园区管委会反映，尽快妥善解决。

五、会议决定，要规范学生的技能鉴定工作。重申，学生毕业之前须取得中级以上技能证书，才能发给毕业证书。由产业园设计中心（考工站）具体组织学生的报名、培训和考核工作。

六、会议决定，要加强对外交流和学习。争取利用暑假期间，组织教工到境外考察学习。

七、针对今年的招生工作，会议决定，召开一次专题会议，统筹解决今年招生中的重大问题。

【提示】这份会议纪要采用集中概述法，将会议的基本情况、讨论研究的主要问题、与会人员的认识、议定的有关事项进行整体的阐述和说明。全文篇幅短小，语言简明，对工作具有较强的指导意义。

三、知识概览

（一）会议纪要的含义

根据《国家行政机关公文处理办法》的规定，会议纪要是适用于记载、传达会议情况和议定事项的一种公文。会议纪要与会议记录不同，它是在会议结束后，根据会议记录、会议文件等文字资料，对会议精神、议决事项进行高度概括和综合而成的，在一定时期内对工作具有重要指导作用。研究一般性的事务性的会议，一般不写会议纪要。研究大政方针或重大事项的大、中型会议，为解决现实工作中的某项涉及面广的实际问题的专门会议，才写会议纪要。

（二）会议纪要的特点

会议纪要的主要特点有以下 3 个。

1 纪实性

会议纪要必须是会议宗旨、基本精神和所议定事项的概要纪实，不能随意增减和更改内容，任何不真实的材料都不得写进会议纪要。

2 概括性

会议纪要必须精其髓，概其要，以极为简洁精练的文字高度概括会议的内容和结论。既要反映与会者的一致意见，又可兼顾个别同志有价值的看法。有的会议纪要，还要有一定的分析说理。只有做好这样的概括，才可以让人们及时了解其中所表达出来的信息，便于落实会议精神。

3 条理性

会议纪要要对会议精神和议定事项分类别、分层次予以归纳、概括，使之眉目清晰、条理清楚。

（三）会议纪要的基本格式

会议纪要通常由标题、正文、落款 3 个部分构成。

1 标题

标题主要有两种写法：一是会议名称+纪要，如"全国农村工作会议纪要"；二是召开会议的机关+内容+纪要，如"省经贸委关于企业扭亏会议纪要"。

2 正文

会议纪要正文一般由以下两部分组成。

（1）会议概况

会议概况主要包括会议时间、地点、名称、主持人、与会人员、基本议程。

（2）会议的精神和议定事项

常务会、办公会、日常工作例会的纪要，一般包括会议内容、议定事项，有的还可概述议定事项的意义。工作会议、专业会议和座谈会的纪要，往往还要写出经验、做法以及对今后工作的意见、所采取的措施和要求。

3 落款

落款包括署名和时间两项内容。署名只用于办公室会议纪要，署上召开会议的领导机关的全称，下面写上成文的年、月、日，加盖公章。一般会议纪要不署名，只写成文时间，并需加盖公章。

（四）会议纪要的写法

根据会议性质、规模、议题等不同，会议纪要大致有以下 3 种写法。

❶ 集中概述法

这种写法是把会议的基本情况、讨论研究的主要问题、与会人员的认识、议定的有关事项（包括解决问题的措施、办法和要求等），用概括叙述的方法，进行整体的阐述和说明。这种写法多用于召开小型会议，而且会议讨论的问题比较集中单一，意见比较统一，容易贯彻操作，篇幅相对短小。如果会议的议题较多，可分条列述。

❷ 分项叙述法

召开大中型会议或议题较多的会议，一般采取分项叙述的办法，即把会议的主要内容分成几个大的问题，然后加上序号或小标题，分项来写。这种写法侧重于横向分析阐述，内容相对全面，问题也说得比较细，常常包括对目的、意义、现状的分析，以及对目标、任务、政策措施等的阐述。

这种会议纪要一般用于需要基层全面领会、深入贯彻的会议。

❸ 发言提要法

这种写法是把会上具有典型性、代表性的发言加以整理，提炼出内容要点和精神实质，然后按照发言顺序或不同内容，分别加以阐述说明。它能比较如实地反映与会人员的意见。

某些根据上级机关布置，需要了解与会人员不同意见的会议纪要，可采用这种写法。

四、知识链接

会议纪要与会议记录的区别

1. 要求不同

会议记录一般是有会必录，凡属正式会议都要做记录，作为内部资料，用于存档备查，以及作为进一步研究问题和检查总结工作的依据。会议纪要主要记述重要会议情况，只有当需要向上级汇报或向下级传达会议精神时，才有必要将会议记录整理成会议纪要。

2. 写法不同

会议记录作为客观纪实材料，无选择性、提要性，要求原原本本地记录原文原意，且必须随着会议进程进行，越详细越好。会议纪要则有选择性、提要性，不一定要包含会议的所有内容，而且必须在会议结束后，在会议记录的基础上加工整理而成，它集中反映了会议的精神实质，具有高度的概括性和鲜明的政策性。

3. 作用不同

会议记录不具备指导工作的作用，一般不向上级报送，也不向下级分发，只作为资料和凭证保存。会议纪要经过上级机关审批，就可以作为正式文件印发，有的还直接在报刊上发表，让有关单位贯彻执行，因此它对工作有指导作用。

4. 性质不同

会议记录是会议情况的记录，只是原始材料，不是正式公文，一般不公开，无须传达或传阅，只作资料存档；会议纪要则是正式的公文文种，通常要在一定范围内传达或传阅，要求相关人员要做贯彻执行。

五. 本节训练

（一）网上自测

1. 单项选择题

（1）会议纪要所属的种类是（　　　）。

    A. 事务性文书　　　　B. 公文　　　　　　C. 文言文　　　　　D. 文学作品

（2）会议纪要写作时间方面的要求是（　　　）。

    A. 会议之前　　　　　B. 会议进行中　　　　C. 任何时候　　　　D. 会议结束后

（3）下列选项中与会议纪要的特点不相符的一项是（　　　）。

    A. 纪要性　　　　　　B. 文学性　　　　　　C. 约束性　　　　　D. 知照性

（4）会议纪要的正文一般分为会议概况、会议的精神和议定事项两个部分，下列属于会议的精神和议定事项这一部分的是（　　　）。

    A. 介绍开会时间、会议名称、会议议题

    B. 介绍出席者、主持者等

    C. 介绍会议讨论和决定的主要事项以及会议精神

    D. 介绍会议过程

（5）会议纪要写作的基本格式是（　　　）。

    A. 标题+发文字号+正文+落款　　　　　　B. 标题+成文日期+正文

    C. 标题+正文+落款　　　　　　　　　　　D. 标题+主送单位+正文+落款

2. 多项选择题

（1）会议记录与会议纪要的主要区别有（　　　）。

    A. 写作时间不同　　　B. 作用不同　　　　　C. 写法不同

    D. 写作主体不同　　　E. 要求不同

（2）根据会议性质、规模、议题等不同，会议纪要的写法有（　　　）。

    A. 集中概述法　　　　B. 分项叙述法　　　　C. 发言提要法

    D. 详细实录法　　　　E. 层层递进法

（3）会议纪要的适用内容有（　　　）。

    A. 记载会议情况　　　B. 传达会议情况　　　C. 记载会议议定事项

    D. 传达会议议定事项　　　　　　　　　　　E. 每人发言

（4）会议纪要的会议内容这一部分，常用的习惯用语、承启语有（　　　）。

    A. "与会代表一致认为"

    B. "有的同志认为"

    C. "会议决定""会议要求""会议强调指出"

    D. "我们认为"

    E. "会议还指出"

3. 判断题

（1）会议纪要就是会议记录，是重要会议的记录。　　　　　　　　　　　　　　（　　　）

（2）会议纪要由会议主持部门或领导个人撰写。　　　　　　　　　　　　　　　（　　　）

（3）"会议纪要"也可以写成"会议记要"字样。　　　　　　　　　　　　　　　（　　　）

（4）会议纪要的"会议内容"部分写法很灵活，比较常见的是综合归纳和分项列举两种写法。分项列举法是把会议主要内容归纳为几个问题或几个方面，并逐个加以阐述。　　　（　　　）

（5）会议纪要要把会议情况一一记录下来，要包括会议的所有内容。　　　　　（　　　）

（6）会议纪要具有凭证作用和资料文献价值。　　　　　　　　　　　　（　　）

（二）情境写作

2019 年 5 月 10 日，某市卫生局就清除假冒伪劣药品的活动组织召开了一次经验交流会。请根据会议内容拟写一份会议纪要。

要求：以学习小组为单位开展情境写作活动，培养竞争意识，增强责任感。会议纪要要做到格式正确，内容完整，语言简明，书写规范。

（三）习作评改

根据情境，分组完成写作任务后，每组在自评的基础上将代表作品上传至学习通"群聊"进行互评和修改。

第四章　求职竞聘类实用文书

引言

　　求职竞聘类实用文书是人们在谋求职位或竞争上岗以及寻求发展时所写的文书。它是人们在职业生涯中参与竞争、赢得机会的必备工具。

　　本章主要介绍求职信、求职简历、竞聘词、述职报告等文书的写作。通过学习，学生可了解此类文书的概念和特点，掌握其写法和要求以及求职竞聘技巧，为今后积极参与竞争，促进职业生涯健康发展奠定基础。

第一节　求职信

一、任务导入

　　根据预习习得知识，指出下列求职信存在的问题并修改。

求职信

××服装厂：

　　前天接到我同学××的来电，听说贵厂公开招聘生产管理员。我是××学校企业管理专业的杰出毕业生，在校读书时，学习成绩优秀，爱好体育运动，是学校篮球队的成员。贵厂就设在我的家乡，我想，学成回家乡工作正合我的心意，而且生产管理员的职务，也和我所学的专业对口。不知贵厂是否同意，请收到信件后立即给我回信。此致

　　敬礼！

×××
2019年6月10日

二、例文借鉴

【例文1】

求职信

××经理：

　　您好！

　　很幸运在招聘网站得知贵公司的招聘广告。我一直期望能有机会加盟贵公司，写此信特应聘贵公司销售经理助理职位。

　　两年前我毕业于首都经济贸易大学国际贸易专业，在校期间学到了许多专业知识，如"国际贸易""国际贸易实务""国际商务谈判""国际贸易法""外经贸英语"等课程的知识。毕业后，就职于×××外贸公司，从事市场助理工作，主要是协助经理制订工作计划，进行一些外联工作，以及文件、档案的管理工作。本人具备一定的管理和策划能力，熟悉各种办公软件的操作，英语熟练，略懂日语。我深信可以胜任贵公司经理助理之职。个人简历及相关材料一并附上，希望您能发现我是该职位的有力竞争者，并希望能尽快收到贵公司的面试通知。我的联系方式：电话是139×××××××，邮箱是××××××@qq.com。静候您的通知！

　　感谢您阅读此信并考虑我的应聘要求！

　　此致

敬礼！

求职者：×××

2019年5月14日

　　附件：个人简历、证书等。

　　【提示】这是一份格式规范、正文内容详略得当、语言得体的求职信。正文简明扼要地介绍了求职者的学习经历和工作经历，语言恳切，不卑不亢。佐证材料一应俱全，联系方式明确，有助于求职者求职成功。

　　【例文2】

求职信

尊敬的××公司总经理：

　　您好！

　　首先感谢您抽出时间阅读我的求职信！

　　我是××大学××学院××专业大四学生，在校期间接受了××专业的系统教育，所有课程成绩均在90分以上。同时自修了经济学，取得了经济学第二学位。由于学习成绩优异，于2018年荣获光华鼎立奖学金。

　　我想毕业后到贵公司的外联部发展，担任外联部联络员。

　　本人在校期间，连续4年担任团支部××委员，同时担任校青年志愿者协会组织部部长。我组织、参加过多种志愿者活动，积极参加学校、院系组织的各种参观活动及讲座，入选参加国际志愿者活动等。我还在多个感兴趣的学生社团中任职，如街舞风雷、青年外交协会、手语社等。在这些社团中我既体会到与大家齐心协力完成任务的乐趣，结交了志趣相投的朋友，又锻炼了自己的组织、领导能力。

　　在努力利用好在校时间的同时，我也充分寻找接触社会、增加社会经验的机会：大一时先后做过两份家教；大二时参加TCL青苹果计划，做过阶段性校园销售；大三寒假在广西日报社都市新闻部实习，在口才得到锻炼的同时，通过采访-写稿-排版三位一体的工作增强了自己工作的独立性、主动性和责任性，从以前知识信息的被动接受者到信息的发掘、传递者的身份的转变大大开阔了我的眼界，改变了我的思维方式，也加深了我对社会的真正了解。

　　在必备技能方面，我可以熟练使用Excel、PowerPoint等软件；英语达到六级水平，并仍在学习托福等课程。爱好打排球和画漫画，还可以演奏口琴和竖笛等小乐器。

　　个性上，我属于勤奋好学，希望不断得到成长的类型，喜欢参与合作，善于与人沟通交流，渴望成功。我既崇尚团队精神，又希望在某些时候能够得到锻炼，成为团队领导者。我做任何事情都会全力以赴，期待拥有可以表现和磨砺自己的舞台。

　　真诚希望您能给我一个机会，我会证明您的选择没有错。谢谢！

　　我的联系方式：电话是138×××××××；邮箱是××××××@qq.com。静候与您见面的机会!

　　祝您身体健康，工作顺利! 祝贵公司兴旺发达!

　　此致

敬礼!

求职人：×××
2019年7月20日

　　附件：个人简历、证书等。

　　【提示】这是一份格式规范、内容比较全面的求职信。正文首先简要介绍求职者的自身情况，然后针对所谋求职位的要求介绍自己相应的能力，并做出恰当的自我评价。全文言辞恳切，通俗易懂。

三、知识概览

（一）求职信的概念

　　求职信是求职者向用人单位或者单位领导人介绍自己的实际才能、表达自己就业愿望的一种书信。求职信所给的对象很难明确，也许是人事部门的负责人，也许是公司经理。多数用人单位都要求求职者先寄送求职材料，以便筛选确定面试人员。因此，求职信写得好还是坏将直接关系到求职者能否进入下一轮的角逐。

（二）求职信的特点

　　求职信的写作，正文内容需要简明扼要、实事求是，语言言辞恳切，通俗易懂。相对一般书信，它的特点有以下 4 点。

❶ 针对性

　　求职信的针对性体现在两个方面：一是针对用人单位和自己的实际情况，二是针对读信人心理和自己的求职目标。

❷ 自荐性

　　要毛遂自荐，让用人单位凭借一封信了解自己，给自己一个良好的印象分。

❸ 竞争性

　　要在众多的求职者中脱颖而出，求职信就要突出自己的优势。

❹ 真实性

　　求职信的内容要求真实，忌假话、大话和空话。

（三）求职信的分类

　　根据职业信息来源不同，求职信分为自荐信和应聘信两种。

❶ 自荐信

　　自荐信是求职者根据自己的条件和意愿，向可能聘用自己的单位所写的书信。

❷ 应聘信

　　应聘信是在已获知用人单位正在招聘人员的情况下所写的书信。

（四）求职信的格式

　　自荐信和应聘信二者在格式和内容上大致相同，一般由标题、称谓、正文、署名和日期、附件等部分组成。

❶ 标题

　　标题部分写明"求职信" 3 个字，要在首行居中书写。

❷ 称谓

称谓写在标题下面第一行，要顶格写收信人单位名称或者领导者的姓氏、职位名称。单位名称后可加"负责人"或"领导"，称谓后用冒号。

❸ 正文

正文要另起一行，空两格开始书写求职信的内容，正文内容较多时要分段写。

（1）开头

开头写明求职意愿，主要介绍求职者的自身情况，如姓名、性别、年龄等，接着直截了当交代写此信的目的。介绍自身情况要简明扼要，对所求职务，态度要明朗。而且要让收信者有兴趣读下去。因此，开头要有吸引力。

（2）主体

主体写明对所求职位的看法及对自己能力的评价。这是求职的关键。要着重介绍自己应聘的有利条件，要突出自己的优势和"闪光点"，以使对方信服。写这段内容，语言要中肯，恰到好处；态度要谦虚诚恳，不卑不亢，达到见字如见人的效果。要给阅读者留下深刻印象，进而相信求职者能胜任此项工作。此为重点，应该写得紧凑、合理且有条理。

（3）结尾

结尾向用人单位提出希望或者要求，如"希望您能安排一个见面的机会""希望能接到您的通知""希望收到您的答复"。这段属于信的收尾阶段，要适可而止，不要啰唆，不要苛求对方。还可以加上表示敬祝的话，如"此致"和"敬礼"，或祝"工作顺利""生意兴旺"等。但不必过多寒暄，以免画蛇添足。

❹ 署名和日期

求职者的姓名和成文日期写在信的右下方。姓名写在上面一行，成文日期写在姓名下方一行。成文日期年月日要写全。

❺ 附件

有说服力的附件是对求职者鉴定的凭证，所以求职者的附件是不可忽视的。可以先制作附件目录，如个人简历、身份证、学历证书、职业资格证书、外语等级证书、计算机等级证书、各种相关获奖证书、学科成绩一览表等，然后附上有关复印资料。附件的内容必须有分量，足以证明求职者的才华和能力。其作用有时比求职信大，需要精心制作。

附件可以在求职信结尾注明，材料附后。

四、知识链接

达·芬奇的求职信
致米兰大公书

尊敬的大公阁下：

来自佛罗伦萨的作战机械发明者达·芬奇，希望可以成为阁下的军事工程师，同时求见阁下，以便面陈机密。

第一，我能建造坚固、轻便又耐用的桥梁，可用来野外行军。这种桥梁的装卸非常方便。我也能破坏敌军的桥梁。

第二，我能制造出围攻城池的云梯和其他类似设备。

第三，我能制造一种易于搬运的大炮，可用来投射小石块，犹如下冰雹一般，可以给敌军造成重大损失和混乱。

第四，我能制造出装有大炮的铁甲车，可用来冲破敌军密集的队伍，为我军的进攻开辟道路。

第五，我能设计出各种地道，无论是直的还是弯的，必要时还可以设计出在河流下面挖地道的方法。

第六，倘若您要在海上作战，我能设计出多种适宜进攻的兵船，这些兵船的防护力很好，能够抵御敌军的炮火攻击。

此外，我还擅长建造其他民用设施，同时擅长绘画和雕塑。

如果有人认为上述任何一项我办不到，我愿在您的花园，或您指定的任何地点进行试验。

向阁下问安！

达·芬奇

1482年5月17日

五、本节训练

（一）网上自测

1. 单项选择题

（1）求职信所属的种类是（   ）。

　　A. 事务文书　　　　B. 公务文书　　　　C. 职业文书　　　　D. 科技文书

（2）不宜在求职信缘由部分出现的内容是（   ）。

　　A. 请求给予面试的机会　　　　　　B. 对是否能被录用表明态度

　　C. 求职原因　　　　　　　　　　　D. 祝颂语

（3）求职信的关键内容是（   ）。

　　A. 自我介绍　　　B. 自荐目的　　　C. 要求　　　　　D. 愿望和决心

（4）通过自荐材料的形式向用人单位推荐自己的自荐是（   ）。

　　A. 口头自荐　　　B. 书面自荐　　　C. 电话自荐　　　D. 广告自荐

（5）各类应届毕业生写的求职信是（   ）。

　　A. 毕业生求职信　B. 无业人员求职信　C. 从业人员求职信　D. 失业人员求职信

（6）已有职业但对所从事职业不适、不满，欲求新职业的人员写的求职信是（   ）。

　　A. 毕业生求职信　B. 无业人员求职信　C. 从业人员求职信　D. 失业人员求职信

（7）不宜在求职信结尾处写的内容是（   ）。

　　A. 请求给予面试的机会　　　　　　B. 对是否能被录用表明态度

　　C. 求职原因　　　　　　　　　　　D. 祝颂语

2. 多项选择题

（1）求职信的特点有（   ）。

　　A. 单向性　　　　B. 陈述性　　　　C. 针对性

　　D. 自荐性　　　　E. 竞争性

（2）求职信的正文中，可以介绍的内容有（   ）。

　　A. 学历　　　　　B. 年龄　　　　　C. 个人简历

　　D. 健康状况　　　E. 待遇要求

（3）求职信的组成部分有（   ）。

　　A. 称呼　　　　　B. 正文　　　　　C. 结尾

　　D. 附件　　　　　E. 署名

（4）求职常用的自荐方式有（   ）。

　　A. 口头自荐　　　B. 书面自荐　　　C. 电话自荐

　　D. 广告自荐　　　E. 毛遂自荐

（5）求职信中需要注意的事项有（　　　）。

    A. 简明扼要有条理　　　　　　　　B. 要有自信

    C. 富有个性，不落俗套　　　　　　D. 建立联系，争取面试，莫提薪水

    E. 自我推销与谦虚应适当有度

3. 判断题

（1）求职信写给用人单位领导比较好，他是决定是否录用求职者的关键。　　　　（　　）

（2）求职信的结尾应当写上联系地址和附上一些证明材料。　　　　　　　　　　（　　）

（3）求职信写得越长越具体越好。　　　　　　　　　　　　　　　　　　　　　（　　）

（4）求职信必须实事求是，不可过于谦虚，也不可高傲自大。　　　　　　　　　（　　）

（5）求职信只要按照事实全面介绍自己就行。　　　　　　　　　　　　　　　　（　　）

（6）求职信要介绍自己的家庭情况。　　　　　　　　　　　　　　　　　　　　（　　）

（二）情境写作

上海大众汽车有限公司在《湖北日报》上刊登了一则招聘启事，面向社会公开招聘英才。

要求：以学习小组为单位开展情境写作活动，联系个人实际拟写一封求职信，做到格式正确，内容完整，语言简明，书写规范。

附招聘启事原文如下。

上海大众汽车有限公司招聘启事

因业务需要，本公司现面向全国高校毕业生招聘售后服务特约店管理人员若干。专业不限，汽车、机械、经济管理类专业优先。

要求：35岁以下，专科以上学历，计算机能力强，英语达到四级及以上水平；具备良好的沟通能力和语言表达能力，思维灵活但有原则，有团队合作和吃苦耐劳精神，能熟练运用办公软件和本岗位所必需的专业软件。在售后服务方面具有以下管理特约店经验：（1）客户满意度管理；（2）现场发现问题、分析问题、解决问题的能力；（3）数据分析能力；（4）组织协调各店开展专项工作的能力；（5）能适应长期出差。

有意者请将应聘资料通过E-mail或信件的形式发送到公司，应聘资料包括个人简历、求职信、各类证书复印件、一张彩色照片。或者约见。

公司地址：××经济技术开发区××路283号。

邮政编码：××××××。

联系人员：肖小姐、李先生。

电子邮件：××××@wdhac.com.cn。

（三）习作评改

根据情境写作要求，完成写作任务后，每组或个人在自评的基础上将作品上传至学习通"群聊"进行互评和修改。

第二节　求职简历

一、任务导入

指出下列求职简历表的错误之处，并根据求职简历的写作要求进行改写。

求职简历表

基本信息					
姓名	李红	性别	女		
出生日期		健康状况	较好	照片	
户口所在地		居住地			
毕业院校		最高学历			
目前年薪	3	所修专业	高级护理		
电子邮箱		手机			
关键词	护士执业证　专业技术资格证　务实　耐劳　和谐同事关系				
求职意向					
到岗时间：一周以内					
目标职能：护理/医院/医疗/保健/卫生/美容					
自我评价					
我是一个爱笑、自信且具有高度责任感的女孩。在工作期间我跟随主任医生专心学习护理技能，理论与实践相结合让我的护理水平不断提高，深入病房工作，让我学会了临危不乱，耐心护理，微笑服务，理性面对患者，让生命之花永远绽放！我相信自己一定能行！ 愿顺从，能以谦虚的态度赞扬接纳优越者。 身体健康有充沛的精力，不以自我为中心，活泼，热衷于工作。 忠诚、耐心、信心、不怕苦、不怕累、不怕脏是我对护理事业永远不变的誓言					
工作经验					
2016/1 至今　　　　　　　　　××市××卫生院（50～150 人） 妇科治疗室、手术室　　　　　护士/护理人员 在院期间从事妇科治疗室的清洗、雾化、微米光、体外短波、盆腔治疗仪等工作，以及手术室的管理。得到领导的一致好评。					
2014/6—2015/1　　　　　　　××市博爱门诊（50～150 人） 输液室综合部　　　　　　　　护士/护理人员 在院期间从事妇科、男科、外科的护理治疗。					
2013/8—2014/5　　　　　　　××和谐医院（50～150 人） 护理综合部　　　　　　　　　护士/护理人员 在院期间隶属护理综合部，护理过内科、外科、儿科、妇科等科室。熟悉输液中心、儿科等科室的护理工作。工作态度十分认真，圆满完成了各项工作任务					
教育经历					
2010/9—2013/7　　　　　　　××市卫生学院　　　　　　护理学　中专 接受 3 年专业护理学教育，并以优异的成绩修完内科、外科、妇科、儿科等专业。					
2013/9 至今　　　　　　　　　××医科大学成人教育学院　护理学　大专 在校期间主攻护理学，并兼修药理学、药物学、人体解剖学等学科，并于 2017 年大专函授毕业。					
2008/9—2010/7　　　　　　　××市××中学　　　中学					
证书					
2014/10　　　中华人民共和国护士执业证和中华人民共和国专业技术资格证					

二　例文借鉴

【例文1】

求职简历

个人概况

姓名：　　张山　　　　性别：　　　男　　　

出生年月：1998年7月31日　　健康状况：　健康　

毕业院校：××职业技术学院　专业：旅游管理

电子邮件：××××@qq.com　手机：138×××××××

联系电话：0717-×××××××

通信地址：××市××路31号　邮编：443000

教育背景

2016—2019年：××职业技术学院旅游管理专业。

主修课程

旅游英语、旅游管理等（注：如需要详细成绩单，请联系我）。

论文情况

在《××》杂志上已发表《在人员密集区域导游的管理方法》。

英语水平

英语听说读写能力较强，通过了英语四级考试。

计算机水平

能够熟练使用计算机办公软件。

获奖情况

学校三好学生、国家奖学金获得者、省旅游英语比赛一等奖。

实践与实习

2019年1月—2019年7月：在××旅游公司担任导游工作。

个性特点

活泼开朗、工作认真、有团队精神、有一定的工作能力和很强的沟通能力。

*附言

如果您能给我提供一个舞台，我将在这个舞台上展现最好的自己，锻炼自己，成就公司。

【提示】这是一份文档式求职简历。个人概况、教育背景、主修课程等一一罗列，条理清晰，语言简明，示范性强。

【例文2】

个人求职简历

求职意向：××××

基本情况				
姓名	王勇	性别	男	照片
年龄	22岁	身　高（厘米）	178	
现居住地	××市××路××号			
毕业学校	××职业技术学院			
个人信条				
做事先做人，能力+努力+机会=成功				
计算机技能				

技能	✧　学过计算机应用基础、数据库原理、操作系统、计算机网络与应用、VC++、SQL Server 2000、软件工程等课程。 ✧　能进行计算机硬件、软件的安装及局域网的维护。 ✧　精通 Photoshop 等图像平面处理软件。 ✧　熟悉各类操作系统，并能熟练运用 Word、Excel 及其他 Office 系列办公软件。 ✧　熟悉 FrontPage、Dreamweaver 网页编辑软件的使用方法。 ✧　能熟练运用 SPSS 统计软件进行数据统计
教育经历	
学习经历	2016 年 9 月—2019 年 7 月在××职业技术学院学习； 2017 年 7 月—9 月参加 IBM 全国大学生暑期培训
奖励情况	20××年被评为学校三好学生； 20××年获国家励志奖学金； 20××年获××省数学建模优秀奖
实践与实习	
2017—2018 年	参加校计算机平面广告设计（Photoshop）和计算机办公自动化（Office）培训
2018—2019 年	参加图文与网络优化设计、数学建模、数据库设计（制作图书管理系统）、文件检索实践（教育工程论）； 毕业论文：《掌纹识别之图像细化——Matlab 程序实现》
社团活动	
经历	✧　参加青年志愿者活动，常常深入社会，为社会奉献自己的爱心。 ✧　积极组织并参与举办各个晚会、运动会。 ✧　暑假曾在超市做过促销员。 ✧　参加系组织的义务家教活动。 ✧　参与系报的设计、编排及定稿
个人爱好	
爱好	特喜爱足球、音乐，也喜欢读书、书法、旅游、时政等
自我评价	
我性格开朗、思维活跃；待人真诚、可靠，做事有责任心，条理性强；易与人相处，对工作充满热情，任劳任怨，勤奋好学，敢挑重担，具有很强的团队精神和协调能力	

联系方式

家庭电话	××××××××	QQ	××××××××××
移动电话	××××××××××	E-mail	×××@qq.com
家庭地址	××××××××××		

　　【提示】这是一份表格式求职简历。首先介绍自己的基本情况，然后介绍教育经历、实践和实习经历，最后留下联系方式。该求职简历层次清楚，语言简明，可供借鉴。

三、知识概览

（一）求职简历的含义

简历，顾名思义，就是对个人学历、经历、特长及其他有关情况所做的简明扼要的文字介绍。

求职简历是向用人单位表明自己拥有能够满足特定工作要求的技能、态度、资质和资信的书面交流材料。求职简历是求职必备材料之一。一份良好的个人求职简历对于获得面试机会至关重要。

（二）求职简历的类别

❶ 按照求职简历的排版格式分

（1）表格式简历：可自主设计求职简历表格，或者通过网络搜索求职简历模板，或者根据用人单位给出的简历模板，填写相关信息和求职意向即可。

（2）文档式简历：把个人的基本信息、求职意向、自我评价、对用人单位的职位的理解等用文字表达出来。在实际运用中，根据个人喜好，文档式简历和表格式简历可以相互转换。

❷ 按照求职简历的内容发生先后分

（1）循序式简历：按照时间的先后，列举自己在学习、工作、培训方面的经历。

（2）倒序式简历：把最新最近的经历写在简历前面。这种简历受到人力资源工作者的青睐，毕竟时间有限，他们需要在很短时间内判断一个人是否有进一步接触的价值。

❸ 按照简历的使用类型分

（1）时间型简历：它强调的是求职者的工作经历。大多数应届毕业生都没有参加过工作，更谈不上工作经历了，所以，这种类型的简历不适合毕业生使用。

（2）功能型简历：它强调的是求职者的能力和特长，不注重工作经历，因此对毕业生来说是比较理想的简历类型。

（3）专业型简历：它强调的是求职者的专业、技术技能，也比较适用于毕业生，尤其是申请那些对技术水平和专业能力要求比较高的职位，这种简历最为合适。

（4）业绩型简历：它强调的是求职者在以前的工作中取得过什么成就、业绩，对于没有工作经历的应届毕业生来说，不适合使用这种简历。

（5）创意型简历：它强调的是与众不同的个性，目的是表现求职者的创造力和想象力。这种类型的简历不是每个人都适用，它适合于广告策划、文案、美术设计、从事方向性研究的研发人员等职位。

（三）求职简历撰写标准

个人求职简历的撰写一般要符合以下标准。

❶ 整洁

简历一般应打印，要保证简历的整洁性。

❷ 简明

简历一般应在 1200 字以内，不得啰唆。要让招聘者在几分钟内看完，并留下深刻印象。

❸ 准确

简历中的名词和术语要正确而恰当，没有拼写错误和打印错误。

❹ 通俗

简历的语言要通俗晓畅，没有生僻的字词。

⑤ 诚实

简历内容要实事求是，不卑不亢，表现自然。

（四）求职简历的写作内容

求职简历内容一般由基本信息、正文部分组成。

❶ 基本信息

基本信息包括求职者的名字、职业照、民族、联系方式、籍贯等基本情况。对于基本信息，需要注意的是联系方式千万不要出错。

❷ 正文

正文内容一般是教育背景+实习经历（工作经验、校园经历）+项目经历（经验）。教育背景是显示求职者受教育的程度以及所获得的证书、奖学金等情况的说明。按照一般人的人生进程，实习之前是校园经历为主，实习之后就是实习经历，工作之后就是工作经历。项目经历指在工作中能够表现出能力的地方，也就是说求职者参与了什么项目，在项目里做了什么，有什么效果，只有数据才能表现出来。

❸ 附加内容

附加内容一般写自我评价或者写自己的职业规划。

（五）求职简历的写作要求

写作要求主要有以下4点。

❶ 真实性

简历是给应聘单位的第一张"名片"，不可以撒谎，更不可以掺假，但可以进行优化处理。即选择强项加以突出，对弱点则予以回避。

❷ 针对性

写作简历时可以事先结合职业规划确定出自己的求职目标，制出有针对性的版本，运用专门的语言对不同企业进行求职递送简历，这样做往往更容易得到企业的认可，而不是使其看着千篇一律的海投简历感到索然无味。

❸ 价值性

价值性指把最有价值的内容放在简历中，无关痛痒的不需要浪费篇幅。使用语言讲究平实、客观和精练，太感性的描述不宜出现。

❹ 条理性

条理性指将公司可能雇佣你的理由用自己过去的经历有条理地表达出来。最重要的内容包括个人基本信息、工作经历（职责和业绩）、教育与培训经历，次重要的信息有职业目标（这个一定要标示出来）、核心技能、背景概述、语言与计算机能力以及奖励和荣誉信息，其他的信息可不做展示，对于自己的闪光点可以点到为止，不要过于详细，留在面试时再做详尽的展开。

四、知识链接

求职简历写作应注意的事项

求职简历是求职者学习生活的简短集锦，也是求职者自我评价和认定的主要材料。它是一扇窗户，能使用人单位透过它了解求职者的部分情况，也能激起用人单位与求职者进一步接触的浓厚兴趣。求职简历写作应注意以下4点。

1. 内容充实

求职简历一定要写得充实、有内容、有个性，能在一定程度上反映出求职者的真实情况。

2. 篇幅简短

求职简历有一二页（一页封面、一页内容）即可，不可太长。简历的格式应便于阅读，有吸引力，并使人对自己和自己的目标有良好的印象。

3. 编排合理

一般而言，白纸黑字应该是个人简历的最佳载体。打印排版时，要讲究材料的排列顺序。注意间隔及字体的常规性，同时注意语法、标点和措辞，避免错别字的出现。

4. 突出优点

在简历中要充分展示专业特长和一般特长，强调过去所取得的成绩，最好能写出3种以上的成绩和优点。注意不要写那些对择业不利的情况，如对薪水和工作地点的要求等。

五　本节训练

（一）网上自测

1. 单项选择题

（1）个人简历中姓名写法符合要求的是（　　　）。

    A. 真实姓名　　　　　　B. 张先生/李女士　　　C. 曾用名　　　　　　D. 用英文名

（2）下列关于求职意向表述正确的是（　　　）。

    A. 汽修行业/客服/行政　　　　　　　　B. 汽修行业/行政/后勤

    C. 汽修行业/检测岗位　　　　　　　　D. 行政/后勤

（3）关于薪资要求表述正确的是（　　　）。

    A. 按政策和单位的有关规定执行　　　　B. 你们这个岗位给多少

    C. 你觉得我可以值多少　　　　　　　　D. 您看着办就好

（4）教育背景写法正确的是（　　　）。

    A. 罗列所学课程　　　　　　　　　　　B. 写明专业名称

    C. 写明学校和专业名称　　　　　　　　D. 写明学校、专业名称和主修与辅修课程

（5）工作经验写法不正确的一项是（　　　）。

    A. 工作经验的时间采取倒叙形式，最近经历写在前面

    B. 工作经验的描述与目标岗位的招聘要求尽量匹配，用词精准

    C. 工作成果尽量以数据来呈现，突出个人成果以及做出的贡献

    D. 工作经验丰富

2. 判断题

（1）求职简历绝对不能出现错别字以及语法和标点符号方面的低级错误。　　　　（　　　）

（2）如果目标岗位的招聘信息对技能证书有要求，那么在简历中一定要写。　　（　　　）

（3）求职简历必须突出重点，与申请的工作无关的事情尽量不写，而对申请的工作有意义的经历和经验绝不能漏掉。　　　　　　　　　　　　　　　　　　　　　　　　（　　　）

（4）个人简历越短越好，因为招聘人员没有时间或者不愿意花太多的时间阅读一篇冗长空洞的个人简历。最好在一页纸之内完成，一般不要超过两页。　　　　　　　　　　（　　　）

（5）切记不要仅仅寄你的求职简历给应聘的公司，附上一封简短的求职信，会使公司增加对你的好感。否则，成功的概率将大大降低。　　　　　　　　　　　　　　　　　（　　　）

（6）要尽量提供个人简历中提到的业绩和能力的证明资料，并作为附件附在个人简历的后面。一定要记住是复印件，千万不要寄原件给招聘单位，以防丢失。　　　　　　　　（　　　）

（7）求职简历语言要积极，切忌用缺乏自信和消极的语言写求职简历。　　　　（　　　）

（8）不能凭空编造经历，说谎永远是不好的，没有哪个公司会喜欢说谎的员工，但也没有必

要写出所有真实的经历。对求职不利的经历你可以忽略不写。　　　　　　　　（　　）

（9）求职简历富有创造性，能使阅读者产生很强的阅读兴趣。　　　　　　　（　　）

（10）求职简历个人资料里的联系方式一定要齐全，包括手机号码、宿舍固定电话、暂住或家庭地址、E-mail 等，方便招聘单位第一时间通知参加面试或告知面试结果。　　（　　）

（二）情境写作

上海大众汽车有限公司在《湖北日报》上刊登了一则招聘启事，面向社会公开招聘英才。

要求：以学习小组为单位开展情境写作活动，联系个人实际拟写一封求职简历，做到格式正确，内容完整，语言简明，书写规范。

附招聘启事原文如下。

上海大众汽车有限公司招聘启事

因业务需要，本公司现面向全国高校毕业生招聘售后服务特约店管理人员若干，专业不限，汽车、机械、经济管理类专业优先。

要求：35岁以下，专科以上学历，计算机能力强，英语四级以上；具备良好的沟通能力和语言表达能力，思维灵活但有原则，有团队合作和吃苦耐劳精神，能熟练运用办公软件和本岗位所必需的专业软件。在售后服务方面具有以下管理特约店经验：（1）客户满意度管理，（2）现场发现问题、分析问题、解决问题的能力，（3）数据分析能力，（4）组织协调各店开展专项工作的能力，（5）能适应长期出差。

有意者请将应聘资料通过E-mail或信件的形式发送到公司，应聘资料包括个人简历、求职信、各类证书复印件、一张彩色照片。或者约见。

公司地址：××经济技术开发区××路283号。

邮政编码：××××××。

联系人员：肖小姐、李先生。

电子邮件：××××@wdhac.com.cn。

（三）习作评改

根据情境，分组完成写作任务后，每组在自评的基础上将代表作品上传至学习通"群聊"进行互评和修改。

第三节　竞聘词

一、任务导入

指出下面竞聘词中存在的问题并进行修改。

各位同学：

我今天走上讲台，不是凑凑热闹，而是有备而来。我自信，我的竞争优势是无人能比的。我竞选的是我们班的文娱委员。我有过类似的"从政"经历。我喜欢唱歌、跳舞，性格活泼开朗，我愿意为大家服务。假如我当上了文娱委员，我会让每一个同学明显地感到，自从我当上了文娱委员后，班级的艺术气氛变得浓厚了，大家的学习生活也不再枯燥无味了。"不一样，不一样，就是不一样。"我将用自己的实际行动证明我当文娱委员就是"无可替代"的。

同学们以前常说："窗外的世界很精彩，里面的我们很无奈。"你们如果选我当文娱委员，我一定会将它变为"窗外的世界很精彩，窗内的生活也多彩"。当我全面实施我的施政纲领时，请为我喝彩！明智的你，请投出明智的一票！谢谢！

二、例文借鉴

【例文】

竞选班长演讲词

同学们：

你们好！

今天，我走上演讲台的唯一目的就是竞选"班级元首"——班长。我坚信，凭着我的信念，凭我的勇气和才干，凭着我与大家同舟共济的深厚友情，这次竞选演讲给我带来的必定是下次的就职演说。

我从没有担任过班干部，缺少经验，这是劣势，但正因为我从未担任过班干部，所以也就特别推崇民主作风。因此，我的口号是"做一个彻底的平民班长"。

班长应该是老师与同学之间的一座桥梁，是一个班级的领头羊，能向老师提出同学们的合理建议，向同学们传达老师的想法和苦衷。我保证做到在任何时候，任何情况下，都"想同学们之所想，急同学们之所急"，积极为同学们谋求正当的权益。

班长应该具有统御全局的能力。我担任班长后，会执行以下工作：首先，在以情联谊的同时以"法"治班，广泛地征求全体同学的意见，在此基础上制订出班委会工作的整体规划；其次，严格按计划行事，推选代表对每个实施过程进行全程监督，责任到人。

我还准备在任期内与全体班委一道为大家办8件好事：

（1）借助科学的编排方法，减轻个人劳动卫生值日的总长度和强度，提高效率；

（2）联系有关商家定期送纯净水，解决饮水难的问题；

（3）建立班级互助图书室，并强化管理，提高其利用率；

（4）组织双休日城乡同学"互访"，沟通情感，加深相互了解；

（5）在得到学校和班主任同意的前提下，组织旨在了解社区的参观考察活动；

（6）利用勤工俭学收入买3台处理计算机，建立计算机兴趣小组；

（7）在班级报廊开辟"新视野"栏目，及时追踪国内改革动态和变幻的国际形势；

（8）设一个班长意见箱，定时开箱，加速信息反馈，有问必答。

我会是一个最民主的班长，常规性的工作要由班委会集体讨论决定，而不是由我一个人说了算。班级的重大决策必须经由"全民"表决。如果同学们对我不信任，随时可以提出"不信任案"，对我进行弹劾。

同学们，请信任我，投我一票，给我一个舞台，我会为我们班的服务和发展尽自己的责任！我会经得住考验的，相信在我们的共同努力下，充分发挥每个人的聪明才智，我们的班务工作一定会搞得十分出色，我们的班级一定能跻身先进班级的行列，步入新的辉煌！

谢谢大家！

【提示】这篇竞聘词目标明确，个人简介化劣势为优势，突出竞聘优势，工作设想具体并具备可操作性，符合班级特色。全文结构严谨，条理清楚，语言风趣幽默，富有感染力。

三、知识概览

（一）竞聘词的含义

竞聘词也叫竞聘演讲词。它是参加竞聘者为了实现竞争上岗，就自我竞聘条件、未来的施政目标和构想，事先写成的书面演讲材料。

（二）竞聘词的特点

① 实用性

随着我国人事制度的改革，"公开、平等、竞争、择优"成为选拔人才的一条重要原则。在公开招聘人才的过程中，竞聘演讲词具有重要的作用。竞聘演讲词既是竞聘者对自身素质的评价，又是人事部门和群众了解竞聘者情况的渠道，它既为择优选聘提供依据，又有利于竞聘者自身素质的提高。

② 针对性

竞聘演讲要突出自己的竞岗优势，发表自己的施政纲领，因此演讲的总体内容始终围绕岗位目标进行，针对性极强。

③ 竞争性

竞聘演讲的全过程，是候选人之间就个人能力和未来施政措施进行竞争的过程，因此要展现出人无我有、人有我强、人强我新的优势，以争取听众，赢得上岗权。

④ 艺术性

竞聘演讲是一种特殊的演讲，在演讲过程中常采用据理力争的方式，巧妙地进行"他不行，我行"或"他好，我更好"的自我推销，但在这个过程中，要讲究推销艺术，不可贬低或毁损他人。

（三）竞聘词的写作格式

竞聘词一般由标题、称谓、正文3个部分构成。

① 标题

竞聘词的标题可采用以下形式。

① 只写文种，如"竞聘演讲词"。

② 竞聘职务+文种，如"竞聘护士长演讲词"。

③ 文章标题法，可以用单行标题拟制，也可以采用正副标题的形式，如"叶的事业""做改革大潮中的强者——关于竞聘××制药厂厂长的演讲词"。

② 称谓

称谓即对评委或听众的称呼。常用的有"各位评委""各位朋友""各位领导""各位同事"等。在标题下一行顶格书写，以表示尊重。称谓的顺序要讲究职务的高低和辈分的尊卑。

③ 正文

正文由开头、主体和结尾3个部分构成。

（1）开头

开头采用直截了当的方式，介绍自己此次竞聘的岗位和缘由，要写得真切自然，干净利落。

（2）主体

主体是全文的重点和核心，可分3个层次写作。

第一个层次：介绍个人基本情况。要结合岗位的实际情况有的放矢地介绍个人的基本情况。

第二个层次：摆出竞聘的优势或条件。这是决定竞聘者是否被聘用的重要因素之一，宜结合自己与竞聘岗位有联系的工作经历、资历来写，如自己曾做过哪些相关工作，效果如何，从中展露了自己怎样的水平、能力、知识和才华。通过这些事实，让评委和听众产生认可。

第三个层次：提出施政目标、构想和方案。这部分是竞聘者假设自己当选后，针对应聘岗位所提出的工作目标和措施。这些目标和措施一定要结合工作实际，既要体现部门特点，又要符合未来发展方向，要具体明确，有可操作性。

（3）结尾

结尾要注意两点：一要写明竞聘的决心、愿望和请求，二要再次表明自己的态度。要做到恳切、有力。

四、知识链接

竞聘词写作应注意的事项

1. 要综合分析岗位诉求和听众的情况

在写竞聘词时，首先要对竞聘岗位进行系统而全面的分析，结合自身情况找准方向和突破口；其次要顾及听众的实际需求和他们的文化层次，有的放矢地选择竞聘词的主题和语言表达方式。

2. 变文字为有声语言

竞聘词是用来演讲的，因此在写作时，一定要随时考虑如何将文字变为有声语言。

① 讲究语言的生活化、口语化、大众化。

② 多用短句子，注意长短句的交替合理，随物赋形。

③ 慎用古语或欧化句子。

④ 少用单音词。

⑤ 避免同音不同义或易混淆词语。

⑥ 不随便用简略语。

⑦ 可以适当增加"吧""吗"之类的语气词。

⑧ 为了方便聆听，有些标点符号还要用文字代替，如顿号改为"和"，破折号改为"是"，引号表示否定时加"所谓"，括号补充另用文字说明等。

五、本节训练

（一）网上自测

1. 单项选择题

（1）在竞争上岗时，竞聘者写的书面演讲材料是（　　　）。

    A. 总结　　　　　　B. 述职报告　　　　C. 竞聘演讲词　　　D. 答谢词

（2）不属于竞聘演讲词特点的一项是（　　　）。

    A. 理论性　　　　　B. 实用性　　　　　C. 艺术性　　　　　D. 竞争性

（3）竞聘演讲词开头的写作要求是（　　　）。

    A. 曲径通幽　　　　B. 欲扬先抑　　　　C. 开门见山　　　　D. 点面结合

（4）竞聘演讲词常见的开头方式有感谢式、概述式、简介式等，下列竞聘演讲词的开头属于简介式的是（　　　）。

    A. 非常感谢贵公司给我这次宝贵的竞聘机会

    B. 今天我充满自信到贵公司竞聘文秘岗位，凭之立足的基石是我十几年不懈地努力所掌握的知识和技能。现在我向各位考官简述我的基本情况以及对竞聘岗位的认识

    C. 今天我将真诚地向各位领导、同志们陈述我应聘银行办公室主任所具备的优势，并提出我拟聘后的工作设想，请各位提出宝贵意见

    D. 我叫张××，2018 年毕业于××大学新闻系，出身于农村、成长于××的我，既有农民的朴实，又有诗人的气质，自信能胜任新闻工作

（5）主体部分是竞聘演讲词的核心，其常规的写作顺序一般为（　　　）。

    A. 陈述竞聘优势→工作打算→阐述对竞聘职务的认识→展示施政目标

  B. 陈述竞聘优势→展示施政目标→工作打算→阐述对竞聘职务的认识

  C. 陈述竞聘优势→阐述对竞聘职务的认识→展示施政目标→工作打算

  D. 阐述对竞聘职务的认识→展示施政目标→陈述竞聘优势→工作打算

（6）一位竞争局监察室副主任职位的同志在竞聘演讲词中写道："我在工作之余，经常开展文娱活动，我几乎每天在家中练歌曲。我的唱歌水平提高很快，受到了同志们的好评。20××年度在机关党委举办的歌唱比赛中，我获得了第一名的好成绩。"这段陈述所犯的错误是（ ）。

  A. 忽视了听众的心理感受   B. 没有抓住竞争岗位的特征

  C. 违背了真实可信的写作原则   D. 太过琐碎

2. 多项选择题

（1）竞聘演讲词常见的开头方式有（ ）。

  A. 感谢式   B. 概述式   C. 简介式

  D. 抒情式   E. 叙述式

（2）竞聘演讲词的标题正确的有（ ）。

  A. 竞聘词   B. 关于竞选总经理的演讲稿

  C. 文艺委员竞聘词 D. 竞聘   E. 竞聘体育委员

（3）竞聘演讲词展示优势时，主要写作要求有（ ）。

  A. 要紧扣岗位特征 B. 要真实可信

  C. 要归纳概括   D. 要全面展示   E. 要用夸张手法

（4）竞聘演讲词的语言要求有（ ）。

  A. 以理服人，以情动人   B. 追求文采飞扬的艺术效果

  C. 适度的语言艺术加工   D. 书面语   E. 通俗易懂

（5）竞聘演讲词中应展现的竞聘者的态度包括（ ）。

  A. 舍我其谁的霸气 B. 从容不迫的自信 C. 小心谨慎

  D. 不必过谦   E. 谦虚有加

3. 判断题

（1）竞聘演讲词在组织内容的时候总是紧紧围绕某一具体的岗位去谈自己的情况、认识、想法。   （ ）

（2）竞聘演讲词以简明的介绍为主，但它不是一般性的说明文体，它在介绍说明中更强调议论、说服的作用。   （ ）

（3）竞聘演讲词的内容侧重于对竞聘职务的认识、个人诸多方面的竞聘优势以及超前的施政设想等。   （ ）

（4）在竞聘演讲词中，竞聘者要把握住关键点，采用简洁明了的形式，条理清晰、重点突出地把自己的情况、打算、意愿等说清楚。   （ ）

（5）为了达到竞聘成功的目的，竞聘者在竞聘演讲词中不仅要陈述自己能胜任某一职务的基本素质与条件，而且要重点陈述自己与其他竞聘者相比"人无我有，人有我强，人强我新"的突出优势。   （ ）

（6）竞聘演讲词要以陈述自己的工作业绩，证明自己的工作能力为竞聘条件，因此与述职报告没有太大的区别。   （ ）

（7）竞聘演讲词中，对于个人的主要特长及工作实绩一定要讲清楚，对于同一类工作业绩或成果，如果不止一项，则都要点到，结合事实或数据具体阐明，以给受众切实可信之感。（ ）

（8）竞聘演讲词根据竞聘者欲陈述内容的多少，可长可短。   （ ）

（9）竞聘演讲词的写作要做到"以理服人""用事实说话"，切忌诉诸感情，不能采用抒情这种表达方式。   （ ）

（10）竞聘演讲词作为一种事务文书，应注意行文的平实、庄重、客观，不宜突显自己的个性色彩。　　　　　　　　　　　　　　　　　　　　　　　　　（　　　）

（二）情境写作

新学期开始了，班主任宣布要改选班委会，你是否心动了呢？

要求：以学习小组为单位开展情境写作活动，写一篇竞聘演讲词，并在班上进行演讲。

（三）习作评改

根据情境，完成写作任务后，在自评的基础上将作品上传至学习通"群聊"进行互评和修改。

第四节　述职报告

一、任务导入

指出下列文稿的错误之处，并根据述职报告的写作要求进行修改。

护士长 2018 年述职报告

一、加强学习，提高素质。一年来，本人能够积极参加医院组织的政治理论学习活动，坚持学以致用、用有所成的原则，把学习与工作有机结合，做到学习工作化、工作学习化，二者相互促进，共同提高。特别是通过参加医院组织的各项评比活动，对照先进找差距，查问题，找不足，本人在思想、作风、纪律以及工作标准、工作质量和工作效率等方面都有了很大提高。

二、加强培训，提高能力。急诊科是诊治和抢救病人的场所，所以，仅有好的服务态度是远远不够的，更重要的是要有熟练的抢救技术和应急能力。对急诊病人要迅速、准确做出诊断和处理，尽快减轻病人的痛苦，这就需要每个医务人员认真钻研业务。本人能够熟练掌握科室各种抢救仪器和抢救技术，组织科内同事不定期进行业务学习以及加强各种急救技术的培训，如心肺复苏术、机械通气、心电监护、电复律、除颤、洗胃等常规的技术操作，以及对急、危、重、疑难病人的抢救技术。充分发挥科副主任业务指导作用，每天亲自参加查房，对相关病例及时进行业务讨论，坚持学习急、危、重科学理论研究的新成果，不断汲取新的营养，促进自己业务水平不断提高。坚持"精益求精、一丝不苟"的原则，热情接待每一位患者，坚持抓好院前急救这项工作，严格急诊出诊制度，院前急救24小时待命，组织安排专人急诊出诊，制定有急诊绿色通道总体方案，如遇急、危、重病人，一律实行急诊绿色通道，已做到先行抢救，而后补办各种手续。坚持把工作献给社会，把爱心捧给患者，从而保证了各项医疗工作的质量，受到了患者的好评。同时，加强传染病防治知识的培训，认真细致诊治每个病人，尤其是发热病人，确实做到及时发现、及时报告、及时隔离、及时治疗。

三、规范管理，服务人民。遵守医院劳动纪律，保证门诊工作顺利进行。门诊科室容易出现迟到早退现象，在今年的工作中抓门诊的劳动纪律，本人带头做起，带领工作人员避免了迟到早退现象，使门诊基本保证了病人随到随看。同时完善工作制度，保证工作顺利进行。急诊科室人员少，排班困难，休息日少，在这种困难情况下，积极和值班人员协商解决，并且要求值班人员值好班。在科室人员的理解和配合下，急诊科室才能按部就班开展，更好地让急诊科服务于广大人民。

今后本人一定会发挥所长，克服不足，以对党和人民负责的态度，在维护医院利益的前提下，进一步解放思想，保持高昂的斗志、旺盛的工作热情，努力拼搏，为医院发展壮大尽心尽力，做出更大贡献，团结同志，尊重患者，不为名，不为利，当一个默默无闻的好配角。最后再次感谢院领导对我的信任和厚爱！

二 例文借鉴

【例文】

述职报告

尊敬的领导、亲爱的同志们：

我叫×××，现任××市第一人民医院儿科护士长，20××年，在院领导班子的正确领导下，在科室主任以及科室全体医护人员的共同努力下，我做到严以律己、率先垂范，以院为家，奋力进取，顽强拼搏，儿科圆满完成了今年年度目标任务。为了更好地做好明年的本职工作，我比照护士长工作职责，做以下述职报告，敬请领导和同志们批评指正。

一、以科室为家，团结带领科室护理人员高标准完成工作任务

一年来，在工作当中，我时刻按照护士长职责，严以律己，勤恳做事，爱岗敬业，乐于奉献，坚持以科室为家。每天早来 10分钟，晚走10分钟。严格按照操作规范，合理安排护士和护工的值班，培养护理人员的全面素质，使她们都能很好地完成自己的本职工作。积极组织科室护理人员学习基础护理技能，针对儿科患儿特点，研究、摸索出了一套行之有效的护理工作方法，并在实际工作中应用，发挥了积极作用。牢固树立宗旨意识和服务意识，创造性地开展护理工作，始终坚持以病人为中心，为患儿提供安全、优质、满意的护理服务。科室全年没有出现一次工作上的失误，基本做到了让领导和同志们满意、让自己满意和让患者满意的"三满意"，患者满意率基本达到100%。科室工作多次受到医院领导班子的好评，我自己也多次因为工作表现出色而受到医院领导班子的表彰。

二、以身作则，恪尽职守，样样工作走在前

一年来，我坚持做到以身作则，模范带领科室全体护理人员，按照科室主任的工作安排和要求，有条不紊地开展好护理工作，样样工作走在同志们的前面。要求同志们做到的自己首先做到，要求同志们不做的自己首先不做。坚持每天早来晚走，检查督促值班人员认真搞好交接班，并做好护理记录。为了科室工作，我常年坚持一天24小时保持通信工具畅通，不论是节假日还是礼拜天，甚至是凌晨一两点钟，只要电话一响，随时保持联络，及时耐心地为值班护士解疑释惑，特殊情况下，保证随叫随到。一年来，已经记不清牺牲了多少个休息天和节假日。工作中，我时刻做到想患者家属之所想，急患者家属之所急，把患者家属当作自己的亲人，始终让患者在这里花最少的钱享受最优质的服务，并且发挥革命的人道主义精神，针对极个别患者家庭极度贫困的实际情况，积极主动和科室主任商议，在条件允许的范围内，给予降低收费或者减免部分医疗费用，令患者家属感激不尽，同时也极大地提升了我们医院的外部形象，树立了我们医院"白衣天使"救死扶伤的良好医德形象。

三、坚持业务知识学习，手把手地对新进护理人员搞好传、帮、带

一年来，我在认真做好自己值班工作的同时，适时抓好科室护理人员的业务学习和技能培训，手把手地对新进人员和护工的业务知识与技能培训进行传、帮、带，经过我们的共同努力，科室全体护理人员能够熟练掌握仪器操作技能和新生儿护理知识，人人都能够胜任独立上岗值班，个个成为儿科患儿护理的行家里手。

成绩的取得，来源于领导们的关心支持和科室同志们的不懈努力，我决心在明年的工作当中继续保持和发扬。同时，也应该看到工作中存在的问题，归纳起来，有以下两点。

（1）在实际工作当中，有时候自己工作的方式方法不够得当，有急躁情绪和急于求成的思想。

（2）工作中大多只是简单地执行任务和做好常规性的工作，创新精神和争先意识不够。

四、下一步工作打算

（1）进一步加强业务知识的学习和人员进修、培训，进一步熟练专业技能。

（2）进一步加大科室管理力度，和科室主任一起狠抓基础护理、护患沟通等全面工作，为争创保健院先进科室做好准备。

总之，一年来，我和科室主任及全体科室医护人员同心同德，知难而上。以大局为重，内强素质，外树形象，不断提高医疗护理水平，切实为患儿提供优质的护理服务，做出了显著的成绩。在今后的工作中，我将继续努力，奋发进取，更好地为患者服务，为医院的正规化建设做出自己新的贡献。

以上是我的述职报告。不当之处，请领导和同志们指正！谢谢各位！

述职人：×××

20××年××月××日

【提示】这是一位护士长一年一度的年度述职报告。正文前言部分概述了所任职务、任职时间以及履职尽责的成绩；主体部分从 4 个方面介绍工作任务完成的情况、工作态度和方法、存在的问题和下一步工作打算；最后以致谢结尾。全文结构完整，层次分明，不足之处是个别语句过长，不适合口述。

三、知识概览

（一）述职报告的含义

述职报告是各级机关、社会团体和企事业单位的领导及工作人员，向所在单位的组织人事部门、主管领导机关或本单位职工群众，陈述自己在一定时期内履行岗位职责情况而写成的书面报告。

述职报告有助于正确考核和评价干部，有助于提高干部的素质和能力。

（二）述职报告的特点

述职报告具有自述性、自评性和报告性 3 个特点。

❶ 自述性

自述性指报告人以第一人称回顾自己在任职期内履行岗位职责的情况。

❷ 自评性

自评性指报告人依据岗位规范和职责目标，对自己在任职期内的德、能、勤、绩、廉等方面的情况，做出实事求是的自我评价、自我鉴定、自我定性。

❸ 报告性

报告性指报告人在述职时，是以被考核、接受评议的身份做履行职责报告的。

（三）述职报告的种类

从内容上划分，有综合性述职报告和专题性述职报告。

从时间上划分，则有以下 3 类述职报告。

❶ 任期述职报告

任期述职报告即对任职以来履行岗位职责情况的报告。

❷ 年度述职报告

年度述职报告即一年一度履行岗位职责情况的报告。

❸ 临时性述职报告

临时性述职报告指担任某一项临时性的职务，当工作结束时表述履行职责情况的报告。

（四）述职报告的结构写法

述职报告一般由标题、称谓、正文、署名和日期构成。

❶ 标题

标题通常有两种写法。

（1）公文式标题

公文式标题由述职人和文种构成或直接用文种做标题，如《我的述职报告》《述职报告》。

（2）双行标题

双行标题即正副标题相结合。根据述职报告的主要内容提炼出一句概括其中心内容的话来做正标题，而述职报告做副标题，如《热爱护理岗位　全心全意为病人服务——我的述职报告》。

❷ 称谓

称谓即述职者面对的对象或呈报的部门，如"各位领导""同志们""同事们""组织人事科"。

❸ 正文

正文由前言、主体、结尾 3 个部分构成。

（1）前言

前言部分概述现任职务、任职时间、岗位职责、工作目标及对自己工作的总体评价，要求集中概括，简洁扼要。

（2）主体

主体部分叙述履行岗位职责的情况，内容包括自己的工作思路、工作指导思想及工作的成效和经验。主体部分要重点介绍有代表性的典型的工作业绩，并写明其起止时间；概述存在的主要问题、工作中的失误和改正措施以及努力方向。此部分亦可用小标题，分条列项来写。

（3）结尾

结尾部分通常表述述职者的态度，欢迎大家对自己的述职报告进行评议。通常写"以上报告，请领导和同志们指正""以上是我的述职报告，谢谢各位"一类话语。

❹ 署名和日期

写署名时需另起一行，在结尾的右下方写述职人的单位、职务、姓名，如"述职人：儿科护士长×××""××市第一人民医院院长：×××"。

写日期时也需另起一行，在署名的正下方写上述职日期，如"2019 年 7 月 12 日"。

四、知识链接

述职报告写作的注意事项

1. 内容要客观

叙述成绩或说明问题都要客观真实。自评必须实事求是，全面准确。同时，要处理好成绩与问题、个人与团队的关系。

2. 重点要突出

不能事无巨细地写成"流水账"，要写好典型工作业绩，要突出自己的特点和独特的贡献。

3. 注意述职报告与工作总结的区别

工作总结可以是单位的、团体的，也可以是个人的。其写作角度是全方位的，突出的工作业绩、出现的问题、经验或教训以及今后的工作设想等都可以写。虽然也要上升到理论高度概括经验和体会，但基本上是做了什么就总结什么。而述职报告则要求侧重展示个人在一定的时期内履行岗位职责的思路、过程和自己的能力等，重点是回答自己称职与否的问题，并不是以表现本部门、本单位的总体业绩、问题为重点。

另外，述职报告的语言要诚恳、得体、简洁且注意口语化，把握好角色分寸。

五、本节训练

（一）网上自测

1. 单项选择题

（1）《热爱急救岗位 全心全意为患者服务——我的述职报告》，这一述职报告的标题是（ ）。

    A. 单行标题   B. 正副式标题   C. 公文式标题   D. 概括式标题

（2）述职报告的称谓即述职者面对的对象或呈报的部门，下列称谓不当的是（ ）。

    A. 各位领导   B. 各位同事   C. 各位病友们   D. 组织人事科

（3）关于述职报告的前言部分，表述不正确的是（ ）。

    A. "以上报告，请领导和同志们指正"

    B. 概述现任职务、任职时间、岗位职责、工作目标

    C. 概述对自己工作的总体估价

    D. 要求集中概括，简洁扼要

（4）下列关于述职报告的署名，格式正确的是（ ）。

    A. 黄李丹：××市中心人民医院儿科护士长

    B. 黄李丹 儿科护士长 ××市中心人民医院

    C. 儿科护士长：黄李丹 ××市中心人民医院

    D. ××市中心人民医院儿科护士长：黄李丹

（5）下列关于述职报告的说法正确的是（ ）。

    A. 述职报告不必介绍自己的工作思路

    B. 述职报告不必陈述自己的努力方向

    C. 述职报告重点介绍有代表性的典型的工作实绩

    D. 述职报告只讲履行岗位职责的情况，不必突出个人特点

（6）关于述职报告的结构，顺序正确的是（ ）。

    A. 标题→称谓→前言→文种承启语→工作思路和指导思想→工作成效和经验→主要问题与不足→改正措施和努力方向→自我等级评价→结尾→落款和日期

    B. 标题→称谓→改正措施和努力方向→自我等级评价→工作思路和指导思想→工作成效和经验→主要问题与不足→前言→文种承启语→结尾→落款和日期

    C. 标题→前言→称谓→文种承启语→工作思路和指导思想→工作成效和经验→主要问题与不足→改正措施和努力方向→自我等级评价→结尾→日期和落款

    D. 标题→前言→称谓→文种承启语→工作思路和指导思想→工作成效和经验→主要问题与不足→改正措施和努力方向→自我等级评价→结尾→日期和落款

2. 多项选择题

（1）述职报告的特点有（ ）。

    A. 自述性   B. 自评性   C. 建议性

    D. 报告性   E. 指导性

（2）关于述职报告的主体部分，下列说法正确的有（ ）。

    A. 全面报告履行岗位职责的情况

    B. 包括自己的工作思路、工作指导思想及工作的成效和经验

    C. 要重点介绍有代表性的典型的工作业绩，并写明其起止时间

    D. 概述存在的主要问题、工作中的失误和改正措施以及努力方向

E. 可用小标题，分条列项来写

（3）关于述职报告的语言特点，下列说法正确的有（　　　）。

A. 语言要诚恳　　　B. 语言富于文学性　C. 语言要得体　　　D. 语言简洁

E. 语言要注意口语化

3. 判断题

（1）述职报告是各级机关、社会团体和企事业单位的领导及工作人员，向所在单位的组织人事部门、主管领导机关或本单位职工群众，陈述自己在一定时期内履行岗位职责情况而写成的书面报告。　　　　　　　　　　　　　　　　　　　　　　　　　　　　　　　　　（　　　）

（2）述职报告从内容上划分，有综合性述职报告和年度性述职报告。　　　　（　　　）

（3）述职报告的自述性指报告人以第一人称回顾自己在任职期内履行岗位职责的情况。

（　　　）

（4）述职报告一般由标题、正文、署名和日期构成。　　　　　　　　　　　（　　　）

（5）述职报告的公文式标题，即由述职人和文种构成或直接用文种做标题，如"热爱护理岗位　全心全意为病人服务——我的述职报告"。　　　　　　　　　　　　　　　　（　　　）

（6）述职报告内容要客观，自评必须实事求是，全面准确。　　　　　　　　（　　　）

（二）情境写作

李玉护理专业毕业后，因勤奋努力工作，综合能力强，在公开竞聘中脱颖而出，成为××市三甲医院儿科护士长。在护士长的岗位工作满一年，成绩突出。年终考核时，李玉接到人事部门的通知，要撰写一份书面述职报告，陈述自己在担任护士长一年期间履行岗位职责的情况。那么，这份述职报告应怎样写呢？

要求：以学习小组为单位开展情境写作活动，培养竞争意识，增强责任感。做到格式正确，内容完整，语言简明，书写规范。

（三）习作评改

根据情境，分组完成写作任务后，每组在自评的基础上将代表作品上传至学习通"群聊"进行互评和修改。

第五章　宣传社交类实用文书

引言

　　宣传社交类实用文书是单位和个人开展宣传或社交活动时所使用的文书，涉及单位形象展示、产品推介、活动致辞、信息发布与科学知识普及等各个方面，运用范围十分广泛。

　　本章主要介绍公司简介、网络新闻、广告文案、产品说明书、演讲稿、欢迎词、答谢词、主持词、导游词、解说词、医学科普文等文书的写作。通过学习，了解此类文书的概念、特点和用途，掌握其写法和要求，以便今后结合宣传工作和社交活动的实际正确运用。

第一节　公司简介

一、任务导入

　　指出下列文稿的错误之处，并根据企业简介的写作要求，改写为一份规范的文稿。

　　××市××汽修厂创建于1998年8月，经过多次调整和设备升级，现已初具规模。修理厂地理位置优越，配套设施齐全，有客户休息室、餐厅、员工休息室等。维修设备、管理模式按4S店要求紧靠，维修费用按××市场收费，拥有稳定的顾客群。经过多年的经营，现通过加盟××驾驶员俱乐部有限公司，服务更上一个台阶，服务从单一的汽车修理，延伸至汽车保险、代处理违章、停车场经营、车辆检测、机动车及驾驶员事务代理、施救（公司现有施救车3辆，为长期维修客户提供免费施救及提供备用车）。我们承诺，小到轮胎破，大到事故，我们第一时间为您排忧解难，全程服务。

二、例文借鉴

【例文1】

××汽车贸易有限公司简介

　　××汽车贸易有限公司，成立于2014年，主要经销奔驰、宝马、本田、丰田、别克、现代等国内外著名品牌。公司注册资金500万元，位于319国道与××路交汇处，××汽车东站的正对面，交通便利，东可直达长沙，南望南二环，西临城区，北通创业大道，公司占地面积为2800平方米，建筑面积为8 000平方米，其中轿车展厅面积为1 200平方米，办公及维修面积为6 000平方米，于2014年建成并投入使用。

　　公司领导的团队团结一致，形成了强大的凝聚力和战斗力。公司坚持"以科学管理创效益，以优质服务求发展"的宗旨，实行低成本、低利润、高服务的营销策略来争取用户，占领市场，针对市场找差距，找对策，对用户实施"三满意"政策，即"质量满意、服务满意、价格满意"，以客户需求为导向，制订适应市场变化的营销方针满足不同客户群体，积极挖掘潜在用户。

　　××汽车贸易有限公司是一家集汽车销售、汽车保险服务、汽车金融服务、配件供应、保养维修、二手车收购、二手车销售等业务为一体的汽车贸易有限公司，为广大客户提供全方位的服务。公司投资近200万元兴建了具有先进水平的汽车维修服务中心，其规模、技术、设备在宁乡地区处于领先地位，最大限度保证用户的利益，使客户买得顺心，用得安心，修得放心！

　　功能设置：

　　销售服务区设有新车展示区、精品车展示台、接待区、洽谈区、收银区、客户休息区、交车区、精品装饰展示区等。

　　办公区设有销售部、市场部、客户关系管理中心、财务部、人力资源部、多功能会议厅等。

　　售后服务区设有前台接待区（接待、索赔、配件销售、结算、收银、代办保险、保险理赔）、客户休息区（前台休息区、休息室、棋牌娱乐厅、网吧）、客户专用洗车场、车友俱乐部等。

　　维修区设有快修服务区、机修车间、车身车间、油漆车间、总成大修室、配件库、工具资料库、保修旧件室、空压机房、预留工位、维修接车区、待修车暂放区、维修竣工区、生产办公室、员工休息室等。

　　××汽贸将坚持"顾客满意、员工满意、公司发展"的企业使命，坚持"正直诚实、创意主动、团队合作、追求卓越、超越顾客期望值"的核心价值观，倡导"快乐生活、快乐工作"的工作生活理念，不断提升企业的核心竞争力，我们的共同愿景是成为汽车营销行业的领军者。我们坚信，执着追求人生品质和事业成就的团队定会使公司变得更强大，使社会变得更繁荣！

　　我们真诚希望与社会各界广泛合作，并欢迎有识之士加盟我们的团队，在企业发展的道路上，乘风破浪，扬帆远航，共同编织更加宏伟美好的蓝图！

　　展望未来，公司将坚持"以不断创新的经营理念领先市场，以宽松和谐激励的环境团结员工，以更加优质的服务满足用户需求"的经营理念，与时俱进，开拓创新，树立××市汽车贸易新标杆！

　　公司地址：××市××路××号。销售热线：0731-××××××××。

　　【提示】这则企业简介层次清楚，语言简明。它客观地介绍了公司的经营性质、历史、团队情况及功能设置，并说明了公司愿景。全文采用第一人称行文，增加了对顾客的亲和力，值得学习和借鉴。

　　【例文2】

××集团有限公司简介

　　××集团是我国农业产业化国家级重点企业。集团向社会提供不可或缺的农业产业链上下游产品，并以"为耕者谋利，为食者造福"为经营理念，致力于打造世界级的农牧企业。

　　××集团创立于1982年，其前身是××希望集团。在×××希望资产的基础上，刘××先生组建了"××集团"。

　　现××集团有农牧与食品、化工与资源、地产与基础设施、金融与投资四大产业集群，集团从创立初期的单一饲料产业，逐步向上、下游延伸，成为集农、工、贸、科一体化发展的大型农牧业民营集团企业。

2012年年底，集团注册资本8亿元，总资产超过400亿元（其中农牧业占72%），集团资信等级为AAA级。集团拥有企业超过800家，员工超过8万人，其中有近4万人从事农业相关工作，有大专以上学历员工近2万人。2012年，××集团有限公司以7 538 106万元的总收入，排在2012年中国民营企业500强第12位。2016年8月，××集团在"2016中国企业500强"中排名第197位。

集团产业

1. ×××六和股份有限公司（原名为×××农业股份有限公司）、×××乳业控股有限公司。

2. 化工与资源产业：××省××股份有限公司、××市××化工有限公司、××省化工有限公司。

3. 地产与基础设施产业：×××置业有限公司、××市房地产开发公司、××市大商汇实业有限公司。

4. 金融与投资产业：×××财务有限公司、××国际信托有限公司、×××银行（最大股东）。

海外发展

××的海外事业起步于1996年，经过十余年的探索发展，在越南、菲律宾、印度尼西亚、柬埔寨、斯里兰卡、新加坡、埃及等国家建成或在建18家分/子公司。公司主要经营畜禽、水产饲料产品的生产和销售，现总投资额已超过8 000万美元。集团年度外贸总额超过10亿元，产品在海外市场的品牌号召力日益强大。现与×××国际金融公司、××商社、××公司、××银行等国际机构建立了良好合作伙伴关系。

价值理念

"阳光、正向、规范、创新"是企业的基本价值观念；像家庭、像学校、像军队是××集团一直以来塑造的企业形象，是××企业文化的3个层次；秉承"与员工共求发展，与客户共享成功，与社会共同进步"是××集团的经营之道；把"为耕者谋利，为食者造福"作为集团企业的经营宗旨；不懈追求"农业创造价值，农民分享价值，价值留在农村，城乡和谐发展"的社会目标；以农牧产业龙头企业优势带动农村经济发展，带领广大农民增收致富。在企业发展的同时，致力于产业提升，促进企业持续发展；××以开阔的视野、坚韧的毅力，积极走出国门。

××集团秉承"严格的专业化管理与有限的多元化发展"的企业战略，在董事长刘××先生的带领下，依靠全体员工的竭诚努力，"百年××"的理想将在公司员工不倦地追求与奋斗中变为现实！

企业贡献

××集团是具有社会责任感的民营企业，致力于与股东、客户、员工、社会实现良好交流、共同进步；以环保原则下的技术创新实现可持续发展；为带动农户致富，帮助合作伙伴发展，并为广大食品消费者提供健康安全的肉蛋奶，××集团关注整个农牧产业链的安全，利用在农业领域的产业优势和市场优势，整体布局，致力于安全、无公害产品，切实提高产品与服务质量。十余年来，××集团在"老、少、边、穷"地区已投资超过40亿元，在贵州、西藏、甘肃、四川、云南等地区投资了40多个项目，并安置国有企业下岗、转岗员工10 000多人。2010年以来，在"新农村"建设方面，××集团已在四川、重庆、贵州、云南、山东等省市逐步开展产业带动的帮扶工作，联系和帮扶82个村走上了致富之路。××还将建设3 500个富农信息站，以及农业产业链全过程管理系统，为农户和经销商提供农业产业链全过程管理、市场供求、科技资讯、农产品交易等综合信息服务。为农户严控产品质量，对客户负责、对社会负责，这种信念已根植于每个员工心中，并成为企业文化的一部分。

公司地址：××市××路××号。联系电话：×××××××。

【提示】这是一则内容丰富、重点突出、语言简明的公司简介。正文从公司的性质与实力、经营范围与理念等方面进行了具体介绍，重点突出了公司的发展、贡献，既有助于求职者全面了解公司情况，又是有效的公司宣传。

三、知识概览

（一）概念

公司简介是对公司的经营范围、理念、能力、发展历程、发展规划、企业文化等情况进行概括说明的文书。它是宣传企业、树立企业形象的重要媒介和方式。

（二）特点

公司简介的特点主要有两点。

❶ 真实性

公司简介的内容要真实，不能夸张，不能弄虚作假，否则会失去诚信，进而失去顾客和合作伙伴。

❷ 简明性

公司简介的语言运用不能拖泥带水，要以客户为中心，简明而有亲和力。

（三）写作格式和内容

❶ 标题

标题组成为公司名称+简介，如"××汽车贸易有限公司简介"，也可以以公司名称为标题。

❷ 正文

正文主要应写明公司的性质与实力、经营范围与理念、经营业绩、服务项目、公司愿景、资格证明等内容。写作时要根据宣传的重点进行增减。

（1）公司的性质与实力

公司的性质一般由公司名称、经营类型、竞争地位等内容组成，如"××公司是汽修行业先锋企业"。

公司实力着重突出公司的发展规模、发展速度等，如"××在全球建立了29个制造基地，8个综合研发中心，19个海外贸易公司，已发展成为大规模的跨国企业集团""公司自1990年成立以来，凭借优质的服务、良好的声誉、诚信的经营，屡获殊荣，是××省政府确定的全省首批51家现代企业制度试点单位之一，'××省百强民营企业'排名第五"。

（2）经营范围与理念

经营范围指企业生产和经营的商品类别、品种及服务项目等，如"汽车服务领域，公司经营涉及有汽车销售、汽车修理、汽车配件供应、汽车美容装潢、客运出租、汽车租赁、拍卖、置换、汽车消费信贷、汽车保险代理、汽车俱乐部、汽车救援、机动车检测、汽车物流等汽车相关行业，能提供新车缴纳购置税、挂牌的一站式服务"。

经营理念是管理者、顾客、竞争者以及职工对企业共有的价值观，主要包括企业的核心竞争力、企业发展方向设想和企业追求的经营目标等内容，如"'品牌立市、百年创新'，在这一经营理念的指导下，润华人将在实际运作层面，采取种种创新性举措，不断打造润华的差异性优势，持续提升核心竞争能力，润华将更加自信地迎接新的机遇和挑战，全面打造润华服务品牌，为把公司建设成××省乃至全国的汽车相关服务业的领跑者而努力奋斗，努力开创公司发展的新局面，实现公司更好更快的全面协调发展""公司自1990年成立至今，秉持'远见、创新、责任'的核心价值理念，以'为世界输出优质动力'为己任，专注生产制造20余年"。

（3）经营业绩

经营业绩部分主要反映企业的经营情况以及社会效益、经济效益情况，突出企业的竞争力。

（4）服务项目

服务项目部分主要介绍企业向顾客提供的质量保证、服务承诺、服务态度和服务效率等内容。如送货上门、安装、调试、定期保养、按合同提供配件等。

（5）公司愿景

公司愿景部分主要介绍公司前进的方向、公司定位、将要占领的市场位置和计划发展的业务能力等。

（6）企业荣誉

企业荣誉部分主要列举企业所获得的各项荣誉和资格证明，如"'××省百强民营企业'排名第五，2004—2007年连年获得'全国50佳汽车经销商'荣誉称号及'全国10佳汽车服务商'荣誉称号，自2002年以来连续3届荣膺'××省消费者满意单位'称号"。

❸ 联系地址

联系地址部分需写明公司地址、电话号码。

四、知识链接

企业简介的写作技巧

1. 突出目标读者的关注重点

针对企业投资者的简介，要关注公司资质、资金、项目的运营情况、股权结构等；针对客户的简介要突出公司业务领域的资质和信誉度；针对应聘者的简介，要重视公司的人力资源规划和发展规划等内容。

2. 巧用语言吸引读者

巧用语言有3个技巧：一是使用浅显通俗的语言提供有用的信息；二是重复词语，强化有用信息；三是使用积极向上、富有鼓动性的语言，如"我们将以最上乘的质量、最低廉的价格、最优质的服务同广大客户密切合作，实现双赢，共创辉煌。热忱欢迎您的合作"等。

3. 凸显企业的与众不同之处

凸显企业的与众不同时可介绍公司在教育、培训、资格认证方面的成就，或者是创始人的传奇故事、公司获得的殊荣、捐赠以及员工的社区志愿活动。

五、本节训练

（一）网上自测

1. 单项选择题

（1）对公司的经营范围、理念、能力、发展历程、发展规划、企业文化等情况进行概括说明的文书是（　　　）。

　　A. 广告　　　　　　B. 公司简介　　　　C. 招聘启事　　　　D. 通知

（2）下列关于公司简介特点表述错误的一项是（　　　）。

　　A. 真实性　　　　　B. 简明性　　　　　C. 实用性　　　　　D. 文学性

（3）不符合公司简介写作内容要求的是（　　　）。

　　A. 要写明企业的性质　　　　　　　　B. 要写明经营范围与理念

　　C. 一定要提供联系方式　　　　　　　D. 要夸大业绩

2. 判断题

（1）公司简介可以不写标题。（　　　）

（2）公司简介可以用重复的手法突出有用信息。（　　　）

（3）公司简介可以用夸张的手法吸引顾客注意。（　　　）

（4）公司简介语言要通俗易懂，尽量不用专业术语。（　　　）

（5）公司简介使用第一人称"我们"可以增加亲和力。（　　　）

（二）情境写作

××集团公司下辖宜顺汽车销售服务有限公司、德顺汽车销售服务有限公司、兴顺汽车销售服务有限公司、捷顺汽车销售服务有限公司、鹏达汽车销售有限公司，主要代理上海大众、上海大众斯柯达、一汽大众、上汽荣威、奇瑞等品牌的销售和售后服务业务。集团现有员工 500 多人，拥有 8 家正规的 4S 店。为了宣传企业，总经理要求针对顾客写作企业简介。如果你接受了这个任务，你能为集团公司或者为集团公司旗下的某家公司写作一份企业简介吗？

要求：以学习小组为单位开展情境写作活动，针对顾客进行宣传，突出公司业务领域的资质和信誉度。语言要求简明有亲和力。每组提交代表作品进行交流，培养角色意识，增强竞争意识。做到格式正确，内容完整，语言简明，书写规范。

（三）习作评改

根据情境，分组完成写作任务后，每组在自评的基础上将代表作品上传至学习通"群聊"进行互评和修改。

第二节　网络新闻

一、任务导入

指出下列网络新闻存在的问题并进行修改。

努力奋斗　争创一流

×月×日下午两点，上班时间还没到，各会议室已经坐满了参加分组讨论的职工代表，他们在热烈讨论厂长的工作报告，"努力打造全国一流的生产加工基地"的目标让大家倍感鼓舞和振奋。

厂区门前，彩旗飘扬，气球高挂，"祝贺××一届一次职工代表大会胜利召开"的彩虹门格外引人注目。

当天上午8点，伴随着铿锵的鼓声和欢快的舞蹈，职工代表们身着统一服装，精神抖擞地走入会场。××一届一次职工代表大会正式开幕，市总工会主席应邀出席会议，159名职工代表和14名特邀代表参加了会议。

二、例文借鉴

【例文】

今年网络提速降费还有哪些大动作？工业和信息化部做了这些说明

有关"提速降费"的话题一直备受关注。今年"提速降费"将有哪些新举措？在23日国务院新闻办举行的一季度工业通信业发展情况发布会上，工业和信息化部新闻发言人、信息通信发展司司长闻库表示，2019年将重点围绕"双G双提、同网同速、精准降费"3大目标，来推进网络提速降费。

100M 家庭宽带成老百姓主流选择

针对近年来"提速降费"取得的新成效，闻库表示，网络能力显著增强。比如，光网城市全国全面建成，超过100个城市部署1 000M宽带接入网的试点；行政村通用宽带比例达98%；已建成4G基站376万个，4G网络覆盖水平全球领先。

网络速率大幅度提升。光纤用户的渗透率从提速降费工作启动前的34%，到今年3月底达到91%；4G用户从不到8%，现在是75.4%，在全球属前列；百兆以上的用户比例占73.7%，100M家庭宽带已成老百姓主流选择。

另外，资费水平持续降低。闻库提到，2017年基础电信企业在全国范围内取消手机长途漫游费，去年又取消流量"漫游"费。实现手机上网流量平均资费原先1G比特是139元，去年底平均1G比特是8.5元；固定宽带的平均资费由每户每兆5.9元/月，到现在是0.31元/月。

将在 300 多个城市部署千兆宽带网络

据了解，2019年工业和信息化部等部委将重点围绕"双G双提、同网同速、精准降费"3大目标，来推进网络提速降费。闻库表示，要加快千兆网建设。不论是固定网络还是移动网络，大力推动千兆网络，准备在超过300个城市部署千兆宽带网络，争取网络用户覆盖能力达2 000万户。

闻库还透露，将组织新一轮电信普通服务试点推动工作，推动行政村的4G和光纤覆盖率双双超过98%；提升远程教育、远程医疗网络能力，联合教育部开展学校联网攻坚行动，实现全国中小学宽带网络接入率达97%以上，具备百兆接入能力；推动规范套餐设置，要求电信企业进一步优化精简资费套餐，严查企业资费营销违规行为。

【提示】本文是一篇典型的倒金字塔式结构的新闻稿。标题用一句话概括了工业和信息化部透露网络提速相关情况，正文部分由导语和主体构成。导语对提速降费的基本情况进行概述，主体部分对导语内容进行深化补充，具体介绍了"100M 家庭宽带成老百姓主流选择"和"将在300多个城市部署千兆宽带网络"两方面的情况。

三、知识概览

（一）网络新闻的概念

网络新闻是以网络为载体发布的新闻，具有快速、多面化、多渠道、多媒体、互动等特点。它突破了传统的新闻传播概念，在视、听、感方面给受众全新的体验。

（二）网络新闻的类别

根据来源可以分为复制新闻和原创新闻两种类型。

① 复制新闻

复制新闻指从传统媒体上复制来的新闻。各个新闻网站把传统媒体的新闻搬上了网络，然后大家再彼此搬来搬去。

② 原创新闻

它有以下两种情况。

① 独家的、第一手的、网络记者自己采访写作的新闻报道。

② 通过重组新闻资源、重新编辑改写的新闻报道。

（三）网络新闻的格式及写作要求

网络新闻除标题外，其他结构写作要求与报纸媒体相同，通常包含标题、导语、主体、背景、结尾5个部分。

① 标题

（1）网络新闻标题要单行化

网络新闻标题应以单行标题为主，而且单行标题也不能过长，否则出现换行，会影响整个网页的视觉效果。网络新闻对单行标题的最多字数也会有所限制，比如目前资讯网对消息标题的字数限制一般在 20 字以内，如果超过 20 个字就需折行，否则，网站会进行处理，将其限制在 20 字以内。例如《北京青年报》刊登的一则新闻标题，卫生部出台有关互联网管理办法（引题）：禁止网上看病（主题）。它在报纸版面上是按双行标题排版，且主题要用大号的黑体字来强调，以突出视觉效果。但是在《人民日报》网络版上，同样是这个标题，由于行数和字号变化受到限制，就只能将其改为单行标题："禁止网上看病：卫生部出台管理办法"。

（2）网络新闻标题要以实题为主

网络新闻标题应以实题为主，言简意明。实题至少包含两个信息，一个是人物，另一个是事件。纸质媒体的新闻标题有虚实之分，实题需要交代新闻要素，虚题不必交代新闻要素，可以是议论和点评。

报纸新闻最大的特点就是报道和标题一体，即使是虚题，因为报道就在旁边，只要看一眼导语，新闻中的主要事实也就清楚了。而网络媒体的标题和正文是分别安排在不同层级的页面上的，想看哪条消息，必须单击以后才能看到。我们一方面需要在标题里尽可能为读者提供新闻信息，另一方面也需要做一个好的标题来引起读者的注意。例如《客户关怀在"一帮一"活动中升华》《雪中送温暖，浓浓烟草情》《新老同台，共创和谐》等标题，如果用在纸质媒体上，再加上一个副标题，会成为一个好标题。但是用在网站上就会显得很虚，读者无法在第一时间获得相关的信息，不明白这篇新闻在讲什么。因此，我们需要将标题做实，并合理地对新闻的"5 要素"进行取舍，即时间、地点、人物、事件、产生什么样的影响，使其体现在标题中。

另外，网络新闻标题要尽量使用主动语态，语句以主谓结构为主，要强调动感，力求动态式地报道新闻，要尽量避免疑问句式。

② 导语

导语是一篇消息的开头，它用一两句话交代出新闻的 5W——When、Where、Who、What、Why，即时间、地点、人物、事件、原因。

在写导语的时候要求作者抓住事情的核心，用简短的几句话勾勒出事件的大致轮廓；同时要考虑到能否吸引读者继续阅读的兴趣。如果一则消息的导语写得拖沓冗长，就很难使读者有耐心继续阅读下去。

导语的写作要求有以下 3 点。

（1）揭示主题，点明内容

导语最好是经过提炼的简洁精彩的文字表达，做到简明扼要、开门见山，同时善于运用生动形象而又朴实的语言来润色导语。表现形式上要努力创新，不落俗套，新颖别致，讲究文采。

（2）突出精华，抓住重点

导语写作要做到这一步，关键是写作时需要审慎衡量报道的事实，准确判断报道中的精华是什么，重点之处在哪里？初学新闻写作的人，易犯的一个毛病就是"眉毛胡子一把抓"，写导语的诀窍在于懂得取舍，什么该写，什么不该写，要做出这样正确的判断，需从报道的诸多内容中寻找出信息量最重、新鲜度最强、重要性最大等具有很大新闻价值的事实来写。

（3）简洁扼要，不应啰唆

由于消息写作一般只有几百字，至多是"千字文"，因此导语力求简洁凝练，反对拖泥带水。

③ 主体

主体是消息的主干部分，它紧接导语之后，对导语做具体全面的阐述，具体展开事实或进一步突出中心，从而写出导语所概括的内容，表现全篇消息的主题思想。

主体的结构方式有以下两种。

（1）时间顺序式结构

时间顺序式结构又叫编年体结构或金字塔结构。它往往按照时间先后顺序来安排事实，写法上有点像我们写记叙文时所采用的顺叙法。

（2）倒金字塔式结构

倒金字塔式结构起源于 19 世纪 60 年代，它是一种头重脚轻、虎头蛇尾式的结构，它把最重要的材料放在文章开头，最不重要的放在文章结尾，从导语到结尾按重要性程度递减的顺序来组织材料。它适用于写时效性强、事件单一的新闻，而对某些非事件性或人情味的新闻不太适宜。目前，资讯网上的大部分消息都采用这种结构方式。

主体的写作要求主要有以下 3 点。

（1）承接导语

主体部分要紧紧围绕导语确定的主题选择、运用材料，与导语一脉相承，做到前后统一。

（2）深化导语

主体不是对导语的简单重复，而是对导语叙述的主要事实加以展开和深化，对次要事实加以补充，使读者具体了解新闻报道的事实和价值。

（3）层次分明

主体部分要层次清楚，结构严谨，每一段回答一个问题。

❹ 背景

写新闻有时要交代背景，目的在于帮助读者深刻理解新闻的内容和价值，起到衬托、深化主题的作用。所谓新闻背景，是指与新闻事实有联系的历史条件、社会环境、政治原因、地理特征、科学知识等过去时的材料。它在新闻 5 要素中，相当于"为什么"这一范畴，在不少新闻中占据一定的位置，是新闻作品中不可或缺的内容。

❺ 结尾

结尾有小结式、启发式、号召式、分析式、展望式等，这些结尾写作与一般记叙文结尾的写作并无大的不同。对于行业新闻而言，小结式是最为广泛并且最为实用、最为保险的一种方式，主要是简要概括新闻所陈述的事实，点明主题，强化受众印象。

四、知识链接

什么是消息？

在新闻学概念上，狭义的新闻就是消息。"消息，是以最直接、最简练的方式报道新闻事实的一种新闻文体，是最经常、最大量运用的报道体裁"。在消息写作中，标题、导语、主体是必须有的，背景和结尾在某些消息中可以没有。消息是新闻的主体，是新闻的基本形式。因此，消息是新闻组成中极为重要的一部分，传统媒体如此，网站亦如此。

五、本节训练

（一）网上自测

1. 单项选择题

（1）下列适合做网络新闻标题的是（ ）。

A. 雪中送温暖　　　　　　　　　　　B. 浓浓烟草情

C. 新老同台　共创和谐　　　　　　　D. 禁止网上看病：卫生部出台管理办法

（2）关于导语的说法正确的是（　　　）。

    A．信息量要尽量多　　　　　　　　　B．应充分进行主观评论

    C．只保留新闻最重要、最基本的信息　　D．应交代事情的背景和原因

（3）下列属于网络新闻主体结构形式的是（　　　）。

    A．编年体结构　　　B．总分结构　　　C．平行结构　　　D．倒叙结构

（4）头重脚轻、虎头蛇尾式的消息写作结构是（　　　）

    A．倒金字塔式结构　　B．金字塔式结构　　C．逻辑顺序结构　　D．空间顺序结构

（5）在网络新闻的写作中，可有可无的内容是（　　　）。

    A．标题　　　　　　　B．背景材料　　　　C．导语　　　　　D．主体

2. 多项选择题

（1）一件网络新闻作品可以分解的层次有（　　　）。

    A．标题　　　　　　　　　　　　　　　B．内容提要

    C．新闻正文　　　　　　　　　　　　　D．关键词或背景链接

    E．相关文章或延伸性阅读

（2）新闻的 5W 有（　　　）。

    A．What　　　　　　　B．When　　　　　C．Where

    D．Why　　　　　　　 E．Who

（3）以下需要交代新闻背景材料的有（　　　）。

    A．报道较复杂的新闻事实

    B．报道一项新事物，如一项新技术的采用

    C．报道读者不熟悉的或时间间隔较长的事物

    D．靠交代背景才有价值的消息

    E．报道众所周知的事情

（4）网络新闻标题与报纸新闻标题的区别有（　　　）。

    A．纸质媒体的标题既可以采用单行，又可以采用双行或多行

    B．网络新闻标题要单行化

    C．网络新闻标题要虚实结合，报纸新闻标题以实题为主

    D．网络新闻标题的实题要议论和点评

    E．网络新闻标题的虚题应交代新闻要素

3. 判断题

（1）网络新闻实题至少包含两个信息：一个是人物；另一个是事件。（　　　）

（2）导语是一篇消息的开头，它是用简明生动的文字，写出消息中最主要、最新鲜的事实，鲜明地提示消息的主题思想。（　　　）

（3）消息主体的写作分为时间顺序式和倒金字塔式两种结构。（　　　）

（4）消息的主体是导语的深化和补充，可以重复导语。（　　　）

（5）新闻背景在新闻 5 要素中，相当于"为什么"这一范畴。（　　　）

（二）情境写作

根据下列材料，以小组为单位开展情境写作活动，写一份网络新闻稿。

在海口，有一位陈姓阿婆，××区人，今年 82 岁，老伴在家没有劳动能力，一个 40 多岁的女儿长年患病，家里就靠她维持生计。从 2010 年到 2016 年，她常常戴着草帽，左手拎一只大塑料袋，在海口市 DC 商业城 3 楼的过道里穿梭。她每到一家商铺，都有人递上折叠好的纸箱或者几个饮料瓶，不到半小时，她的塑料袋就会鼓起来。

2016 年 12 月 26 日下午 4 点，这位背微驼的阿婆又来到了这里。

2010 年我刚来店里工作，就见到了这位阿婆，当时看她这么大年纪还在捡废品，心里很同情，此后就和同事每天攒下纸箱，等待阿婆上门来拿。阿婆从不乱拿东西，取走纸箱前都会和我们确认。

——3150 号商铺店长周××

阿婆几乎每天都来商业城，大家都帮她攒纸箱，每次都让她"满载而归"。令我感动的是，一些商户觉得阿婆很辛苦，要买饭给她，可她总是摆摆手，只肯收下废品。

——3158 号商铺销售员符××

为了帮助阿婆，商业城对她特别关照。6 年前，我刚认识这位阿婆时，得知有商户要给她买饭被拒绝，为阿婆自食其力的精神所感动。出于管理和安全考虑，公司不允许外人进入商业城拾荒，对阿婆却开了"绿灯"。公司多次要求保安和商户对阿婆要关爱照顾，还和大家"约法三章"——不准阻拦、不准驱赶、不准打骂。如今，整个商业城 600 家店铺为阿婆攒纸箱已成为习惯，阿婆每天卖废品大概有 30 元的收入。我们会一直给阿婆开绿灯的。

——DC 商业城管理有限公司总经理助理刘××

（三）习作评改

根据情境，分组完成写作任务后，每组在自评的基础上将代表作品上传至学习通"群聊"进行互评和修改。

第三节　广告文案

一、任务导入

指出下列广告文案的错误之处，并根据广告文案的写作要求，改写为一份规范的文案。

日本美律运动服广告文案

本款运动服运用日本优秀的染料和技术来进行染色。但遗憾的是茶色的染色技术还没有达到完全不褪色的水平，还会稍有褪色。

二、例文借鉴

【例文 1】

新鲜服务，美兰快一步

新世纪，新美兰，新生活！

新鲜的美兰向您郑重承诺"新鲜服务，美兰快一步"的新服务理念，理念以新鲜的服务内容和崭新的服务形象让您备感新鲜美兰的无穷魅力！为此，我们以"更新、更快、更人性化"为服务宗旨，奉献给您的将是一次次优质、快捷、专业的满意服务。

精确每一度，新鲜每一处，新鲜的，美兰的！

美兰日照经销处，电话 12345678，联系人张山。

【提示】这篇美兰冰箱广告文案内容简洁完整，标题醒目，口号能体现产品的特点。通过此文案能让受众了解使用此产品后生活品质将有很大程度的提高。

【例文 2】

试图使它们相会

亲爱的扣眼：

你好！我是纽扣，你记得我们已经有多久没在一起了？尽管每天都能看见你的倩影，但肥嘟嘟的肚皮横亘在你我之间，让我们有如牛郎与织女般的不幸。不过在此告诉你一个好消息，主人决定极力促成我们相聚，相信主人在食用××脱脂奶粉后，我们不久就可以天长地久，永不分离。

思念你的纽扣！

【提示】这篇××脱脂奶粉广告文案的标题运用设问的方式引起受众的兴趣，正文采用了书信的文学体裁形式，既让受众感同身受，又突出了产品的特点，新颖独特，形象传神。

三、知识概览

（一）广告文案的含义

"广告"一词，源于拉丁语，原意是吸引人的注意，广而告之。广告是一种综合艺术品，语言艺术在广告中的应用通常称为广告文案。广告文案又称广告文，指整个广告中的文字部分。广义的广告文案包括绘画、照片、色彩、布局等非文字部分。

（二）广告文案的特征

❶ 文化性

广告集知识与特定的表现艺术于一体，它不仅传播某种商品信息，而且携带大量的文化信息，给人以精神的刺激和享受。

❷ 沟通性

广告是一种无形的纽带，它联系着作者与读者、投资者与劳动者、生产者与消费者的意识、观念、欲望与需求，并使之达成共识。

❸ 商业性

广告通过低成本投资，广泛地传播信息，宣传自身形象，提高知名度、美誉度，以达到诉求目的，获取最大商业利益。

（三）广告文案的分类

按照不同的分类标准，广告文案写作的内容不同，可以分为以下4种。

❶ 按广告文案内容分类

（1）商业广告文案

商业广告是以赢利为目的的广告，商业广告文案即商业广告中的文案内容，它包括一般商业广告文案、促销广告文案、形象广告文案等类型。

（2）非商业广告文案

它是为了说服公众关注某一社会问题、公益问题或政治问题等写作的广告文案。非商业广告文案的目的不是赢利，而是传播观念。

❷ 按广告诉求类型分类

广告诉求是商品广告宣传中所要强调的内容，俗称"卖点"，它体现了整个广告的宣传策略，往往是广告成败关键之所在。广告诉求一般包括理性诉求、感性诉求、情理结合诉求3种类型。

（1）理性诉求广告文案

理性诉求广告文案定位于受众的理智动机，通过真实、准确、公正地传达广告企业、产品、服务的客观情况，使受众经过概念、判断、推理等思维过程，理智地做出决定。

（2）感性诉求广告文案

感性诉求广告文案将广告诉求定位于受众的情感动机，通过表现与广告企业、产品、服务相关的情绪与情感因素来传达广告信息，以此对受众的情绪与情感带来冲击，使他们产生购买产品或服务的欲望和行为。

（3）情理结合诉求广告文案

情理结合诉求广告文案语言庄谐并用，运用情理并举的方式来全面反映诉求内容。

3 按写作体裁分类

按照不同体裁，广告文案可分为记叙文广告文案、论说体广告文案、说明体广告文案、文艺体广告文案。

4 按广告媒体分类

按不同媒介，广告文案可以分为报纸广告文案、杂志广告文案、广播广告文案、电视广告文案、网络广告文案、户外广告文案、其他媒体广告文案。

（四）广告文案的格式

广告文案一般由标题、正文、口号和随文组成。

1 标题

标题是广告文案中旨在传达最为重要的或最能引起消费者注意的语句。它位于广告文案最醒目的位置。标题有以下3种类型。

（1）直接标题

直接用产品名或厂商做标题，没有其他补充、说明，一语道破，开门见山。

（2）间接标题

标题中不直接出现所要推销的产品和厂商，而是采用比喻、比拟、双关等手法把商品或厂名暗示出来。

（3）复合标题

当广告标题的内容较多，需要全摆上去，以增强对受众的吸引力和印象时，便采用复合标题。复合标题是由引题、正题、副题3种标题组成的标题群，示例如下。

引题：四川特产，口味一流。

正题：××花生。

副题：越剥越开心。

2 正文

正文是广告文案的核心和主体。广告正文是对广告产品的详细阐述，通常用来介绍产品的功效、用途，产品给消费者带来的利益或者企业的特点、宗旨等。

广告文案正文的写作风格可分为以下5种。

（1）布告体

布告体主要用于招聘广告、开业海报、启事、声明等，主要内容是缘由、项目、条件、注意事项等，要求格式规范，行文严谨，语句平实、简洁明了。

（2）说明体

说明体采用广告标语进行宣传，说明体一般写明商品的名称、品种、用途、使用范围、规格、特点等内容。

（3）问答体

问答体运用设问形式宣传商品，一般可分为自问自答和自问他答。此类文案针对性强，听起来比较亲切。

（4）新闻体

新闻体采用新闻报道的形式报道企业成就与荣誉，宣传企业形象和品牌形象。

（5）文艺体

文艺体采用诗歌、散文、小说、剧本等艺术表达方式来对企业和商品形象进行宣传，语言优美，生动传神。

3　口号

广告口号又叫广告语、广告标语，是为了加强诉求对象对企业、产品或服务的印象，在广告中长期而反复使用的一种简短精练的宣传口号。如"好吃看得见（某食品）""男人的世界（某服装品牌）"。

4　随文

广告随文是广告中向受众说明广告主身份、购买产品的方法以及相关的附加信息的语言文字部分，一般位于广告文案的结尾。

（五）广告文案的写作要求

1　创意新奇，雅俗共赏

广告要有创意，既不合流俗，又为群众喜闻乐见。切忌迎合低级趣味，粗制滥造。

2　简洁明了，通俗易懂

广告语言要言简意赅，中心明确，便于传诵。切忌晦涩难懂。

3　内容科学，积极合理

广告内容要满足受众在物质、心理等不同层面的需求，给人以积极、健康、合理等感受，实现社会效益、经济效益的双丰收。

四、知识链接

广告文案的核心本质

语言和文字是最有效的信息载体，一则广告中最重要的信息主要是通过文字传达的。调查表明，广告效果的50%～75%来自广告中的语言文字。作为一种信息传播符号，语言文字表现出丰富多彩的形态，或朴素，或华丽，或幽默，或凝重，但无论怎样变化，只有一个目的，就是让信息传达更有效。所以，广告文案的核心本质就是传达信息的手段。

五、本节训练

（一）网上自测

1. 单项选择题

（1）广告口号写作中最重要的要求是（　　）。

　　A. 典雅美丽　　　　B. 简短易记　　　　C. 单个词汇　　　　D. 对联句式

（2）"维维豆奶，欢乐开怀"这一标题所采用的形式是（　　）。

　　A. 直接标题　　　　B. 间接标题　　　　C. 复合标题　　　　D. 单一标题

（3）"别让孩子输在起跑线上"这一标题所采用的方式是（　　）。

　　A. 陈述式　　　　　B. 祈使式　　　　　C. 疑问式　　　　　D. 感叹式

（4）"金猴皮鞋，令足下生辉"运用的修辞手法是（　　）。

　　A. 双关　　　　　　B. 比喻　　　　　　C. 拟人　　　　　　D. 反语

2. 判断题

（1）广告文案写作的最终目的是说服和诱导消费者产生消费行为。　　　　　　　　（　　）

（2）广告口号所运用的时间比广告标题所运用的时间要短。　　　　　　　　　　（　　）

（3）广告标题的作用是导入主题，引起受众的注意。　　　　　　　（　　）

（4）广告正文是广告文案的核心和主体。　　　　　　　　　　　　（　　）

（5）广义的广告文案除了文字，还包括图片、图表等。　　　　　　（　　）

（二）情境写作

善宜是一家大型的生活超市，集生活日用品、食品、新鲜蔬果等各类商品，品种齐全，价格合理，现欲在某一中小型城市开一家中型连锁店。请根据所给的背景资料，写一则广告文案。

要求：以学习小组为单位开展情境写作活动，做到格式正确，内容完整，语言简明，书写规范。

（三）习作评改

根据情境，分组完成写作任务后，每组在自评的基础上将代表作品上传至学习通"群聊"进行互评和修改。

第四节　产品说明书

一、任务导入

指出下列文稿的错误之处，并根据产品说明书的写作要求，改写为一份规范的文稿。

（真汉子剃须刀）使用说明书

本说明适用于各类充电式剃须刀。

充电：将电源插头插入AC220V电源之中，充电指示灯亮，充电12～16小时。注意：充电时间不要过长，以免影响电池寿命。

剃须：将开关键上推至（on）开启位置，即可剃须。为求最佳刮须效果，请将皮肤拉紧，使胡子成直立状，然后沿逆胡子生长的方向缓慢移动。

修剪刀：如是有修剪刀功能的剃须刀，请在剃须前，先将修剪刀推出，修短胡须后再用网刀剃净。

清洁：剃须刀要经常清洁。清洁前应先关上开关。旋下网刀，用毛刷将胡须屑刷净。清洁后轻轻放回刀头架且到位。清洁时应轻拿轻放，避免损坏任何部件。

保修条例：保修服务只限于一般正常使用下有效。一切人为损坏，例如，接入不适当电源，使用不适当配件，不依说明书使用；因运输及其他意外而造成损坏；非经本公司认可的维修和改造，错误使用或疏忽而造成损坏；不适当地安装而造成损坏等，保修服务立即失效。此保修服务并不包括运输费及维修人员上门服务费。

保修期外享受终身维修，维修仅收元器件成本费。

剃须刀中内、外刃属于消耗品，不在保修范围内。

保修期：正常使用6个月。

注意事项：充电时间为12～16小时；换刀网刀头时一定要选用原厂配件。

二、例文借鉴

【例文1】

电茶炉试验台使用说明书

一、概述

电茶炉试验台主要用于CRH2/3（兼容CRH5型）动车组用的电热开水器的电流、电压、功率、产开水温度、产开水量、缺水保护、满水保护及绝缘电阻、泄漏电流等的安全性能检测和校检。

二、主要结构及工作原理

（一）主要结构

电茶炉试验台主要由机体、不锈钢试验水箱、管路系统、连接装置等组成。

（二）工作原理

该设备用于CRH2/3（兼容CRH5型）动车组用的电热开水器的试验。通过不锈钢试验水箱、管路系统、连接装置模拟出动车组上的电热开水器的工作环境，使电热开水器能够安装合理、简单、方便，通过温度、液位等感器将电热开水器的数据传送到工控机中进行分析，试验台能够自动控制，试验参数自动测试、实时显示、自动保存。

三、主要性能参数

1. 输入电源电压：三相AC380V±10%，50Hz。
2. 输入电源容量：6kW（AC）。
3. 电压测量范围：AC为0～380V，DC为0～600V，精度为0.5级。
4. 电流测量范围：AC为0～20A，DC为0～20A，精度为0.5级。
5. 功率测量范围：0～6kW，精度为0.5级。
6. 绝缘电阻测量范围：0～1 000MΩ，精度为5%。
7. 温度测量范围：0～150℃，精度为0.5%。

四、操作指南

1. 操作前，请仔细检测各管路系统有无泄露、各管路接口有无松动现象；电气元件有无短路现象。如果一切正常，方可进行试验。
2. 设备通电，打开试验界面，如图所示。（图略）
3. 确认电茶炉与设备连接好后，单击"试验/停止"按钮，出现对话框，单击"试验"按钮，设备开始试验。
4. 试验过程中，可实时观察试验并保存试验报表，数据如下。（表略）
5. 试验结束后，单击"试验/停止"按钮出现对话框，单击"停止"按钮，结束试验。试验结束后，试验数据可保存、拷贝及打印。
6. 实验过程中，如若发生紧急事件，可立即按下"急停"按钮，试验紧急停止，防止对操作人员及设备造成伤害。

五、保养

1. 电茶炉试验台必须安放于清洁干燥通风的地方，并保持机台清洁，管路无泄露现象。
2. 试验台为精密设备，搬运时，按规定的起吊方式，切勿碰撞。
3. 主机与附件注意防锈，长时间不用应涂油。
4. 机器的通断电间隔务必保证在1分钟以上时间。
5. 试验台长时间不用，每隔一个星期应通电一次。
6. 计算机注意专机专用，防止病毒感染。
7. 气路保养和维修需专业人员操作。
8. 电茶炉试验台严禁超压使用。

【提示】这份产品说明书采用条文式写法，介绍了产品的主要结构及工作原理、主要性能参数、操作指南及保养方法。全文语言简明，通俗易懂。

【例文2】

充电式手电筒使用说明书

一、概述

本产品为LED-901充电式手电筒，公司遵循国家行业执行标准GB7000.13-1999，确属本公司产品质量问题，自购置之日起保修期为3个月（非正常使用而致使产品损坏、烧坏的，不属保修之列）。

二、技术特性

1. 本产品额定容量高达900mAh。
2. 超长寿命电池，高达500次以上循环使用。
3. 采用节能、高功率、超长寿命的LED灯泡。
4. 充电保护：充电状态显示红灯，充电满显示绿灯。

三、工作原理

LED灯由电池提供电能而发光，此电池充电后可重复使用。

四、结构特性（略）

五、使用和操作

1. 充电时灯头应朝下，将手电筒交流插头完全推出，直接插入AC110V/220V电源插座上，此时红灯亮起，表示手电筒处于充电状态；当充电充满时，绿灯亮起，表示充电已充满。
2. 使用时推动开关按键，前挡为6个LED灯亮，中间挡为3个LED灯亮，后挡为关灯。
3. 充满电，3个LED灯可连续使用约26小时，6个LED灯可连续使用16小时。

六、故障分析与排除

1. 使用过程中若发现灯不亮或者光线很暗，则有可能是电池电量不足，如果充电后灯变亮则说明手电筒功能正常，如果充电后仍然不亮，则有可能是线路故障，可以到本公司自费维修。
2. 使用几年后若发现充电后灯不亮，则极有可能是电池寿命已到，应及时到本公司自费更换。

七、维修和保养

1. 在使用过程中，如LED灯泡亮度变暗时，电池处于完全放电状态，为保护电池，应停止使用，并及时充电（不应在LED灯泡无光时才充电，否则电池极易损坏失效）。
2. 手电筒应该经常充电使用，请勿长期搁置，如不经常使用，请在存放2个月内补充电一次，否则会降低电池寿命。

八、注意事项

1. 请选择优质插座，并保证充电操作安全规范。
2. 产品充电时切勿使用，以免烧坏LED灯泡或电源内部充电部件。
3. 手电筒不要直射眼睛，以免影响视力。（小孩应在大人指导下使用）
4. 勿让本产品淋雨或者受潮。
5. 当充电充满时（绿灯亮起），请立即停止充电，避免烧坏电池。
6. 非专业人士请勿随便拆卸手电筒，避免引起充电时危险。

【提示】这份产品说明书采用条文式写法，具体介绍了产品的技术特性及工作原理、结构特性、操作方法、故障分析与排除、维修和保养方法、注意事项等。全文语言简明，可操作性强。

三、知识概览

（一）产品说明书的概念

产品说明书，简称说明书，它是以说明为主要表达方式，用平易、朴实的语言客观真实地向消费者介绍产品的性能规格、构造用途、使用和保养方法以及维修等事项的一种实用文书。它广泛用于生产、科研、经济和商业领域，通过书面介绍产品的相关知识帮助和指导消费者正确地认识产品、使用和保养产品，深受生产单位重视和广大用户欢迎。

（二）产品说明书的种类

根据不同的标准，产品说明书可以分为不同的种类。

① 根据产品的简繁和说明的目的划分：有向用户简明扼要介绍产品内容的产品说明书和向用户全面详细介绍产品内容的产品说明书。

② 根据内容和用途的不同划分：有民用产品说明书、专业产品说明书、技术说明书等。

③ 根据表达形式的不同划分：有条款式说明书、文字图表说明书等。

④ 根据传播方式的不同划分：有包装式（即直接写在产品的外包装上）和内装式（将产品说明书专门印制，甚至装订成册，装在包装箱或盒内）产品说明书。

（三）产品说明书的特点

❶ 内容的科学性

产品说明书必须如实地对新产品做科学的介绍，把新产品有关的原理、知识或要领说明白。说明的内容必须符合产品的实际情况，经得起实践的检验，以赢得用户对产品的信赖。

❷ 说明的条理性

产品说明书应按产品的生产过程及其相互关联的顺序，或者按用户认识产品的递进程序，条理分明地进行说明，让用户根据一定的程序，逐一了解和掌握产品的用途、性能、使用和保管等事项，以便准确地操作应用。

❸ 用户的实用性

产品说明书是为用户服务的，旨在使用户对产品有所了解，从而能正确、合理地使用产品。因此，产品说明书与成果报告不同，应以实用为目的。

❹ 语言的通俗性

产品说明书的语言要让人一看就知道"该怎样"和"不该怎样"，以引起用户重视和注意。

❺ 形式多样性

产品说明书的样式各种各样：从装帧上区别，有单页，有活页，有卡片，也有折叠式和书本式等；从规格上区别，没有固定开本，如16开、32开、50开等；从印刷上区别，有油印、晒图、彩印、塑面烫金等；表达形式可以是文字式，也可以图文兼备。

（四）产品说明书的写作

❶ 产品说明书的主要内容

① 设计说明：主要介绍本产品与现有的同类产品相比，它的性能特点有哪些改善与提高，以及现有的性能特征、产品的技术参数。

② 使用说明：主要介绍本产品具体的、正确的操作使用方法。

③ 注意事项：主要介绍在使用该产品的时候要着重注意的地方，或者是有可能产生的负面作用，以消除在使用时或使用后有可能带来的安全隐患。还应该包括出现意外情况时的应急解决方法和出现故障时的维修处理办法。

④ 联系方式：主要写清生产单位名称、地址、邮编、电话、传真及网址等。

❷ 产品说明书的一般结构

（1）标题

标题一般置于文首或封面。完整的标题由产品的商标、型号、货号及"说明书"或"使用说明书"构成。如果产品属于国家有关部门批准许可生产的，还需要将批准部门的名称（或简称）、文号、专利证号等写在标题的上方或下方。

（2）正文

这部分是说明书的主体，包括产品构造、性能、适用范围、技术参数、安装、使用方法、注意事项等。

（3）标记

标记包括产品商标、厂家名称、地址、电话、邮编、代号或批准文号等。产品标记置于文末或封面的标题之下，往往配有实物照片。

3　产品说明书的形式

（1）条款式

条款式是将要说明的内容分成若干类别逐一陈述。它条理清晰、明确醒目，采用分条列项的说明方式，其优点是内容具体、层次分明、条目清楚，通常用于简单产品的说明。

（2）自问自答式

自问自答式将要说明的内容分成若干问题，通过自问自答方式逐一作答，条理清晰，问题突出。

（3）复合式

复合式综合使用条款、短文和图表等形式。其优点是能把事物说得比较清楚、周密，既能给人一个总的印象，又能让人了解具体项目的内容。某些结构复杂、需要向使用者全面详细说明的产品，由于要说明的事项过多，也可以将说明书编成小册子，包括封面、标题、目录、概述、正文、封底等。如某些软件说明书，分章分节地指导消费者运用该产品。

（五）撰写产品说明书应注意的事项

1　要有高度负责的精神

生产产品的目的在于满足人民日益增长的物质和文化生活的需要，要为用户着想，必须实事求是地向广大用户宣传，充当忠实可靠的生活顾问。

2　要有严肃认真的科学态度

写产品说明书的时候，要认真调查研究，充分占有材料，抓住产品的本质属性和特点，不夸大，不缩小，不走样，才能写出科学、准确的文字说明。

3　要抓住关键问题

写说明书必须抓住事物的关键问题进行阐述，特别是有关指导某些实验或生产实践的说明书，更应该这样。所谓抓住关键，也就是抓住事物中最紧要的部分，抓对事物的产生、发展和变化起决定作用的因素。如果关键部分没有抓住或抓住了没说清楚，那么读者对所要说明的问题就理解不了，就不能参照说明书去实践。

四、知识链接

产品说明书与广告的区别

产品说明书与广告虽然都要求说明产品的名称、产地和有关知识，但二者有区别，主要表现在以下3点。

1. 写作目的不同

广告的目的主要是推销产品，说明书的目的主要是说明产品各方面的知识。

2. 写作要求不同

广告对产品性能、特点、用途等的说明要高度概括，且形式新颖，不拘一格；产品说明书则较为详细具体，且写作的基本格式要求共同遵守。

3. 写作内容不同

广告的内容包括接洽方法、时间、地点等，产品说明书则没有这些内容。

五、本节训练

（一）网上自测

1. 单项选择题

（1）下列选项中符合产品说明书概念内涵的一项是（　　）。

  A. 指导消费的说明文　　　　　　　　B. 指导购买的说明文

  C. 指导推广的说明文　　　　　　　　D. 指导生产的说明文

（2）当说明书伴着产品走向消费者群时，它所包含的新知识、新技术，也被消费者所了解。与这一作用对应的选项是（　　）。

  A. 宣传企业　　　　B. 传播知识　　　　C. 指导消费　　　　D. 推广产品

（3）下列选项中属于产品说明书标题构成要素的一项是（　　）。

  A. 文号　　　　　　B. 专利证号　　　　C. 标记　　　　　　D. 使用说明书

（4）下列选项中属于产品说明书正文构成要素的一项是（　　）。

  A. 生产方法　　　　B. 使用方法　　　　C. 消费方法　　　　D. 说明方法

（5）撰写产品说明书要求不能随意地夸大产品的性能，在注意事项中必须标明其有可能带来的负面影响以及安全隐患，绝不能隐瞒，与这一要求对应的选项是（　　）。

  A. 实事求是　　　　B. 通俗易懂　　　　C. 表达准确　　　　D. 有所侧重

（6）产品说明书主要介绍产品具体的、正确的操作使用方法，与这一内涵对应的选项是（　　）。

  A. 设计说明　　　　B. 使用说明　　　　C. 注意事项　　　　D. 联系方式

（7）下列选项中不属于产品说明书正文部分的一项是（　　）。

  A. 开头　　　　　　B. 联系地址　　　　C. 结尾　　　　　　D. 主体

（8）综合使用条款、短文和图表等写作产品说明书，这种方式是（　　）。

  A. 条款式　　　　　B. 短文　　　　　　C. 图表　　　　　　D. 复合式

（9）产品说明书中产品商标、厂家名称、地址、电话、邮编、代号等内容所属的结构层次是（　　）。

  A. 标题　　　　　　B. 结尾　　　　　　C. 主体　　　　　　D. 标记

2. 多项选择题

（1）一份完整的产品说明书的写作内容有（　　）。

  A. 设计说明　　　　B. 使用说明　　　　C. 注意事项

  D. 联系方式　　　　E. 生产单位名称

（2）产品说明书的结构内容有（　　）。

  A. 标题　　　　　　B. 正文　　　　　　C. 标记

  D. 产品商标　　　　E. 使用方法

（3）产品说明书与商品广告的区别有（　　）。

  A. 目的性质不同　　B. 功能作用不同　　C. 表达手法不同

  D. 都能扩大销售　　E. 效果不同

3. 判断题

（1）产品说明书是产品的生产单位向用户介绍产品的性能、规格、用途、保养和使用方法等知识的实用性书面材料，是一种指导消费者的说明文。　　　　　　　　　　　　　（　　）

（2）产品说明书的重要之处就是直接面对用户。　　　　　　　　　　　　　　　　（　　）

（3）产品说明书在介绍产品的同时，也宣传了企业，因而兼有广告宣传的作用。　　（　　）

（4）产品说明书的标记指产品的商标。　　　　　　　　　　　　　　（　　）

（5）好的产品说明书的效果和广告一样，都能扩大销售、促进生产、获得经济效益。

　　　　　　　　　　　　　　　　　　　　　　　　　　　　　　　（　　）

（6）撰写产品说明书要求不必平均用力，而应有所侧重。　　　　　　（　　）

（7）产品说明书可以适当地使用一些广告用语。　　　　　　　　　　（　　）

（8）推销产品是产品说明书的主要功能和目的。　　　　　　　　　　（　　）

（9）产品说明书的主要作用是帮助和指导消费者正确地认识商品、使用或保养商品。

　　　　　　　　　　　　　　　　　　　　　　　　　　　　　　　（　　）

（10）产品说明书的表达方式必须是图文并茂。　　　　　　　　　　（　　）

（二）情境写作

随着社会与科技的发展，新产品、新技术和新的服务项目不断涌现，产品说明书使用的频率越来越高。无论是科学尖端产品还是生活中的消费品，无不借助于产品说明书来向人们展示它的本质和风采。王斌大学毕业后，利用"食品与营养"的专业优势开办了一家创业公司，生产××食品。为了使消费者正确了解和食用，需要写产品说明书。那么，这份产品说明书应怎样写呢？

要求：以小组为单位开展情境写作活动，给产品想一个新颖好听的名称，并做到格式正确，内容完整，语言简明，书写规范。

（三）习作评改

根据情境，分组完成写作任务后，每组在自评的基础上将代表作品上传至学习通"群聊"进行互评和修改。

第五节　演讲稿

一、任务导入

一次演讲比赛中，一位参赛者在《让爱情焕发出美的光彩》的演讲中，遵循爱情美学原理，阐述了人的外表美和心灵美的关系，当他讲到一些青年人谈恋爱只注重对方容貌美的时候，很自然地指了指会场四周放置的几盆塑料花："青年朋友们，你们瞧，那几盆花好看不好看？好看。美不美？美。可是你们也许没有注意到，那是一些塑料花。它们有五颜六色的漂亮外表，却没有内在的生命活力，在光、热、空气、外力的作用下，这种高分子化合物就会老化，甚至脆裂。有的青年人交朋友，只注重漂亮的外貌，不管思想品质的高低，不管文化素质的优劣，这不跟喜欢塑料花一样吗？年轻的朋友，放下手中只能用作装饰的塑料花，在爱情的沃土中寻觅和采摘焕发青春色彩、永葆生命芬芳的花朵吧！美，在向你们微笑！"

如果你是现场的听众，你会情不自禁鼓掌吗？请你对此案例进行点评。

二、例文借鉴

【例文】

我最喜爱的人——我自己！

尊敬的领导、老师，亲爱的同学们：

大家好！

我想问你们一个问题，在你们内心深处，谁是你们最喜爱的人？也许有的人会说，我喜爱自己的父母亲朋；有的人会说，我喜爱自己崇拜的师长；或许还有人会说，我喜爱比尔·盖茨。不错，我也喜爱自己的父母、师长、名人明星，但我最喜爱的却是另一个人，她今天也来到了现场，而且大家都还能够看到她，她就是正在演讲的我——马红融。

许多人都知道，我的学习成绩不怎么样，在应试教育还没有完全取缔的今天，同学们都知道这意味着什么。许多像我一样的所谓的差生，就整天承受父母的高压，享用着旁人的冷眼，闷闷不乐，自暴自弃。但你们也许想不到，我现在却生活得很平静、很快乐。因为我是世界上独一无二的人，小时候我体弱多病，是父母费尽心血把我养大，而我也只能在这个世界上生活短短几十年，这是多么难得的机会啊！我怎能在痛苦与无聊中虚度光阴呢？认识到这一点后，我便能善待别人也能善待自己，我便能快快乐乐地度过每一天。我的学习基础不好，但我有健全的头脑、健康的体魄，我有较好的文艺和绘画天赋，更有一颗充满爱和快乐的心灵。我相信我一定能成为对社会有用的人。我的快乐、自信感染着父母、同学，他们也并不因为我的成绩差就对我另眼相看；相反，他们尊重我、关心我，让我沐浴在爱的阳光中。在这里，我要真诚地说："我喜爱我的生活，喜爱快乐、自信的我！"

常有人夸我长得漂亮。是的，我有匀称的身材、端正的五官，更有充满青春活力的气质。有时，我会穿上自己喜爱的衣裙，朝镜中的我做个鬼脸；有时，我会邀一帮好友踩着单车，一路欢歌，在大自然中留下青春的倩影。学校的文艺晚会上，总会见到我婀娜舒展的舞姿。妈妈嗔骂我"臭美"，我则会美美地回敬她："谁让你生了个靓女？"在这里，我要勇敢地说："我爱漂亮的我！"

但美有时也会坏事。我过去学习不用心，基础没打好，不能说没有美的"功劳"。今天我终于明白了，外在美只是暂时的，心灵美才是永恒的！进入高中以后，我一改过去松散贪玩的性子，认真地拿起了课本，这时我才发现我与别人的差距到底有多大。但我并没有被吓倒，我以顽强的毅力勤奋地学习，并从不放弃任何锻炼的机会，演讲赛、书画展、诗歌朗诵、读书活动我都参加了，并取得了优异的成绩。我那干涸的心田尽情地享受着生活雨露的滋润，我感到了前所未有的充实。在这里，我要自豪地说："我更喜爱自立自强、积极进取的我！"

【提示】演讲者充满自信、热情洋溢的演讲，让人振奋，激励每个人做自尊、自爱、自立、自强的时代新人。

三、知识概览

（一）演讲稿的概念

演讲稿也叫演讲词，它是在较为隆重的仪式上、群众集会上或会议上发表讲话的文稿。演讲稿是进行宣传经常使用的一种文体。演讲稿是进行演讲的依据，它体现着演讲的目的和手段。演讲稿的主题要鲜明，例证要动人，感情要深厚，结构要清晰、完整，并注意跌宕起伏，力求灵活、朴实、形象、幽默，且要善于运用警句。

（二）演讲稿的特点

演讲和表演、作文有很大的区别。

演讲是演讲者就人们普遍关注的某种有意义的事物或问题，通过口头语言面对一定场合的听众，直接发表意见的一种社会活动。而作文是作者通过文章向读者单方面输出信息，演讲则是演讲者在现场与听众双向交流信息。

严格地讲，演讲是演讲者与听众、听众与听众的三角信息交流，演讲者不能以传达自己的思想和情感、情绪为满足，他必须能控制住自己与听众、听众与听众情绪的应和与交流。所以，为演讲准备的稿子就具有以下5个特点。

❶ 针对性

演讲是一种社会活动，是用于公众场合的宣传形式。它为了晓谕听众，打动听众，征服听众，必须要有现实的针对性。所谓针对性，是指提出的问题是听众所关心的问题。评论和论辩要有雄辩的逻辑力量，要能为听众所接受并心悦诚服；要懂得听众有不同的对象和不同的层次，而"公众场合"也有不同的类型，如党团集会、专业性会议、服务性俱乐部、学校、社会团体、各类竞赛场合，写作时要根据不同场合和不同对象，为听众设计不同的演讲内容。

❷ 鼓动性

演讲是一门艺术。好的演讲自有一种激发听众情绪、赢得好感的鼓动性。要做到这一点，首先要依靠演讲稿思想内容的丰富、深刻，见解精辟，有独到之处，发人深思。语言表达要形象、生动，富有感染力，如果演讲稿写得平淡无味、毫无新意，即使在现场"演"得再精彩，效果也不会好，甚至相反。

❸ 整体性

演讲稿并不能独立地完成演讲任务，它只是演讲的一个文字依据，是整个演讲活动的一个组成部分。演讲主体、听众对象、特定的时空条件，共同构成了演讲活动的整体。撰写演讲稿时，不能将它从整体中剥离出来。为此，演讲稿的撰写要注意以下几个方面。

首先，要根据听众的文化层次、工作性质、生存环境、品位修养、爱好愿望来确立选题，选择表达方式，以便更好地沟通。

其次，演讲稿不仅要充分体现演讲者独到、深刻的观点和见解，而且要对声调的高低、语速的快慢、体态语的运用进行设计并加以注释，以达到最佳的传播效果。

另外，还要考虑演讲的时间、空间、现场氛围等因素，以强化演讲的现场效果。

❹ 口语性

口语性是演讲稿区别于其他书面表达文章和会议文书的重要方面。书面性文章无须多说，其他会议文书，如大会工作报告、领导讲话稿等，并不太讲究口语性，虽然由某一领导在台上宣读，但听众手中一般也有一份印制好的稿子，一边听讲一边阅读，不会有什么听不明白的地方。演讲稿就不同了，它有较多的即兴发挥，不可能事先印好稿子发给听众。为此，演讲稿必须讲究"上口"和"入耳"。所谓上口，就是讲起来通达流利。所谓入耳，就是听起来非常顺畅，没有什么语言障碍，不会发生曲解。

具体要做到：把长句改成适听的短句，把倒装句改为常规句，把听不明白的文言词语、成语加以改换或删去，把单音节词换成双音节词，把生僻的词换成常用的词，把容易误听的词换成不易误听的词。

这样，才能保证讲起来朗朗上口，听起来清楚明白。

❺ 临场性

演讲活动是演讲者与听众面对面的一种交流和沟通。听众会对演讲内容及时做出反应：或表示赞同，或表示反对，或饶有兴趣，或无动于衷。演讲者对听众的各种反映不能置之不顾，因此，写演讲稿时，要充分考虑它的临场性，在保证内容完整的前提下，要注意留有伸缩的余地。要充分考虑到演讲时可能出现的种种问题，以及应付各种情况的对策。总之，演讲稿要具有弹性，要体现出必要的控场技巧。

（三）演讲稿的类型

根据不同的划分标准，演讲稿可以分为不同的类型。

❶ 按照内容划分

按照内容划分，主要有政治演讲稿，包括竞选演说、就职演说、会议辩论、集会演说等演讲稿；教育演讲稿，包括知识讲座、学术报告等演讲稿；经济演讲稿，包括商业广告演讲、投标介绍演讲等演讲稿。

❷ 按照目的划分

按照目的划分，有娱乐性演讲、传授性演讲（或称学术演讲）、说服性演讲、鼓动性演讲、凭吊性演讲（或称葬礼性演讲）等演讲稿。

❸ 按照场所划分

按照场所划分，有游说性演讲或巡回演讲、街头演讲、宫廷演讲、法庭演讲（或称司法演讲）、课堂演讲、大会演讲、宴会演讲、广播演讲和电视演讲等演讲稿。

（四）演讲稿的结构

演讲稿的结构分开头、主体、结尾3个部分。演讲稿的结构与一般文章大致一样，但演讲稿具有时间性和空间性，其结构具有自身特点，尤其是开头和结尾有特殊要求。

❶ 开头

开头也叫开场白，要抓住听众，引人入胜。好的演讲稿一开头就应该用最简洁的语言、最经济的时间，把听众的注意力和兴奋点吸引过来，达到出奇制胜的效果。开头的写法常用的有5种：①开门见山，揭示主题；②提出问题，引起关注；③幽默式；④释题式；⑤抒情式等。

❷ 主体

演讲稿的主体是演讲的高潮部分，要有重点，有层次，有中心语句。主体部分层次类型有平行并列式、时间序列式、正反对比式、层层深入式、情感发展式等。

由于演讲材料是通过口头表达的，为了便于听众理解，各段落应上下连贯，段与段之间有适当的过渡和照应。

❸ 结尾

结尾是演讲内容的自然收束，要简洁有力。言简意赅、余音绕梁的结尾能够使听众精神振奋，并促使听众不断地思考和回味。结尾没有固定格式，或对演讲全文要点进行简明扼要的小结，或以号召性、鼓动性的话结束，或以诗文名言及幽默俏皮话结尾，一般原则是要给听众留下深刻印象。

（五）演讲的写作要求

❶ 了解对象，有的放矢

写演讲稿首先要了解听众对象：了解他们的思想状况、文化程度、职业状况，了解他们所关心和迫切需要解决的问题等。否则，演讲稿写得再好，说得再天花乱坠，听众也会感到索然无味，无动于衷，也就达不到宣传、鼓动、教育和欣赏的目的。

❷ 观点鲜明，感情真挚

演讲稿观点鲜明，能给人以可信性和可靠感。演讲稿观点不鲜明，就缺乏说服力，就失去了演讲的作用。演讲稿还要有真挚的感情，这样才能打动人、感染人、鼓舞人。因此，它要求在表达上注意感情色彩，把说理和抒情结合起来，既有冷静的分析，又有热情的鼓动；既有所怒，又有所喜；既有所憎，又有所爱。当然这种打动人的感情不应是"挤"出来的，而要发自肺腑，就像泉水喷涌而出。

❸ 行文变化，富有波澜

如果能掌握听众的心理特征和认识事物的规律，恰当地选择材料，安排材料，也能使演讲在听众心里激起波澜。换句话说，演讲稿要写得有波澜，主要不是靠声调的高低，而是靠内容的有起有伏，有张有弛，有强调，有反复，有比较，有照应。

❹ 语言运用上的要求

（1）要口语化

"上口""入耳"这是对演讲语言的基本要求，也就是说演讲的语言要口语化。如果演讲稿不"上口"，那么演讲的内容再好，也不能使听众"入耳"，完全听懂。如在一次公安部门的演讲会上，一个公安战士讲到他在执行公务中被歹徒打瞎了一只眼睛，歹徒说这下子他成了"独眼龙"，可是这位战士伤愈之后又重返第一线工作了。讲到这里，他拍了一下讲台，大声说："我'独眼龙'又回来了！"会场里的听众立即报以热烈的掌声。演讲稿的"口语"，不是日常的口头语言的复制，而是经过加工提炼的。写作演讲稿时，应把长句改成短句，把倒装句改成正装句，把单音词换成双音词，把听不明白的文言词语、成语改换或删去。演讲稿写完后，要念一念，听一听，感觉是否"上口""入耳"，如果不那么"上口""入耳"，就需要进一步修改。

（2）要通俗易懂

如果使用的语言讲出来谁也听不懂，那么这篇演讲稿就失去了听众，因而也就失去了演讲的作用、意义和价值。列宁说过："应当善于用简单明了、群众易懂的语言讲话，应当坚决抛弃晦涩难懂的术语和外来的字眼，抛弃记得烂熟的、现成的但是群众还不懂的、还不熟悉的口号、决定和结论"。鲁迅也说过："为了大众力求易懂"。

（3）要生动感人

如果只是思想内容好，而语言干巴巴，那就算不上是一篇好的演讲稿。广为流传的鲁迅的演讲，闻一多的演讲，都是既有丰富深刻的思想内容，又有生动感人的语言。语言大师老舍说得好："最好的思想，最深厚的感情，只能被最美妙的语言表达出来。"怎样使语言生动感人呢？一是用形象化的语言，运用比喻、比拟、夸张等手法增强语言的形象色彩，化抽象为具体，变深奥为浅显；二是运用幽默、风趣的语言，增强演讲稿的表现力，这既能深化主题，又能使演讲的气氛轻松和谐，既可调整演讲的节奏，又可使听众消除疲劳；三是发挥语言音乐性的特点，注意声调的和谐和节奏的变化。

（4）要准确朴素

准确，指演讲稿使用的语言能够确切地表现讲述的对象——事物和道理，揭示它们的本质及其相互关系。首先，要对表达的对象熟悉了解，认识必须正确；其次，要做到概念明确，判断恰当，用词贴切，句子组织结构合理。朴素，指用普普通通的语言，明晰、通畅地表达演讲的思想内容，而不刻意在形式上追求辞藻的华丽。如果过分地追求文辞的华美，就会弄巧成拙，失去朴素美的感染力。

（5）要控制篇幅

演讲稿不宜过长，要适当控制时间。德国著名的演讲学家海茵兹·雷德曼说："在一次演讲中不要期望得到太多。宁可只有一个给人印象深刻的思想，也不要 50 个前听后忘的思想。宁可牢牢地敲进一根钉子，也不要松松地按上几十个一拔即出的图钉。"所以，演讲稿不在乎长，而在乎精。例如恩格斯的《在马克思墓前的讲话》，演讲草稿是这样开头的："就在 15 个月以前，我们中间大部分人曾聚集在这座坟墓周围，当时，这里将是一位高贵的崇高的妇女最后安息的地方。今天，我们又要掘开这座坟墓，把她的丈夫的遗体放在里边。"作者考虑后修改为："3 月 14 日下午两点三刻，当代最伟大的思想家停止了思想。让他一个人留在房里总共不过两分钟，等我们再进去的时候，便发现他在安乐椅上安静地睡着了——但已经是永远地睡着了。"二者比较，后者篇幅短，入题快，演讲一开始就抒发了对逝者的无限敬爱和万分惋惜的心情，使现场的人们也沉浸在对马克思的缅怀与崇敬之中。正是恩格斯的这种认真的态度和精心的修改，才为他的每次演讲的成功提供了有力的保证。

另外还应注意一篇演讲稿最好只有一个主题，写作一定要突出主题、观点鲜明；还要特别注意对演讲节奏和时间的把握。每一场演讲都是有时间限制的，写作时，要不时地停下来，用自己的正常语速大声朗读，根据朗读的结果调整演讲的内容，做到整场演讲的音调有高低起伏、节奏有轻重缓急、情绪有高涨有低潮，波澜起伏、收舒有度。

四、知识链接

演讲的态势语

演讲的态势语是一种以演讲者的面部表情、手势和体态等传递信息、交流感情的工具，是诉诸听众视觉的无声语言。

① 演讲态势语的作用：展示风采，辅助口语，取代口语，稳定情绪。

② 演讲态势语的运用原则：目的明确，准确鲜明，协调一致，自然雅观，富有个性。

③ 演讲者的面部表情：主要指演讲者通过自己的脸、嘴和眉目所表达出来的感情。演讲中常见的面部表情有喜悦、愤怒、悲哀、快乐、惊讶、坚定。演讲中演讲者视线的运用方法有前视法、环视法、点视法、虚视法、闭目法等。

④ 演讲者的手势：它是演讲者运用手指、手掌、拳头和手臂的动作变化，表达思想感情的一种态势语言。演讲中的手势一般有情意性手势、指示性手势、象形性手势、象征性手势。

⑤ 演讲者的体态：指演讲者的身体姿势和身体动作。它也是一种塑造演讲者形象，辅助口语传情达意的态势语言。演讲者的体态主要由演讲者的头部、身躯和脚3部分组成。

⑥ 演讲者的仪表和服装：指演讲者的外表。它包括演讲者的仪态美和服装美。

五、本节训练

（一）网上自测

1. 单项选择题

（1）演讲者通过引用成语、谚语、格言警句、名人名言或诗词等作为演讲的结束。这种结尾方式是（　　）。

　　A. 感召式结尾　　　B. 总结式结尾　　　C. 呼应式结尾　　　D. 警言式结尾

（2）演讲稿开头部分的写法一般是（　　）。

　　A. 分析问题　　　B. 提出问题　　　C. 解决问题　　　D. 讨论问题

（3）演讲活动是在特定时空中进行的，演讲的内容往往是针对特定时代中出现的特定问题进行的，这体现演讲内容具有的特点是（　　）。

　　A. 现实性　　　B. 理论性　　　C. 综合性　　　D. 单一性

（4）仪表美的最基本的条件是（　　）。

　　A. 大方　　　B. 整洁　　　C. 得体　　　D. 时尚

（5）多种语言技巧的整体体现是（　　）。

　　A. 发音　　　B. 声调　　　C. 节奏　　　D. 语气

（6）在整个面部表情中，最突出、最鲜明、最能反映深层心理的是（　　）。

　　A. 眼神　　　B. 口型　　　C. 面部肌肉的变化　　D. 眉毛

（7）人的精神状态、个性气质、品德情趣、文化素养、生活习惯等外在表现的综合反映是（　　）。

　　A. 容貌　　　B. 服饰　　　C. 举止　　　D. 风度

2. 判断题

（1）一个人只要有良好的口才就一定能取得演讲的成功。　　　　　　　　　　　　（　　）

（2）一篇演讲稿可以有多个主题。　　　　　　　　　　　　　　　　（　　）

（3）演讲的目的主要是争取公众的理解、信任和支持。　　　　　　　（　　）

（4）演讲时只根据演讲者自己的好恶选择演讲的主题。　　　　　　　（　　）

（5）演讲高潮常见的修辞手法有排比、设问、反问。　　　　　　　　（　　）

（6）面部表情中，最突出、最鲜明、最能反映深层心理的是面部肌肉的变化。（　　）

（二）情境写作

在一次语文活动中，一些同学认为青年人应当志存高远，有自己的梦想，另一些同学提出要选择平凡，还有一些同学提出"想大问题，做小事情"……对此，你是怎样思考的？请自拟标题，写一篇演讲稿。

要求如下。

（1）观点鲜明，材料充分、生动，有说服力和感染力。

（2）根据演讲场合、对象、目的等恰当地表达。

（3）不少于800字。

注意：以学习小组为单位开展情境写作活动，培养竞争意识，增强责任感。

（三）习作评改

根据情境，分组完成写作任务后，每组在自评的基础上将代表作品上传至学习通"群聊"进行互评和修改。

第六节　欢迎词

一、任务导入

指出下列欢迎词存在的问题，说一说该如何修改。

欢迎词

尊敬的××董事长先生，尊敬的贵宾们：

××董事长先生与我们合资建厂已经两年，今天亲临我厂对生产技术、经营管理进行指导，我们表示热烈的欢迎。

两年来我们感到高兴的是，我们双方合资建厂、生产、经营管理中的友好关系一直稳步向前发展。

我应当满意地指出，我们友好关系能顺利发展，是与我们双方严格遵守合同和协议、相互尊重和平等协商分不开的，是我们双方共同努力的结果。

我相信，通过这次董事长亲临我厂进行指导，能进一步加深我们双方相互了解和信任，更能进一步增进我们双方友好合作关系的发展，使我厂更加兴旺发达。

最后，让我们以热烈的掌声，向董事长表示欢迎！

二、例文借鉴

【例文】

欢迎词

女士们、先生们：

值此××厂30周年厂庆之际，请允许我代表××厂，向远道而来的贵宾们表示热烈的欢迎。

朋友们不顾路途遥远专程前来贺喜并洽谈贸易合作事宜，为我厂30周年庆典增添了一份热烈和祥和，我由衷地感到高兴，并对朋友们为增进双方友好关系做出努力的行动，表示诚挚的谢意！今天在座的各位来宾中，有许多是我们的老朋友，我们之间有着良好的合作关系。我厂建厂30年能取得今天的成绩，离不开老朋友们的真诚合作和大力支持。对此，我们表示由衷的钦佩和感谢。同时，我们也为能有幸结识来自全国各地的新朋友感到十分高兴。在此，我再次向新朋友们表示热烈欢迎，并希望能与新朋友们密切协作，发展相互间的友好合作关系。

有朋自远方来，不亦乐乎。在此新朋老友相会之际，我提议：为今后我们之间的进一步合作，为我们之间日益增进的友谊，为朋友们的健康幸福，干杯！

致辞人：××

20××年×月×日

【提示】这篇欢迎词以文种作为标题，正文采用"表示欢迎→阐明意义→表达祝福"的结构，内容完整，条理清晰。

三、知识概览

（一）欢迎词的含义

欢迎词是在迎接宾客的仪式、集会和宴会上对宾客的光临表示热诚欢迎时使用的一种礼仪文书。

（二）欢迎词的特点

① 注重礼貌，感情真挚。

② 注重口语性，体现欢愉性。

③ 篇幅短小，语言精练。

（三）欢迎词的格式

1 标题

标题有以下两种形式。

① 用文种"欢迎词"作为标题。

② 由欢迎场合或对象＋文种构成。第一行居中，标题格式为致辞人姓名（可省略）＋致辞场合＋文种，如"在××公司组建10周年庆典上的欢迎词"。标题在演讲时不读出来。

2 称呼

标题下行顶格写，交代欢迎对象，先称呼个人（通常是首要人物或重要宾客），再称呼其他人员，如"尊敬的××先生，亲爱的朋友们："。

3 正文

正文分为开头、主体、结尾3部分。

（1）开头

开头用一句话表示欢迎的意思。一般先写以什么身份、代表哪些人向宾客的到来表示欢迎、感谢和问候。

（2）主体

主体写宾客来访的目的、意义、作用。如果是一般性的来访，可以简要叙述彼此的交往历史、情谊关系、对方此次来访的目的和意义；如果对方是初次来访者，则可以对本单位的情况进行适当的介绍。

（3）结尾

结尾要放眼全局，展望未来，表示继续加强合作的意愿、希望等。

❹ 署名

用于讲话的欢迎词无须署名。若需刊载，则应在题目下面或文末署名。

四、知识链接

欢迎词写作的注意事项

1. 看对象说话

欢迎词多用于对外交往。在各社会组织的对外交往中，所迎接的宾客可能是多方面的，如上级领导、检查团、考察团等。来访目的不同，欢迎的情由也应不同。欢迎词要有针对性，看对象说话，表达不同的情谊。

2. 看场合说话

欢迎的场合、仪式也是多种多样的，有隆重的欢迎大会、酒会、宴会、记者招待会，有一般的座谈会、展销会、订货会等。欢迎词要看场合说话，该严肃则严肃，该轻松则轻松。

3. 热情而不失分寸

欢迎应出于真心实意，热情、谦逊、有礼。语言亲切，饱含真情。注意分寸，不亢不卑。

4. 关于称呼

由于是用于对外（本组织以外的宾客）交往，欢迎词的称呼比开幕词、闭幕词更具有感情色彩，更需热情有礼。为表示尊重，要称呼全名。在姓名前或后面加上职衔，或加上"先生""女士""亲爱的""尊敬的""敬爱的"等敬语。

五、本节训练

（一）网上自测

1. 多项选择题

（1）欢迎词完全式标题的构成要素有（　　　）。

　　A. 致辞人　　　　　B. 活动场合　　　　C. 文种

　　D. 单位　　　　　　E. 时间

（2）欢迎词正文构成部分有（　　　）。

　　A. 宾客来访的目的、意义、作用　　　　B. 交往历史、情谊关系

　　C. 表示加强合作的意愿　　　　　　　　D. 放眼全局，展望未来

　　E. 致谢

（3）欢迎词的特点有（　　　）。

　　A. 注重口语性　　　　　　　　　　　　B. 篇幅短小

　　C. 注重礼貌，感情真挚　　　　　　　　D. 体现欢愉性

　　E. 语言精练

2. 判断题

（1）欢迎词标题中致辞人可以省略。　　　　　　　　　　　　　　　　（　　　）

（2）欢迎词当有重要宾客在场时应先称呼重要宾客的名字。　　　　　　（　　　）

（3）欢迎词书面成文时都要署上致辞单位名称、致辞者的身份及姓名。　（　　　）

（二）情境写作

××学院院长带领医学院部分师生到××医院参观学习，受到了医院领导和员工的热情欢迎与款待。××医院在师生到来时召开了欢迎会。

要求：以学习小组为单位开展情境写作活动，代医院院长写一篇欢迎词，做到格式正确，内

容完整，语言热情有礼，书写规范。

（三）习作评改

根据情境，分组完成写作任务后，每组在自评的基础上将代表作品上传至学习通"群聊"进行互评和修改。

第七节　答谢词

一、任务导入

指出下列答谢词存在的问题，说一说该如何修改。

答谢词

尊敬的董事长、总经理、各位领导、各位同事们：

此时此刻，难以想象，各位领导能在百忙之中居然抽出宝贵的时间，来专门召开嘉奖我的表彰大会，我实在是太感动了，谢谢各位领导对我的信任。

能成为今年的优秀员工实在是我的运气好，我其实并没有做多少分外的工作，也没有加很多班，主要归功于各位领导的信任，当然还有同事们的支持。比如说，如果不是我们领导派我去广州，向我介绍了那里的客户，我就不可能取得成功。所以，我要借此机会，感谢领导、感谢同事们。谢谢大家。

我清楚地知道，自己工作中尚有不少漏洞，很多地方做得还不够好，还需要继续努力。

再次感谢领导，感谢同事们！

×××

××××年×月×日

二、例文借鉴

【例文】

加拿大淡水鱼研究所所长的答谢词

女士们、先生们：

我荣幸地代表来自世界各地21个不同国家的科学家，在这里答谢陈教授刚才热情洋溢的欢迎词。

使我感到特别荣幸的是我能代表所有参加此次国际会议的"外宾"讲话，因为这是我们第一次有幸在中国参加这一学术会议。

我感谢大会组织委员会对我们的邀请，感谢他们为这次会议的准备工作所付出的辛勤劳动和心血。我们刚到武汉不久，但大会的计划组织工作已给我们留下了深刻的印象。我们同时也感谢中国主人对我们的深情厚谊。

科学是不分国界的，科学使我们走到一起。我希望今后几天的接触交流将使我们大家感到满意。看到这样盛大的国际聚会，我感到愉快，我向参加今天会议的所有人员表示祝贺。我相信他们的研究工作达到了本领域的高水平。

陈教授，谢谢你热情的欢迎词，同时也感谢大会的组织委员会。此外，我们还要感谢武汉的当地政府和人民，因为他们为了我们在这里过得愉快和留下深刻的印象已经做了并且还在做大量的工作。

谢谢！

【提示】这篇答谢词开头表明致辞者的身份，接着对主办方做出的成绩给予高度评价，最后再次表达良好的祝愿。全文语言简洁，感情真挚。

三、知识概览

（一）答谢词的含义

答谢词是一种表达谢意、体现礼仪礼貌的致辞，多用于颁奖、答谢、救助等专门的仪式上，或用于在宴会、招待会上对有关方面的盛情款待、热情接待表示感谢。

（二）答谢词的作用

作为一种礼仪文书，答谢词在双边交往的过程中起着重要的沟通作用，可以通过郑重致谢的方式增进友谊，有利于进一步加深双边的关系，促进双方的进一步合作。

仅从形式上而言，答谢词也有完善礼节的作用。古语曰："有来无往，非礼也。"如果对方有热情的欢迎，己方就必须有真诚的答谢，礼节才算周全。所以，答谢词是社会交往和国际交往中必不可少的重要礼仪文书。

（三）答谢词的格式

1 标题

第一行居中，标题格式为致谢人姓名（可省略）+致谢场合+答谢词（讲话），如"××在××颁奖典礼上的讲话"。标题在演讲时不读出来。

2 称呼

标题下行顶格写，交代答谢对象，先称呼个人（通常是首要人物或重要宾客），再称呼其他人员，如"尊敬的××先生，亲爱的朋友们："。

3 正文

正文分为开头、主体、结尾3部分。

（1）开头

开头部分向主人的热情接待表示答谢之意。

（2）主体

主体部分回顾欢聚的美好时光，对访问取得的收获给予充分肯定，对主人的盛情款待和帮助表示衷心的感谢。

（3）结尾

结尾部分再次对主人寄予希望和良好的祝愿，尽量使举行的仪式充满祥和、友好的气氛。

4 署名和日期

一般在正文之后右下方写明致辞者的职务、姓名和日期。署名也可以写在标题之下，致辞时一般不念出来。

四、知识链接

答谢词写作注意事项

1. 注意客套话与真情

在礼仪场合，必要的客套话是不能省略的，如"感谢""致敬"之类热情洋溢、充满真情的词语。

2. 尊重对方习惯

在异地做客，要了解当地的民情、风俗，尊重对方的习惯。

3. 注意照应欢迎词

主人已经致辞在前，作为客人不能"充耳不闻"。答谢词要注意与欢迎词的某些内容照应，这是对主人的尊重。即使预先准备了答谢词，也要在现场紧急修改补充，临场应变发挥。

4. 篇幅力求简短

欢迎词、答谢词都是应酬性讲话，而且往往是在一次公关礼仪活动刚开始时发表的，下面还有一系列的活动等着进行。因此，篇幅要力求简短，不宜冗长拖沓，以免令人生厌。

五、本节训练

（一）网上自测

1. 多项选择题

（1）答谢词完全式标题的组成部分有（　　）。

  A. 致辞人　　　　　　B. 事由　　　　　　C. 文种

  D. 时间　　　　　　　E. 场合

（2）答谢词的特点有（　　）。

  A. 讲究客套　　　　　B. 注重照应　　　　C. 篇幅简短

  D. 辞藻华丽　　　　　E. 热情有礼

（3）答谢词正文构成部分有（　　）。

  A. 表示答谢之意

  B. 回顾欢聚的美好时光

  C. 对主人的盛情款待和帮助表示衷心的感谢

  D. 提出希望和要求

  E. 表示欢迎

2. 判断题

（1）答谢词是在主人致辞后的应答，其内容和格调要与欢迎词相照应。（　　）

（2）答谢词需要讲究客套，充满真情。（　　）

（3）答谢词致谢时需要将标题和称呼都念出来。（　　）

（二）情境写作

××学院院长带领医学院部分师生到××医院参观学习，受到了医院领导和员工的热情欢迎与款待。××医院在师生临别时召开了欢送会。

要求：以学习小组为单位开展情境写作活动，代××学院院长写一篇答谢词，做到格式正确，内容完整，语言热情有礼，书写规范。

（三）习作评改

根据情境，分组完成写作任务后，每组在自评的基础上将代表作品上传至学习通"群聊"进行互评和修改。

第八节　主持词

一、任务导入

"现在是公元20××年的×月×日×时×分，在这样一个充满喜庆的时刻，我们迎来了新郎××先生、新娘××女士的结婚庆典，我是来自××婚庆公司的主持人，我叫×××。非常荣幸受到两位新人的委托为他们主持并见证这一神圣而又浪漫的婚礼时刻，在此我代表两位新人以及他们双方长辈，对各位来宾的光临表示热烈的欢迎和衷心的感谢，谢谢你们！谢谢大家！"（司仪给来宾鞠躬）——这是一场婚礼的开场白，由婚礼主持人揭开婚礼的序曲。如果你是这场婚礼的主持人，你会使用什么样的开场白？

二、例文借鉴

【例文1】

××集团2017年度总结表彰大会主持词

2018年2月11日

主持人：××

各位领导，同志们：

大家上午好！

金鸡已去春风暖，祥狗献瑞喜气浓。今天是2018年2月11日，再过几天就是我们的传统节日——春节。在这里，我首先给大家拜个早年，祝大家身体健康，万事如意，阖家幸福！同时，我谨代表集团董事会班子成员向全体干部员工付出的辛勤劳动和无私奉献致以深深的谢意，并通过你们，向一直支持我们工作的家人、亲属致以最诚挚的问候和最美好的祝愿！

值此辞旧迎新之际，我们隆重集会，相聚在县委党校礼堂会议中心，又一次隆重召开集团公司总结表彰大会，共贺2017年度各项工作取得的骄人业绩和辉煌成果，共谋新的一年集团发展的思路和对策，总结经验，肯定成绩，明确任务，统一思想，再鼓干劲。通过表彰先进，激励斗志，鼓舞士气，弘扬和光大集团精诚精神，不断推进各项工作实现更好更快的发展。

今天参加会议的有：集团公司董事会成员、各高管级领导，集团各产业公司负责同志，受表彰的先进集体、先进个人代表，集团公司机关及各产业公司员工代表，共计240余人。

会前提醒大家注意以下事项：一是参会人员不许大声喧哗，不许随意来回走动，不许打盹睡觉；二是必须把手机关闭或设置震动状态；三是各单位带队同志要认真负责，严格遵守会议纪律，相关部门做好安保各项工作，发现问题及时处理。

下面，我宣布："××集团2017年度总结表彰大会"，现在开始！大会进行第一项：鸣炮奏乐。

……

大会进行第二项：请总经理王××宣读《关于表彰2017年度先进集体和先进个人的决定》。

……

大会进行第三项：请常务副总经理咸××宣读《关于表彰奖励2017年度科技创新、管理创新成果的决定》。

……

让我们以热烈的掌声对受到表彰的2017年度先进集体和先进个人，2017年度科技成果、创新成果及其发明人员表示祝贺。

……

大会进行第四项：举行颁奖仪式。

第一组上台领奖的是集团先进标兵×××、×××。

第二组上台领奖的是先进党总支、支部。

请集团机关党支部、××采煤区党支部、××掘进区党支部、××党总支、××机关党支部代表上台领奖。

第三组上台领奖的是先进工区、车间。

请××采煤区、××通修区、××出口车间、××冲压车间代表上台领奖。

第四组上台领奖的是先进科室、部室。

请集团综合管理部、××安全科、××调度室、××研发部、××市场推进部代表上台领奖。

第五组上台领奖的是优秀共产党员。

请王××、张××、徐××、李××上台领奖。

第六组上台领奖的是劳动模范。

请吴××、张××、刘××、闫××、鲁××上台领奖。

第七组上台领奖的是销售能手。

请黄××、邢××上台领奖。

由于时间关系，其余受表彰的先进单位和个人会上不再颁奖，会后到集团公司综合管理部或财务部领取荣誉证书和奖金。

……

大会进行第五项：请沈董事长总结2017年的工作，安排部署2018年的任务。大家欢迎！

……

结束语

"跨艰难而含笑，历万险而傲然。"集团公司干部员工面对企业艰难困境，一路踏平坎坷走来，正是凭借着我们内心深处这份坚韧和执着，让我们不畏惧困境，迎难而上，谱写出一路高歌，值得我们拥有和珍惜。同志们，这次大会既是一次总结会、表彰会，又是一次团结奋进的动员会、鼓劲会，会场气氛非常热烈，希望受表彰的员工珍惜荣誉，再接再厉，扎实工作，争取新的更大成绩，没有受表彰的同志也不要气馁，要找准差距，从严要求，迎头赶上，争取在今后的工作中取得更大的成绩。

今天的大会，开得很成功。董事长的工作报告，客观、系统地总结了2017年的各项工作，充分分析了企业现状和应对措施，指出了企业发展进程中面临的困难和问题，明确了2018年的工作指导思想和目标要求，董事长的《报告》，是集团新一年工作的指导纲领，各单位务必抓好落实。

同志们，2018年已经到来，新一年奋斗的航船已经扬帆，让我们以本次大会为新的起点，在集团公司新一届董事会的领导下，立足集团实际，着眼长远发展，坦然面对取得的成绩，理性面对存在的困难，勇担使命，锐意进取，励精图治，再接再厉，为实现集团2018年各项奋斗目标而努力奋斗！

会后，各煤矿、公司、部室、单位，要专门拿出精力和时间，认真学习讨论董事长的工作报告。集团上下要在春节后掀起学习、宣传《报告》的热潮。各单位要就学习情况进行总结，要明确态度，提高认识，并制订出落实的具体措施。学习情况总结于3月10日前报党群工作部。

（征询领导有无其他事项）

最后，我再次代表集团党委、董事会，向集团全体干部、员工、家属拜个早年，祝大家春节愉快，身体健康，阖家欢乐！

散会！

【提示】这是一则会议主持词。它以热情洋溢的话语表明会议目的，展示清晰的会议议程，使公司的年终表彰大会有序而精彩。

【例文2】

"红旗飘飘，引我成长"读书演讲比赛主持词

2019年4月28日

主持人：×××

尊敬的各位领导，亲爱的同学们：

大家上午好！

在这绿意渐浓5月将至的暮春时节，大家闻一路花香，盈满眼春意而来！虽风尘仆仆，但是我却从大家的目光里感受到了火一般的热情，磐石一般的赤诚！我们每一个人都携着对伟大祖国的热爱而至，伴着这样的深情，我们迎来了第四届联盟校"红旗飘飘，引我成长"读书演讲比赛的如期召开，请允许我代表××中学全体教师对远路而来的6个联盟校的领导及参赛选手表示热烈的欢迎！本次演讲比赛的主题为"红旗飘飘，引我成长"，本次活动旨在贯彻宣传十九大精神，培育和践行社会主义核心价值观，弘扬中华优秀传统文化，教育和引导广大青少年学党史、知党情、感党恩、听党话、跟党走，激发学生的爱国情怀，增强民族凝聚力和自豪感，努力把自己培养成德、智、体全面发展的，中国特色社会主义事业的合格建设者和接班人。

本次演讲比赛活动的议程有以下6项：一是领导致辞；二是宣布演讲比赛评分标准；三是演讲比赛开始；四是公布比赛结果；五是颁奖仪式；六是点评总结。

一、下面进行第一项议程：有请我校党支部书记岳××同志为本次活动致辞，请大家掌声欢迎。

感谢岳书记澎湃的活动致辞，这份致辞里饱含他对党和祖国的热爱，同时也有作为一位师长对我们同学们的殷切期待。

二、下面进行本次演讲比赛的第二项议程：由我校陈主任宣布本次演讲比赛的评分标准及评奖办法。

三、各位参赛选手精神饱满，满腔热忱，相信大家一定有精彩的令人振奋的演讲，现在就将我们的所有的激情绽放吧！下面进行第三项议程：演讲比赛正式开始。

首先进行八年级组的比赛，有请1号选手开始他的演讲！2号选手做准备。

感谢1号选手，下面有请2号选手，请3号选手做准备。

感谢2号选手的精彩演讲，有请3号选手开始演讲，4号选手做准备。

感谢3号选手的演讲，有请4号选手开始演讲，5号选手做准备。

下面公布1号、2号、3号选手的比赛成绩，去掉一个最高分和一个最低分，1号选手的最终得分为××分，2号选手的最终得分为××分，3号选手的最终得分为××分。

有请5号选手开始演讲，6号选手做准备。

感谢5号选手，下面公布4号选手的比赛成绩，去掉一个最低分和一个最高分，4号选手的最终得分为××分。

有请6号选手开始演讲，7号选手做准备……12号（12人）。

八年级组的精彩角逐告一段落，接下来我们将要聆听的是七年级组选手的比赛。

……

四、23位选手在比赛中的出色表现让每一个观众都为之感染和振奋，有的言辞慷慨激昂，有的动作铿锵有力，有的仪态落落大方。他们用富含深情的语言表达了自己对祖国的热爱以及对党的忠诚和拥护，表现了作为新一代青少年要感党恩、听党话、跟党走的决心。

评委老师严格按照评分标准的要求对演讲选手进行综合评分，下面进行第四项议程：公布本次演讲比赛的最终结果。

首先公布七年级组演讲比赛最终结果：年级、名次、姓名。

下面公布八年级组演讲比赛最终结果：年级、名次、姓名。

五、进行本次演讲比赛的第五项议程：颁奖。

首先为七年级组获奖选手颁奖，有请××、××两名同学前来领奖，恭喜他们获得了本次演讲比赛的优秀奖，请大家以热烈的掌声对他们表示祝贺。

有请××、××、××、××、××5名同学前来领奖，恭喜他们获得了本次演讲比赛的三等奖，请大家以热烈的掌声对他们表示祝贺。

有请××、××、××3名同学前来领奖，恭喜他们获得了本次演讲比赛的二等奖，请大家以热烈的掌声对他们表示祝贺。

有请××同学前来领奖，恭喜他获得了本次演讲比赛的一等奖，请大家以热烈的掌声对他表示祝贺。

下面为八年级组获奖选手颁奖。

……

颁奖的最后，请大家带着成功的喜悦把最热烈的掌声送给最辛苦、公正的6位评委老师，感谢他们的辛苦付出！

六、同学们精彩的演讲鼓舞着在场的每一个人，同时作为师长的我们也深深地被同学们赤诚的爱国之情和努力向上的决心感动，下面进行本次演讲比赛的最后一项议程，有请我校安全副校长任××同志为本次活动做总结。

谢谢任校长的精彩总结，希望同学们能够像任校长所期望的那样，化爱国爱党的情感为动力，努力学习，健康成长，让自己的每一份进取都成为新时代上空中那鲜红旗帜的骄傲！本次"红旗飘飘，引我成长"读书演讲比赛到此结束，谢谢大家！

【提示】这是一篇演讲比赛主持词，从活动目的、领导致辞、比赛规则、每位选手的比赛成绩，到颁奖，到活动结束，内容完整，条理清晰，示范性强。

三、知识概览

（一）主持词的概念

主持词是会议或各种仪式的主持人主持会议或仪式时使用的文案，是人们在工作和生活中常接触和使用的文书，它具有说明活动主旨、组织活动环节、控制活动进程、总结和概括活动情况、确保会议或仪式顺利进行的作用。

（二）主持词的类别

主持词按照使用场合不同可分为以下4类。

❶ 社会活动类主持词

社会活动类主持词包括比赛、演讲、论辩、会议、典礼等的主持词。写作此类主持词要了解活动的宗旨，熟悉活动议程，把握好每个环节的时间及每个环节的进程，随时注意控制会场气氛。

❷ 文艺活动类主持词

文艺活动类主持词包括文艺性演出、各种舞会、晚会、联欢会、产品促销活动等的主持词。这类活动比较轻松活泼，主持词的撰写比较灵活，既要有事先拟定的主持词，又要随机应变，幽默风趣，也可以让观众参与，双方互动，创设一种轻松欢快的和谐气氛。

❸ 广播电视类主持词

广播电视类主持词包括各种综合性、专题性、专业性的版块节目的主持词。撰写此类主持词，事先要尽可能多地了解一些专业知识，抓住重点，反映热点、焦点问题，要把握时机，引导人们思考或参与，吸引听众或观众的注意力。主持人往往采用第一人称，语言亲切，娓娓道来，要晓之以理，动之以情。

❹ 婚礼主持词

婚礼主持词即婚庆活动主持词。以家庭为单位，规模大小和风格以主人喜好为主。婚礼主持人的身份叫司仪，负责婚礼的主持、程序的安排、现场的组织协调等。一个好的婚礼司仪，对整个婚礼的现场效果，确能起到画龙点睛、锦上添花的作用。因此，婚礼主持词写作起来也就比较灵活，一般来讲，要热情有趣、活泼生动、幽默诙谐，自始至终都要热情洋溢，要烘托出浓浓的喜庆气氛。

（三）主持词的特点

1 对象性

任何活动都有特定的参与对象，主持词用词的深浅要和参与活动的对象的文化认知水平相吻合。

2 现场性

主持词内容和感情基调要和活动现场的主题、气氛相吻合。

3 程序性

主持词要和活动的程序安排相吻合。

4 承传性

主持词是活动程序展开的纽带，各项活动环节之间起承转合要自然。

（四）主持词的写作内容

主持词根据活动主题不同，内容也千变万化，现以会议主持词为例介绍主持词写作的基本内容要素。

① 宣布会议开始。

② 介绍参会人员情况。

③ 说明会议的目的、任务和宗旨。

④ 宣布会议议程，强调会议纪律和注意事项。

⑤ 介绍发言者的基本情况。

⑥ 宣布会议结果。

⑦ 宣布会议结束。

其他类型的主持词写作要素根据活动内容可以在会议主持词基础上删减添加。

（五）主持词的写作格式

根据场合不同，主持词的写作格式灵活多样。下面以常见的会议主持词为例进行介绍。

会议主持词一般由标题、日期、主持人介绍、称呼、问候语、正文 6 部分组成。

1 标题

会议主持词的标题一般是会议活动名称+"主持词"3 个字，如"××职业技术学院第一届教师代表大会主持词"。标题居中书写。

2 日期

会议主持词标题之下居中标明会议活动的具体日期，要求年月日俱全，字体比标题小一号。

3 主持人介绍

日期之下居中标明主持人的身份和姓名，如"主持人：××教授"。主持人后用冒号。

4 称呼

对参加会议的全体成员的称呼，身份从高到低、性别先女后男，尽可能覆盖全体到会人员，如"尊敬的各位领导、女士们、先生们"。

5 问候语

按照会议举行的时间，问候大家，如"大家下午好!"

6 正文（写作重点）

（1）开场白

开场白主要是宣布活动开始。

（2）介绍

主持人介绍出席会议的主要领导和嘉宾以及每一位发言人。

（3）拟定程序

这是主持词写作的关键环节。要根据会议的目的和议程来拟定会议的程序。

（4）小结

每段议程结束后主持人要做简单的小结，感谢发言人或者总结发言的意义。

四、知识链接

主持人应具备的素养

① 主持人首先应具有广博的知识和丰富的阅历。

② 主持人要有独特的个性和思维方式。

③ 主持人应具备驾驭现场采访的能力。

④ 主持人要有灵活运用体态语言的本领。

⑤ 主持人还要具备临场发挥的"急才"。

五、本节训练

（一）网上自测

1. 单项选择题

（1）主持词所属的种类是（　　　）。

　　A. 信件　　　　　　B. 宣传文书　　　　C. 函件　　　　　D. 公文

（2）主持词常用的人称是（　　　）。

　　A. 第一人称　　　　B. 第二人称　　　　C. 第三人称　　　D. 以上都行

（3）主持词不具有的特点是（　　　）。

　　A. 对象性　　　　　B. 现场性　　　　　C. 程序性　　　　D. 条理性

（4）主持词的开场白语言运用不恰当的是（　　　）。

　　A. 排比　　　　　　B. 夸张　　　　　　C. 积极　　　　　D. 消极

2. 判断题

（1）会议主持词一定要主持人一一介绍出席会议的领导。　　　　　　　　　（　　）

（2）文艺晚会主持词可以根据现场气氛临时更改主持词。　　　　　　　　　（　　）

（3）小型文艺晚会可以根据观众需求临时增减更换节目。　　　　　　　　　（　　）

（4）会议主持词没有固定模式，只有大体框架。　　　　　　　　　　　　　（　　）

（5）娱乐性质的主持词语言要求具有激情。　　　　　　　　　　　　　　　（　　）

（二）情境写作

20××年9月9日，××职业技术学院在大学生活动中心举行迎新晚会。

要求：以学习小组为单位开展情境写作活动，模拟主持人角色撰写一份主持词。

（三）习作评改

根据情境，分组完成主持词写作任务后，每组在自评的基础上将代表作品上传至学习通"群聊"进行互评和讨论。

第九节 导游词

一、任务导入

将下列一则导游词中的知识性错误改正过来。

我们中华民族很早就深知"兴海盐之利，行舟楫之便"。在河姆渡遗址中发掘出来的6 700余件珍贵文物中就有船桨，这证明四五千年之前，我们的先人就善于和湖海河打交道。三国东吴造船业发达，大兴楼船，驰骋海洋。吕蒙率人到达夷洲，商人海上贸易远至大秦，我们中国人征服海洋的能力当时在世界上首屈一指；但自从明清后，政府实行海禁，航海能力就衰落下来。

二、例文借鉴

【例文1】

秦兵马俑导游词

亲爱的游客朋友们：

大家好！欢迎你们来到古城西安！我是你们此次西安之行的导游，我姓陈，大家叫我陈导好了。今天我们参观的第一个景点就是世界文化遗产之一的秦兵马俑。景点位于西安临潼，大约需要40分钟车程，等到了那里，你就可以看到举世无双的秦兵马俑。

你们知道秦兵马俑的来历吗？原来在以前的朝代，皇帝死后都要活人陪葬，后来到了秦朝，一个大臣对秦始皇说："之前的朝代都用活人陪葬，这对您不是很妥当，不如让能工巧匠打造一支用泥土做成的您那支南征北战、所向披靡的大军如何？"秦始皇觉得这个想法不错，就答应了下来。其实要不是秦始皇当年的这个点头同意，就没有今天这气势雄伟的秦兵马俑。

好了，我们现在已经到了秦始皇陵园，请大家依次下车。兵马俑规模宏大，已发掘的3个俑坑，总面积近2 000平方米，差不多有50个篮球场那么大，坑内有兵马俑8 000个。

现在我们来到的是一号坑。在3个坑中，一号坑最大，东西长230米，南北宽62米，总面积为1 426平方米；坑内的兵马俑也最多，有6 000多个。一号坑上面，盖起了一个巨大的拱形大厅。我们可以走进大厅细细游赏，游赏时也要注意安全哦！

大家请看，那身材魁梧、头戴鹖冠、身披铠甲、手握宝剑、昂首挺胸的就是将军俑。那神态自若的样子，一看就知道是久经沙场、重任在肩。还有很多精彩的武士俑、骑兵俑、良马俑。这些兵马俑一个个神态各异、精彩绝伦，真是看了大饱眼福。

秦兵马俑，在古今中外的雕塑史上是绝无仅有的。它惟妙惟肖地模拟军阵的排列，形象地展现了中华民族的强大力量和英雄气概。

亲爱的游客朋友们，时间过得真快，今天的秦兵马俑之旅也就告一段落了，祝大家接下来的旅程愉快！

【提示】这篇导游词介绍清晰翔实，绘声绘色，形象生动，有开头语和结束语，从中可看出导游态度亲切和蔼，可资借鉴。

【例文2】

长城导游词

各位游客，大家好！我们现在参观的八达岭长城是明朝修建的。为防御外敌入侵，秦朝、汉朝和明朝共修建了一万三千多里长城。长城西起嘉峪关，东到山海关。长城被称为世界七大奇迹之一。大家看，长城全部是用巨大的条石和城砖砌筑而成。城墙外沿那两米多高的成排建筑叫垛子，垛子上面的方形口子是瞭望口和射击口，是打仗用的。城墙顶上那一座座方形的城台，是屯兵的堡垒，每隔300米就有一座，这样打仗时城台之间可以互相呼应。

各位游客，那时可没火车、汽车，也没起重机，这一块块有两三千斤重的条石以及建筑材料都是靠人力抬上去的，是现代人想都不敢想的壮举，难怪世界上都公认它是一大奇迹！参观了长城，大家要记住一句话：不到长城非好汉！只有亲眼看见了先辈们的这一伟大创造，才能在人生的道路上成为一个真正的好汉！今天就参观到这里，欢迎下次再来！谢谢大家！

【提示】这篇导游词详细地介绍了景点的特点和作用，可见导游对景点的相关知识掌握准确，而且还能以古鉴今，是优秀导游的典范。

三、知识概览

（一）导游词的含义

导游词是导游人员引导游客观光游览时的讲解词，是导游人员同游客交流思想，向游客传播文化知识的工具，也是实用写作研究的文体之一。

（二）导游词的功能

1 引导游客欣赏

导游词的宗旨是通过对旅游景观绘声绘色地讲解、指点、评说，帮助旅游者欣赏景观，以达到游览的最佳效果。

2 传播文化知识

传播文化知识即向游客介绍有关旅游胜地的历史典故、地理风貌、风土人情、传说故事、民族习俗、名胜古迹、风景特色，使游客增长知识。

3 陶冶游客情操

导游词的语言应具有言之有理、有物、有情、有神等特点。通过语言艺术和技巧，给游客勾画出一幅幅立体的图画，构成生动的视觉形象，把旅游者引入一种特定的意境，从而达到陶冶情操的目的。

此外，导游词通过对旅游地出产物品的说明、讲解，客观上起到向游客介绍商品的作用。

（三）导游词的结构

一篇完整的导游词，其结构一般包括习惯用语、概括介绍、重点讲解3个部分。

1 习惯用语

习惯用语又分为两个部分——见面时的开头语和离别时的告别语。

（1）开头语

① 介绍自己或旅行社。

② 介绍司机和车型、车号。

③ 介绍旅游时间、地点和行程安排。

④ 表示欢迎。

（2）告别语

① 总结旅游情况。

② 感谢游客配合。

③ 希望提出意见。

④ 表示依依惜别。

2 概括介绍

概括介绍是用概述法介绍旅游景点的位置、范围、地位、意义、历史、现状和发展前景等，目的是帮助旅游者对景点先有个总体了解，引起游览兴趣，犹如"未成曲调先有情"。概括介绍应根据时间和游客情况，可长可短，可详可略（可根据需求灵活运用）。

3 重点讲解

重点讲解是对旅游线路上的重点景观从景点成因、历史传说、文化背景、审美功能等方面进行详细的讲解，使旅游者对旅游目的地有一个全面、正确的了解，同时要提醒旅游者注意自己携带的东西，保管好自己随身的物品，这是导游词最重要的组成部分。

四、知识链接

写导游词应注意的事项

导游词是在游览时面对游客讲解的，是为口头表达而写的，因此语言要生动、形象、富有感染力。写导游词应该注意以下4个事项。

1. 注重知识性

根据服务游客的需要选定要写的对象后，首先要搜集资料。可以查看旅游景点的门票或查阅旅游手册，参考上面的简介，也可以上网查询。只有掌握了所要"讲解"的对象（景区或景点）的相关资料，才能考虑"导游词"写什么。如《长城导游词》，如果作者不知道长城东起山海关，西至嘉峪关，不知道长城有多长，不知道"瞭望口""射击口"的作用和相关的历史知识，那么，别说写得好，恐怕连写出来都很困难。

2. 增强趣味性

许多景观都有一些历史传说或民间故事，写导游词时，可以巧妙地引用这些资料，以增强文章的趣味性。引用时要自然，不可牵强附会，更不能胡编乱造。

3. 讲究口语化

写导游词应该使用生动形象的口语。如果使用书面语，那也必须是通俗易懂的。写作时，要多用短句子，避免使用拗口的词语。这样，不仅讲得顺口，听着也轻松。

4. 要注意整体介绍和重点讲解相结合

应该以"重点讲解"为主。根据游客的不同身份，还可以在文章的开头和结尾加上"欢迎词"和"欢送词"，这样，更有人情味儿。如果是给外国人讲解，还要注意弘扬爱国主义精神，要有民族自豪感；如果给小朋友讲，则要注意使用儿童语言，而且有必要提醒一下，游览时要注意安全。

五、本节训练

（一）网上自测

1. 单项选择题

（1）导游词准确性的前提是（　　　）。

　　A. 导游人员严肃认真的科学态度

　　B. 了解、熟悉所讲、所谈的事物和内容

　　C. 遣词造句准确

　　D. 词语的组合、搭配要恰当

（2）"长江是中国第一长河，名列世界第三"，这种逻辑方法是（　　　）。

　　A. 综合法　　　　　B. 分析法　　　　　C. 比较法　　　　　D. 归纳法

（3）下列比喻中，属于使语言简洁明快的比喻是（　　　）。

　　A. 土家族姑娘山歌唱得特别好，她们的歌声就像百灵鸟鸣叫的声音一样优美动听

  B. 玉龙雪山在碧蓝天幕的映衬下，像一条银色的龙在飞舞，故名玉龙山

  C. 屈原的爱国主义精神和《离骚》《九歌》《天问》等伟大的诗篇与日月同辉

  D. 鄂南龙潭是九宫山森林公园的一处三级瀑布，其形态特征各异，一叠仿佛白练悬空，二叠恰似银般铺地，三叠如同玉龙走潭

（4）"湖北有座黄鹤楼，半截插在云里头。"此句采用的修辞手法是（ ）。

  A. 夸张   B. 比喻   C. 比拟   D. 双关

（5）除了景点成因、历史传说、审美功能以外，对旅游线路上的重点景观进行重点讲解的内容是（ ）。

  A. 时代背景   B. 文化背景   C. 政治背景   D. 历史背景

2. 多项选择题

（1）导游词写作的基本要求有（ ）。

  A. 准确   B. 鲜明   C. 具体

  D. 生动   E. 灵活

（2）导游词一般包括的内容有（ ）。

  A. 问候语   B. 欢迎词   C. 讲解词

  D. 欢送词   E. 结束语

（3）导游词开头语包含的内容有（ ）。

  A. 问候语   B. 欢迎语   C. 介绍语

  D. 游览注意事项 E. 对游客的希望

（4）导游词的特点有（ ）。

  A. 口语化   B. 知识性   C. 文学性

  D. 礼节性   E. 审美性

（5）向游客介绍有关旅游胜地的传统文化知识有（ ）。

  A. 历史典故   B. 地理风貌   C. 风土人情

  D. 传说故事   E. 民族习俗

3. 判断题

（1）导游词是思想性、科学性、知识性和趣味性的结合体。   （ ）

（2）"长江是中国第一长河，世界第三长河"这段导游词就是运用归纳法得出的结论。（ ）

（3）导游词除了要符合语言规范，还要具有准确性、逻辑性、生动性等特性。 （ ）

（4）要使口语表达生动形象，导游人员除了要把握好语音、语调，还要善于运用比喻、比拟、排比、夸张、映衬、引用、双关等修辞手法。   （ ）

（5）导游词不是散文，书面语太重介绍，口语化注意不够。   （ ）

（二）情境写作

  为了让更多的人了解我国的"世界文化遗产"，我们来写一写介绍"世界文化遗产"的导游词，先确定自己要写的景点，比如北京的颐和园，可以讲景点风光，也可以讲与景点有关的故事、传说，还要提示参观游览的注意事项。写好后可以根据所写的导游词，模拟导游人员进行讲解。

  要求：以学习小组为单位开展情境写作活动，培养人文精神，增强责任意识。做到内容丰富，语言简明、通俗、风趣。注意书写规范。

（三）习作评改

  根据情境，分组完成写作任务后，每组在自评的基础上将代表作品上传至学习通"群聊"进行互评和修改。

第十节　解说词

一、任务导入

阅读下面一段解说词，指出其中存在的问题并进行修改。

老包正用冬笋制作一道家常笋汤，笋汤的主角本来应该是春笋，但是老包却使用价格高出春笋 20 倍的遂昌冬笋。厨师偏爱它，也是因为冬笋的材质单纯，极易吸收配搭食物的滋味。在我国的 4 大菜系里，都能见到冬笋。而在老包眼里，这不过是自家毛竹林里的一个小菜而已。

二、例文借鉴

【例文1】

第 29 届奥林匹克运动会开幕式部分解说词

主持人：美丽的欢迎焰火绕场一周，在鸟巢上空如花朵般绽放，激活了古老的日晷。在鸟巢上方显得格外漂亮，富有太阳投射的影子来测定时间计时日期的日晷，由日晷发出的时间之光点亮了鸟巢，点亮了20××面缶组成的矩形缶阵。

倒计时

主持人：一道耀眼的光环，激活了古老的日晷。独特的多媒体手段，拉开了开幕式的帷幕。日晷将光反射到场地的缶上。缶是中国古老的打击乐器，由陶土或青铜制成。早在夏、商时代，就有了"击缶而歌"的演奏。此刻它们正以光的律动向我们传递光阴的概念。和着击打声，出现巨大的数字，每次光影数字的交锋，都预示着北京奥运的每秒临近，就让我们穿越时空，一同倒数，用震撼的节奏，激荡千年祖国的万里疆土，激荡中华民族的奔腾血脉，共同迎接奥运之光的莅临。

欢迎焰火

今夜星光灿烂，8月的中国以如火的热情诚邀八方来客，广纳四海宾朋，今夜礼花满天，仲夏的北京见证天国奇迹，铸造荣耀巅峰。

欢迎仪式

夜空璀璨，缶声震天，情谊无边，接下来我们将会看到一场独具中国古典艺术魅力的欢迎仪式，欢迎所有远道而来的朋友。

中国素以文明古国、礼仪之邦著称于世，几千年来不仅创造了灿烂悠久的历史文化，而且形成了高尚道德准则和完整的礼仪规范。此刻，201×名乐手，一边击缶，一边高声吟诵着数千年前孔子写在论语中的名句，我们用独特的方式，表达北京最真挚的欢迎之情。欢迎所有热爱友谊与和平的朋友们来到北京，来到中国，欢迎所有热爱奥林匹克运动的朋友们来到奥林匹克大家庭。

历史足迹

在震撼的声响中，我们惊喜地看到，由焰火组成的巨大脚印正沿着北京的中轴路穿过天安门广场直奔国家体育场而来。29个焰火脚印象征着29届奥运会的历史足迹，也意味着中国追寻奥运之梦的百年跋涉正在一步步走近梦想成真的时刻。7年前当中国人把申办报告交给国际奥委会的时候，就把绿色奥运、科技奥运和人文奥运的承诺交给了世界。7年后，中轴路上新生的鸟巢和孕育出生的奥林匹克森林公园成了庄严的天安门广场最欢乐的伙伴。中轴路上这3个特色鲜明的北京地标，不仅体现了北京奥运的3大理念，而且连接起了北京城市的昨天和今天。

梦想五环

此刻的鸟巢繁星点点，犹如浩瀚的星河落入人间。美丽的飞天在繁星中歌舞，唯美浪漫，如梦如幻，为奥运五环增添一抹中国色彩，为奥运五环烙印一段中国的记忆，也像美丽的梦幻在中国人心中憧憬百年。一个由星光组成的奥运五环散发着璀璨的光芒，美丽的飞天把闪光的五环托起在北京的夜空，点亮了北京的夜色，点亮了每个热爱和平、热爱友谊、热爱奥林匹克运动的人心中跃动的激情。这个璀璨的五环会让我们记住北京的星空里终于有了奥运五环的印迹，更会让全世界都记住，奥运会的记忆中从此有了中国的传奇。

【提示】这是第 29 届奥林匹克运动会开幕式的部分解说词。解说词根据开幕式的进程，配合电视画面，让观众在观看开幕式的同时，从听觉上得到形象的描述和解释。整篇解说词既有客观的说明，又有生动的描述，语言充满激情，富有感染力，充分表达了北京奥运会最诚挚的欢迎之情。

【例文2】

中国海运展示厅解说词

尊敬的各位领导、各位来宾：

大家好！

我是×××，今天很荣幸由我担任大家的讲解员！

下面，就请跟随我开始今天的参观。

A 展厅外侧 浮雕墙前

首先，请看这面浮雕墙。它是中国海运展示厅的组成部分。海燕在波涛中俯冲搏击，寓意中国海运不畏艰险的发展历程；破浪疾驶的巨轮与陆岸景物相互映衬，展现航运主业与陆岸产业协同发展的中海特色；画面中心的3位船员，神情坚毅地远眺前方，寓意了中国海运这艘巨轮正驶向辉煌的未来。

下面，请跟随我一同走进展示厅参观。

B 序厅 弧形幕

我们的展示厅总面积为450平方米，共分为4个展区。现在大家所在的位置就是序厅，其主题是"历史巨轮 扬帆远航"。航海业是反映国家综合实力的重要标志。15年来，中国海运走过了一条不平坦的改革发展之路，按照"集约化管理，专业化分工，规模化经营，多元化发展"的战略构想，仅用几年时间就创造了世界海运业的奇迹，实现了全面、协调、可持续发展。可以说，中国海运发展史不仅是新中国航运事业的发展史，而且是中国经济腾飞的历史记载。

大家可以看到在展厅门口展示了一组船舶重要组件——舵、桨、锚实物模型，它们有什么寓意呢？舵——把握方向，桨——推动前进，锚——保持稳定，它们寓意着中国海运这艘巨轮正朝着既定目标平稳前行。

请大家观看短片《中海·巨轮》。

……

下面，请各位领导跟随我步入第一展区。

C 第一展区 投影墙

第一展区的主题是"爱国中海 创业中海"。中国海运以服务于国家航运发展战略为己任，发扬爱国创业精神，以改革促发展，实现了有速度、有效益、有质量的良性循环。

踏进这条历史长廊，我们看到了当年以海辽轮为代表的招商起义和上海、广州、大连3大海运局开拓航运的珍贵历史镜头。

……

D 第二展区 玻璃门

各位来宾，伴随着鸣叫与海浪声，我们进入了第二展区。

……

E 结束语

各位领导，各位来宾，中国海运将始终不渝地深入贯彻落实科学发展观，坚持百年中海、世界一流的发展目标，为实现科学发展，建设成为具有国际竞争优势、质量效益型的世界一流航运企业勇往直前。

F 电子签名与留影系统

尊敬的各位领导、各位来宾，感谢大家莅临中海展示厅参观，我今天的讲解到此结束，有不到之处请多指正。大家可以继续自由参观，您可以在我们精心制作的电子签名与留影系统中留下身影，也可以在留言簿上为展示厅提出宝贵意见和建议。我们热忱期盼您的再次光临！谢谢！

【提示】这是一篇专题展览解说词。全文由标题、称呼、正文 3 部分构成。正文部分按照参观路线的空间顺序，分展厅介绍所陈列的实物，带领参观者重温历史，再现昨日故事。全文语言亲切自然，说明准确简洁。

三、知识概览

（一）解说词的含义

解说词是对人物、画面、展品或旅游景观进行讲解、说明、介绍的一种实用性文体，采用口头或书面解释的形式，或介绍人物的经历、身份、所做出的贡献（成绩）、社会对他（她）的评价等，或就事物的性质、特征、形状、成因、关系、功用等进行说明。

其作用有二：一是发挥对视觉的补充作用，让观众在观看实物和形象的同时，从听觉上得到形象的描述和解释，从而受到感染和教育；二是发挥对听觉的补充作用，即通过形象化的描述，使听众感知故事里的环境，犹如身临其境，从而达到情感上的共鸣。例如在电视纪录片《舌尖上的中国》第一季第一集中，"香格里拉，松树和栎树自然杂交林中，卓玛寻找着一种精灵般的食物——松茸"，通过"精灵"二字，观众已经对这种神秘的食材心驰神往，再配以卓玛在深山中寻找"精灵"的画面，让观众更加热切地想知道这种食材的"庐山真面目"。

（二）解说词的特点

主要有以下 4 点。

❶ 说明性

解说词是配合实物或图画的文字说明，便于观众一目了然。一般用不多的文字把实物介绍给观众，使观众借助简明的文字介绍，对实物或图画获得深刻认识。

❷ 文艺性

解说词并不是干涩地说明和说教，而是通过富有感染力的、形象的语言对实物和形象进行描绘，使一些表面上看起来普普通通的实物、平淡无奇的画面变得生机勃勃，甚至震撼人心，感人肺腑。所以，人们又常常认为一篇好的解说词就是一首感人的诗词。

❸ 大众化

解说词是供人看、供人听的，是通过语言的表达来发挥其作用的，所以语言文字必须雅俗共赏，为广大群众所喜闻乐见。

❹ 实用性

解说的目的是让观众对解说对象加深认识，增进了解，获得更多的信息，所带来的商业价值是不可估量的。

（三）解说词的分类

从内容上看，解说词主要可分为以下 3 类。

❶ 影视剧的解说词

这类解说词主要用于专题纪录片、体育比赛等，真实生动的画面，精彩激烈的场面，配以声情并茂的解说词，能使观众身临其境。这类解说词能发挥补充视觉的作用。

❷ 文物古迹的解说词

面对一些古代建筑、文物、古董等，通过导游人员的解说，能够带领参观者重温历史，再现昨日的故事，加深参观者的认识和感受。

❸ 专题展览的解说词

这类解说词与前一种解说词有相似之处，都是帮助观众在观看实物和形象的过程中加深感受。

（四）解说词的写作格式

解说词没有固定的写作格式，其写作内容形式多样，方法灵活，写法和普通文章相似。

❶ 影视新闻纪录片解说词

这类解说词紧扣画面内容，按画面转换顺序编写，无固定格式结构。

❷ 人物事迹展览解说词

这类解说词一般采用总分式结构。前言介绍人物的姓名、籍贯、身份、地位、主要贡献等，主体部分介绍人物在各个时期或各个方面的具体事迹。以说明为主，只在对人物评价时才用议论和抒情。

❸ 文物古迹解说词

这类解说词由引言、总说、分说和结束语4个部分构成，采用空间转换顺序，以说明和描写为主。

（五）解说词的写作要求

要写好解说词，具体要求如下。

❶ 了解解说对象，搜集有关素材

这是解说词写作的准备阶段，大量地搜集有关材料，深入了解解说对象的有关知识，对其做全方位的研究，是对解说对象精确介绍、生动描述的前提。

❷ 抓住被解说对象的特征和本质

对被解说的事物，应认真地进行分析研究，准确地抓住它的特征、本质和意义。

❸ 富有审美意义，发挥宣传作用

优美的文字能愉悦心情，净化心灵，说者娓娓道来，听者（看者）如痴如醉，这就要求写作者对解说对象的认识要有真知灼见，对所解说的事物，或褒或贬，爱憎分明。

❹ 运用准确、生动的语言

解说的概念，判断要准确；解说的用语，力求将抽象的事理形象化、高深的知识通俗化、复杂的程序简单化、静止的事物动态化、枯燥的东西趣味化等；解说中还可以用一些修辞方法，以增强语言的生动性和感染力。

❺ 每段解说词有相对的独立性

由画面来完成转接的承上启下，段落之间不需要有必然的联系。

四、知识链接

解说词应尽量慎用或少用的语言词汇

（1）模糊概念，如"几天前""几座""几种""非常漂亮"等。

（2）表意绝对的词语，如"登峰造极""举世无双""空前绝后"。

（3）感情色彩过于强烈的词汇，如"凶巴巴""恶狠狠""蛮横无理"。

（4）推断性、结论性语言，如"切实加强了""强力推动了"。

（5）不规范的网络语和方言。

（6）不常用的简称，尽可能不用，如"××市第一百货商店"不要写成"市百一店"，"市人民政府"不要写成"市府"等。

（7）避免使用容易引起歧义的词语和生造的词语。解说词主要是讲、念给人听的，有些音同或音近而义不同的词语，如不注意便会使听者发生误解。例如"全不"与"全部"，"治癌"与"致癌"，"死人"与"使人"等，听上去差不多，而意思大不一样，在使用这些词时就应慎重，尽可能换一个说法，如把"全部"改成"全都"，"治癌"改成"治疗癌症"，这样效果就更好一些。

五、本节训练

（一）网上自测

1. 单项选择题

（1）对人物、画面、展品或旅游景观进行讲解、说明、介绍的一种实用性文体是（ ）。

　　A. 导游词　　　　　B. 解说词　　　　　C. 演讲词　　　　　D. 开幕词

（2）下列属于风景名胜解说词的是（ ）。

　　A.《鸟的天堂解说词》　　　　　　　　B.《克隆预想解说词》

　　C.《网络发展解说词》　　　　　　　　D.《手机大挑战解说词》

（3）解说词的语言必须注重的是（ ）。

　　A. 可读性　　　　B. 可听性　　　　C. 可视性　　　　D. 可想性

（4）人物事迹展览解说词最主要的表达方式是（ ）。

　　A. 议论　　　　　B. 抒情　　　　　C. 说明　　　　　D. 描写

（5）下列关于解说词的说法正确的一项是（ ）。

　　A. 解说词主要应抓住解说对象的名称和作用这两部分

　　B. 解说词的写作形式灵活多变

　　C. 解说词就是"解释说明"，不能有艺术的渲染

　　D. 解说词只能运用说明的表达方式，着重强调事理性和真实性

2. 多项选择题

（1）解说词的类别有（ ）。

　　A. 运动会解说词　　　　　　　　　B. 专题展览解说词

　　C. 导游解说词　　　　　　　　　　D. 影视新闻纪录片解说词

　　E. 演讲会解说词

（2）下列不属于影视纪录片解说词通常采取的结构方式有（ ）。

　　A. 时间先后　　　B. 逻辑关系　　　C. 画面顺序

　　D. 空间关系　　　E. 递进关系

（3）解说词编写的具体对象有（ ）。

　　A. 画面　　　　　B. 人物　　　　　C. 实物

　　D. 场景　　　　　E. 天气

（4）下面关于解说词的语言说法正确的有（ ）。

　　A. 通俗明白　　　B. 深刻隽永　　　C. 生动形象

　　D. 含蓄委婉　　　E. 风趣幽默

（5）文物古迹解说词主要的表达方式有（　　　）。

    A．说明　　　　　　　　B．抒情　　　　　　C．描写

    D．议论　　　　　　　　E．想象

3. 判断题

（1）写作解说词时应理性客观，不可以用修辞手法。（　　　）

（2）影视纪录片的解说词都是由画面来完成转接的，因此，段落之间不需要有必然的联系。

（　　　）

（3）解说词可以用不规范的网络语和方言。（　　　）

（4）解说词选词造句要大众化，尽量少用冷僻的、专门的词语；要口语化，尽量不用文言文。

（　　　）

（5）解说词一般是配合实物或图片写的说明文字，因此，文字必须与实物一致。（　　　）

（6）解说词在写作时应全面具体，不要遗漏任何细节。（　　　）

（二）情境写作

9 月，全国各地的新生来到了你所在的美丽校园，请你写一篇校园环境解说词，让他们尽快地熟悉环境，融入校园生活。

要求：以学习小组为单位开展情境写作活动，做到内容完整，语言准确生动，书写规范。

（三）习作评改

根据情境，分组完成写作任务后，每组在自评的基础上将代表作品上传至学习通"群聊"进行互评和修改。

第十一节　医学科普文

一、任务导入

指出下列医学科普文（片段）存在的错误之处并修改。

皮肤癌与缺乏自查有关

你是否经常留意身上的斑点和痦子，看看它们的大小和颜色是否有明显变化。女性尤其应该多留意自己的腿部，因为大部分黑色素瘤都长在这里；男性则多发生在躯干、头部和颈部。

二、例文借鉴

【例文】

"盐"多必失——常量元素钠

一、钠——人体必备

酱油、盐是传统美食及美味之源。其实，盐这种日常调味料，除了对美味的贡献外，更重要的是它含有人体不可缺少的重要无机元素——钠。长期摄入过多的钠对健康有什么影响？人体到底需要多少钠？如何控制钠的摄入？《食品安全国家标准　预包装食品营养　标签通则》将钠作为唯一常量元素列在核心营养素行列中，钠是人体生命活动必需的重要物质。一般来说，成人体内含6 200～6 900mg。由于钠的化学性质非常活泼，因此食品中钠的存在形式是各种钠的化合物，如通常我们厨房常备的食盐（氯化钠）。下面我们来聊一聊钠的相关知识。

二、钠的主要来源

钠普遍存在于食物中，但人体中钠的主要来源为食盐、酱油、腌制肉类、酱咸菜等。

三、钠的生理功能

钠可参与生命活动，它可调节人体水分，保持渗透压，维持体液酸碱平衡，与生命活动能量的直接来源ATP的生成和利用、肌肉运动、心血管功能、能量代谢都有密切关系。糖代谢、氧的利用都有钠的参与。它还能维持血压正常、神经肌肉的兴奋性等。

四、摄入过量与不足

长期摄入较高量食盐，可能会增大高血压和胃癌发生的风险。急性过量摄入食盐（每天35～40g），可引起急性中毒、水肿、血压上升、血浆胆固醇升高、胃黏膜上皮细胞破裂等。一般情况下，钠不易缺乏，但某些情况下，如禁食、少食、膳食钠限制过低、高温、重体力劳动、过量出汗、腹泻等，如不及时补充，可能发生低钠血症。此症早期症状不明显，可有乏力、神情淡漠等现象。当血钠低于135mmol/L时，会出现恶心、呕吐、视力模糊、心率加速等现象，严重时，会导致休克和急性肾功能衰竭而死亡。

五、调控方案——营养标签指点

每天我们如何确保成人钠摄入量在正常范围内？这里就某品牌培根来指点迷津。根据《食品安全国家标准预包装食品营养标签通则》中规定：钠每天摄入量不要超过2 000mg（一般相当于6g食盐）。从培根外包装标签上附的营养成分表中我们可以了解到：每100g所含的钠为805mg，占一天所需钠的比例（营养素参考值）为40%（见下表）。若你吃了一片（约30g）培根，相当于摄入了241mg钠，占每天所需钠的12%，这天你还可以摄入88%的钠（见下图）。故接下来的食物摄入应关注其食物标签中钠的摄入量信息，并在此基础上进行调整。

某品牌培根部分营养成分表

项目	每100g	营养素参考值/%
能量	936kJ	11
蛋白质	15.6g	26
脂肪	17.3g	29
碳水化合物	1.8g	1
钠	805mg	40

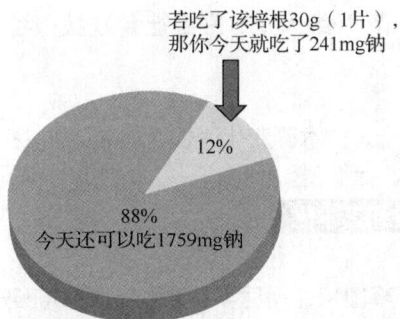

若吃了该培根30g（1片），那你今天就吃了241mg钠

12%

88%
今天还可以吃1759mg钠

六、误区：不咸=低钠

研究发现，吃盐过多会增加糖尿病、中风、心衰、肾病和癌症等风险。人们在吃盐方面存在多个误区，如不吃太咸的食物就不会摄入太多钠。其实，那些熟食、面包、三明治、麦乳精、曲奇饼干、炼乳、味精等不太咸的常见食物，也可能含有不少的钠，应重视这些食物营养标签的相关信息。

【提示】这是一份高水平的医学科普文。文章采用分类说明的顺序，运用列图表的说明方法，详细介绍了盐的功用以及盐的摄入量过多或过少带来的问题。全文结构完整，重点突出，关键点把握准确。

三、知识概览

（一）医学科普文的含义

医学科普文是把深奥的医学知识形象生动地向普通大众进行介绍和解释的科普文。医学科普文要求篇幅短小、深入浅出，同时又要形象生动。

（二）医学科普文的特点

医学科普文一般具有以下特点。

❶ 内容上具有思想性、知识性、科学性

（1）思想性

作为科普文的分支，医学科普文在向读者传授医学知识、介绍防病治病方法的同时，也肩负着宣传科学思想、科学精神、科学态度，破除封建迷信、消除愚昧的重任。

（2）知识性

医学科普文的主要目的是普及医学知识。医学知识越多，文章的价值越高。医学科普文不能仅仅做单纯经验的叙述、事实的报道和技术方法的介绍，而应阐明其中的医学知识、道理，让人们了解其中的原因。

（3）科学性

科学性是医学科普文的生命，没有科学性就不能称为医学科普文。错误的医学科普文会带来巨大的风险和后患，文中介绍的医学知识、方法、技术，都必须是定论。

❷ 选题上具有针对性、实用性和求新性

（1）针对性

由于疾病的发生、发展、蔓延、流行与时令、地域、人群以及环境因素有密切的关系，因此医学科普文需要针对不同性别、不同年龄、不同职业、不同文化层次、不同地区的人群进行针对性的介绍，才会收到比较好的社会效益。

（2）实用性

医学科普文通过把医学知识普及给大众，产生社会效益和经济效益。医学科普文需要解释实际问题。

（3）求新性

时代在发展，医学知识、观念、技术等变化很快，过去的方法与经验需要在新的理念下更正，尤其是新现象、新热点、新技术、新观念。

❸ 表达上的通俗性、精练性和艺术性

（1）通俗性

把深奥的医学知识浅显地解释出来，是医学科普文的重要任务。医学科普文应避免使用过于专业的名词、概念，宜采用比喻、比较、举例子、列图表、列数据等说明方法，把抽象的道理形象化。

（2）精练性

医学科普文一般要求篇幅短小、选题单一、知识容量小。

（3）艺术性

医学科普文要形象生动，运用多种表达方式和手段，提高可读性与感染力。

（三）医学科普文的分类

目前，医学科普文并没有进行科学分类。如果对其从内容与手段上进行分类，大致如下：从内容上划分，有疾病介绍、药品介绍、医疗技术介绍等；从制作手段上划分，有文字类、图片类、音频类、视频类；从文章的表达方式上划分，有自述式、寓言式、对话式、论说式。

（四）医学科普文的格式

与公文写作要遵守统一的格式要求不同，医学科普文的写作力求创新。一般来说，它由标题与正文构成。

❶ 标题

与文学创作一样，医学科普文的标题具有一定的艺术性。标题一般能够体现主题、体现内容或者体现写作对象。标题可以采用比喻、拟人、谐音、设问、修辞手法吸引读者的注意。

❷ 正文

医学科普文的正文一般由开头、主体与结尾3部分组成。

（1）开头

开头主要是引出写作对象、引起读者关注，或设置悬念，或引用，或叙述故事等。

医学科普文开头常用的4种方法如下。

① 开门见山法：开头即交代写作对象，表明观点。

② 引用法：开头可以引用故事、数据等，目的是吸引读者注意，激发阅读兴趣。

③ 设置悬念法：这也是为了引发读者的阅读兴趣。

④ 比喻法：运用类比或者比喻的方法开头。

（2）主体

主体部分解释现象、分析原因。这是医学科普文的主要内容，必须对相关概念、医学知识进行详细讲解，对介绍对象进行重点介绍，按照一定的结构与思路，把复杂深奥的医学知识形象生动地讲解出来，要特别注意说明方法的运用。

（3）结尾

结尾部分总结全文，回顾观点，强调主题。

（五）医学科普文的写作要求

❶ 用词要规范

专业术语要规范，不能虚构概念。

❷ 观点要正确

例如"沙眼是由沙眼病毒引起的"，这就不正确，沙眼其实是由衣原体引起的，衣原体不属于病毒。

❸ 材料要准确

数据来源必须清楚，具有权威性与说服力。

（六）医学科普文的写作方法

❶ 标题的拟定方法

标题中一般应当出现写作对象，以写作对象为关键词，加后缀。有的可以直接点明写作对象。例如"发热，好还是不好？""人脑中的河"。

❷ 正文主体部分的思路与结构

正文的主体部分，可以采用问答式，也可以采用论说的文体，或纯粹的说明文。正文可以有纵向结构与横向结构：纵向结构是从现象到原因到解决方法的纵深，横向结构指一个事物的多角度多重原因的解释。也可以采用小标题的形式分层介绍。

四、知识链接

医学科普文的常见问题

1. 标题错误

如标题夸大功能，结果误导读者。例如《皮肤癌与缺乏自查有关》，该文的标题传达了这样一个信息：患皮肤癌，与缺乏自查有关。换言之，皮肤癌有可能是因为没有自查引起的。这在医学上是不成立的，尽管皮肤癌致病原因很多，但绝不会因为没有自查而得了皮肤癌。读过文章后才发现，其实文章讲的是皮肤癌难以早期发现与缺乏自查有关。文章的内容是对的。显然，文章内容与文章题目的意思差之千里。又如《心脑血管病变时间能预测》，对行内人来说，一看该文的标题就知有掺假成分。

2. 引用不严谨

引用科研成果，以偏概全，使读者无所适从。如引用《使用手机不会影响健康》。但是，引用的另外一篇文章《长期使用手机容易患脑癌》，其表达的意思又完全相反。对于这类科研成果，应严格把关，并标明出处，对研究结果相反的报道，应慎重刊出。

3. 数据不真实

文章中采用的数据不加核实，道听途说，随意使用。这样，人云亦云，就造成错误信息流传。以上都是医学科普文写作过程中必须注意和克服的问题。

五、本节训练

（一）网上自测

1. 单项选择题

（1）医学科普文的标题"使用手机不会影响健康"错误的原因是（　　）。

　　A. 夸大影响　　　　B. 材料引用不准确　　C. 没有科学依据　　D. 以偏概全

（2）符合医学科普文词语运用规范的一项是（　　）。

　　A. 不使用专业术语　　　　　　　　　B. 可以使用俗话

　　C. 专业术语要运用规定的名词　　　　D. 为了需要可以更改专业术语

（3）"疾病的自述"这个标题造成医学科普文描述不正确的主要原因是（　　）。

　　A. 范围太广　　　　　　　　　　　　B. 对象不明

　　C. 不适合采用第一人称　　　　　　　D. 无法找到突破口和立足点

（4）"登革热是登革病毒经蚊媒传播引起的急性虫媒传染病。登革病毒感染后可导致隐性感染、登革热、登革出血热……"这一开头采用的方式是（　　）。

　　A. 开门见山　　　　B. 类比开头　　　　C. 故事开头　　　　D. 引用开头

（5）"对乙酰氨基酚片属于解热镇痛药物，主要用于发热、头痛、关节痛等，它通过抑制环氧化酶，选择性地抑制下丘脑体温中枢前列腺素的合成，导致外周血管扩张出汗，从而达到解热的作用。通过抑制前列腺素的合成和释放，提高痛阈，从而起到镇痛作用。"此文中专业术语运用数量正确的一项是（　　）。

　　A. 1个　　　　　　B. 2个　　　　　　C. 3个　　　　　　D. 4个以上

（6）"生殖隔离就是一物种，在不同环境下进化，最后这同一物种之间不可孕育后代或者后代不可孕育。简单点就是驴和马，属于同一物种进化而来的，但是马和驴交配后可产下骡子，骡子不可孕育后代，这就是生殖隔离。还有狮子和老虎交配后产下的狮虎兽和虎狮兽都不可以孕育下一代。"对该文运用的说明方法理解不正确的一项是（　　　）。

    A．做诠释　　　　　　B．打比方　　　　　　C．下定义　　　　　　D．对比

2. 判断题

（1）医学科普文只能是说明文。　　　　　　　　　　　　　　　　　　　（　　　）

（2）医学科普文必须注意材料的真实可靠。　　　　　　　　　　　　　（　　　）

（3）医学科普文的结构包括标题、主体、落款。　　　　　　　　　　　（　　　）

（4）医学科普文的观点必须有定论。　　　　　　　　　　　　　　　　（　　　）

（5）医学科普文的语言是形象生动的，因此专业术语尽量不用。　　　（　　　）

（6）医学科普文不能运用问答式写作。　　　　　　　　　　　　　　　（　　　）

（二）情境写作

    张明是××医院新入职的护士。护士长为了做好医学科普宣传，需要制作宣传展板。展板上的文字内容是"糖尿病病人的饮食要注意哪些问题？"。护士长把这个任务交给了张明。那么，这个医学科普文应怎样写呢？

    要求：以学习小组为单位开展情境写作活动，培养科学务实精神，增强责任感。做到内容正确，形式新颖，语言简明，书写规范。

（三）习作评改

    根据情境，分组完成写作任务后，每组在自评的基础上将代表作品上传至学习通"群聊"进行互评和修改。

第六章　创业发展类实用文书

引言

　　创业发展类实用文书是单位和个人适应创业与发展的需要而写的文书。因为大众创业、万众创新是党和国家对人民的殷切期望，也是时代发展的必然要求，所以此类文书的写作是实用写作的重要作用在创业活动中的具体体现。

　　本章主要介绍市场调查报告、合同书、招标书、投标书、商务函件、活动方案等文书的写作。通过学习，了解其概念、特点和重要作用，掌握其写法和要求，以便今后从事创业活动正确运用。

第一节　市场调查报告

一、任务导入

　　指出下面的调查报告的错误之处，并根据市场调查报告的写作要求改写。

从劳动中得到的

　　今年夏天我利用放暑假的机会，到毛纺厂打了一个多月的工。活虽然简单但艰苦，只凭着力气。所拉的那些大包、大件每个起码都有100千克，重的可达180千克。每辆车上只有4个人，两人抬一包，一点儿都不能偷懒，说句实在话，我以前虽也打过几次临时工，可这么累的活还是第一次碰到，况且酷暑炎炎，简直令我难以忍受，有好几次烦得我心头直冒火，几乎要拔腿一走了事，可最终没有走成。因为我不愿意服输。当然，工人们对家事、国事、天下事的议论，对我也很有吸引力，另外，我还想趁机了解一下厂里的管理情况。

　　以前，我认为工人们只知道干活、谈工资、讲奖金、发牢骚，可是当我第一次来到他们之间时，便知道我错了，这些人谈天说地懂得的还真不少。我感到有些惊讶，刚开始我认为他们只不过是海阔天空，毫无根据地闲扯而已，没什么价值，可后来，我慢慢地觉察到他们的闲扯有的还很深刻，称得上有独到的见解。有些观点我虽认为不对，可也不知道怎么反驳他们，虽然如此，他们的见解、争论都迫使我去学习、去思考，无形中加深了我对社会、生活和人生的进一步理解，锻炼了我的思考能力，使我变得更加成熟。

　　在工厂的打工经历，让我切身体验到工厂里的管理混乱给生产带来的种种弊端。拿我们工厂来说吧，我们这辆车的任务是配料和入库。但由于没有统一的调度，我们常常要跑冤枉路，做用工，从这类事情中，我感受到加强管理的重要性。当然，改革是不容易的，会有很多阻力，但难度再大，阻力再多，改革势在必行，不改革就没有出路。

　　一个多月的打工生活结束了，我觉得这段时间过还是很有意义的，给我的教益很大，不仅磨砺了我的毅力，锻炼了我的体魄，而且增强了我今后战胜困苦的勇气和信心。总而言之，我很赞成大学生深入社会，去锻炼、去实践，这无论对于国家还是对于个人的成长，都是大有裨益的，这也是我的一点儿体会。

二、例文借鉴

【例文】

关于当代青年消费问题的调查报告

中国青少年研究中心联合北京、上海、广州、山东、辽宁、黑龙江6个地方的青少年研究所和广西壮族自治区团校，最近在全国9个省、直辖市、自治区对青年人的消费现状与趋势、消费结构进行了大规模调查。

一、消费现状与趋势

1. 饮食日益注重营养

在"你对饮食最注重的是什么"一问中，青年人回答"讲究营养"的人数占40.4%，为"方便省事"的占25.3%，"吃饱就行"的占23.4%。

2. 穿着注重"方便舒适"和"体现个性"

在"你对服饰穿着最注重的是什么"一问中，青年人回答"方便舒适"的人数占46.6%，回答"体现个性"的人数占30.5%，回答"款式新颖"的人数占16.5%，回答"讲究名牌时髦"的人数占6.4%。

3. 住宅舒适被列为改善生活的主要目标

在对"你认为生活改善的主要目标是什么"一问的回答中，多达55.9%的青年人把"住宅舒适"列为改善生活的主要目标，其次才是"旅游"，占21.9%，"家用电器齐全"占16.1%。在被调查的青年人中，约有1/3的人想买房，但认为房价过高。

4. 沿海地区青年人买大件消费品趋向高档化

据一些大城市及沿海经济发达地区的调查显示，青年人高档消费的指向产品，依需求人数比例高低排列的顺序是：立体声音响（46.8%）、空调（40.5%）、彩色电视（39.7%）、摩托车（37.6%）、电冰箱（31.5%）。

二、消费结构失衡

在调查中发现，现在青年人的消费结构有两个失衡之处：一是物质消费增长很快，精神消费则严重滞后；二是在精神消费中重娱乐消遣，轻读书学习。

据对9个省、直辖市、自治区的调查，青年人中"基本不买书报"的人占被调查人数的12.6%，"偶尔买点"的人数占26.4%，把"购买书报列为每月固定支出项目"的却只有9.9%；家中基本没有藏书（藏书在50册以下）的青年人多达34%，而拥有100册以上的人仅占28%。这种情况令人忧虑。消费结构失衡，不利于青年一代健康成长。因此，结合加强爱国主义教育，鼓励和引导青年人多读书、读好书，应当受到社会各界的关注。

【提示】这篇消费情况调查报告。正文概要部分写调查的发起者、调查地区和调查对象；主体部分采用并列横式结构，分别写调查情况或结论；在写结论时，本文十分注重数字说明，数字结论互相联系，观点材料水乳交融；本文没有专门的结尾。全文语言简洁，观点鲜明，有理有据，令人信服。

三、知识概览

（一）市场调查报告的含义

市场调查报告，就是根据市场调查，收集、记录、整理和分析市场对商品的需求状况以及与此有关的资料的文书。换句话说就是用市场经济规律去分析，进行深入细致的调查研究，透过市场现状，揭示市场运行的规律、本质。市场调查报告是市场调查人员以书面形式，反映市场调查内容及工作过程，并提供调查结论和建议的报告。市场调查报告是市场调查研究成果的集中体现，其撰写的好坏将直接影响到整个市场调查研究工作的成果质量。一份好的市场调查报告，能给企业的市场经营活动提供有效的导向作用，能为企业的决策提供客观依据。

（二）市场调查报告的特点

❶ 针对性

市场调查报告主要是针对市场中值得注意的某一情况、某一问题、某一成功经验而写的。

❷ 真实性

市场调查报告是在掌握了充分的调查事实基础上形成的，必须尊重客观实际，用真实的典型的事实说话。

❸ 逻辑性

市场调查报告离不开确凿的事实，但又不是材料的机械堆砌，而是对核实无误的数据和事实进行严密的逻辑论证，探明事物发展变化的原因，预测事物发展变化的趋势，揭示本质性和规律性的东西，得出科学的结论。

（三）市场调查报告的分类

根据不同划分标准，市场调查报告可以分为不同的种类。

❶ 按服务对象分

按服务对象分，市场调查报告可分为市场需求者调查报告（消费者调查报告）、市场供应者调查报告（生产者调查报告）。

❷ 按调研范围分

按调研范围分，市场调查报告可分为区域性市场调查报告、全国性市场调查报告、国际性市场调查报告。

❸ 按调研频率分

按调研频率分，市场调查报告可分为经常性市场调查报告、定期性市场调查报告、临时性市场调查报告。

❹ 按调研对象分

按调研对象分，市场调查报告可分为商品市场调查报告、房地产市场调查报告、金融市场调查报告、投资市场调查报告等。

（四）市场调查的常用方法

❶ 现场调查法

现场调查法指到现场直接观察、记录调查对象的行为和言词，了解调查对象的购买意向和对商品的意见。

❷ 访问调查法

进行个人访问、开座谈会、电话询问、邮件调查需预先准备好要询问的问题，设计好问卷。

❸ 实验调查法

实验调查法指用试行销售以征求意见，如通过试销会、展销会、订货会、博览会等。

❹ 统计分析法

统计分析法指利用企业的销售情况表、会计报表等进行统计分析的调查方法。

（五）市场调查报告的结构和写法

① 标题

标题常见的形式有两种：一种是公文式标题，如"关于吉诺尔冰箱市场前景的调查"；另一种是双行标题，正题揭示调查主旨、意义，副题说明调查对象、内容，如"竞争在今天，希望在明天——全国洗衣机用户问卷调查"。

② 正文

（1）导言

导言须高度概括，简明扼要。写明调查的基本情况，如调查目的、时间、地点、对象、范围、调查方法等。也可介绍报告的主要内容、观点。

（2）主体

主体一般分为3个层次。

① 基本情况：介绍调查材料的获得、经过归纳整理的资料数据及图表。

② 分析及结论：写对资料数据如何分析、归纳；写发现的问题、关于市场状况的结论。

③ 建议：根据分析及结论，提出有针对性的对策或措施。

（3）结尾

结尾可以概括全文的观点，写出总结式的意见；或说明调查中存在的问题，主要的情况倾向；或预测可能遇到的风险等。也可以不另加结尾。

四、知识链接

市场调查报告的写作方法

1. 深入调查，充分占有材料

写调查报告，最根本的是一定要做好调查研究工作。调查研究是写好调查报告的基础、前提和先决条件。只有材料充分、全面，才有助于调查者正确地分析情况，做出正确的判断，也才能找出规律性的东西。材料主要有现实的和历史的材料、"点"和"面"的材料、正面的和反面的材料、典型的和一般的材料、直接的和间接的材料。

2. 分析材料，正确提炼主题

在搜集材料的基础上，要认真进行核实和分析，以便去伪存真、去粗取精、由此及彼、由表及里。

3. 恰当选用材料

要善于用材料说明观点，从比较中说明观点，用数字说明观点。

五、本节训练

（一）网上自测

1. 单项选择题

（1）对一个班的所有同学进行调查所采用的调查方法是（ ）。

    A. 全面调查   B. 重点调查   C. 抽样调查   D. 个案调查

（2）下列不属于访谈的一项是（ ）。

    A. 微信访谈   B. QQ访谈   C. 面谈   D. 通过第三方转告

（3）问卷设计中主观性问题的数量最多控制在（ ）。

    A. 1～2个   B. 3～4个   C. 5～6个   D. 7个以上

（4）与社会调查研究的准备阶段的工作内容不相符的一项是（ ）。

    A. 课题的选择   B. 确定及其影响因素的分析

　　C. 探索性研究　　　　　　　　　　　　D. 假设

（5）"××厂迅速崛起的事实表明，公有制企业特别是大中型企业蕴藏着巨大活力，只要转换经营机制，加强管理，它的优越性就能充分发挥出来。"这样的结尾属于（　　　）。

　　A. 总结全文，强化主旨　　　　　　　　B. 提出问题，启发思考

　　C. 提出建议，引起注意　　　　　　　　D. 照应前文，升华主题

2. 判断题

（1）调查报告的命题从实质来说就是一种假设。　　　　　　　　　　　　　　（　　）

（2）问卷的基本结构包括调查问卷的题目、调查与填表说明书、问卷主题内容、实施情况记录等。　　　　　　　　　　　　　　　　　　　　　　　　　　　　　　　　　　　（　　）

（3）个案调查是对某一个人进行全面、深入的调查研究的方法。　　　　　　　　（　　）

（4）"从劳动中得到的"为一篇调查报告的标题，这个标题属于单标题，揭示了报告的主题。
　　　　　　　　　　　　　　　　　　　　　　　　　　　　　　　　　　　　（　　）

（5）调查报告的撰写分为两个步骤：调查研究和书写报告。　　　　　　　　　　（　　）

（6）按照事件发生、发展的先后顺序，层层分析说明问题的结构模式属于横式结构。（　　）

（二）情境写作

你所在的班级手机品牌的使用情况是怎样的？请进行一次全面调查，并将结果写成调查报告。

要求：以学习小组为单位开展情境写作活动，培养求真务实精神，增强责任感。做到格式正确，内容完整，语言通俗流畅，书写规范。

（三）习作评改

根据情境，分组完成写作任务后，每组在自评的基础上将代表作品上传至学习通"群聊"进行互评和修改。

第二节　经济合同

一、任务导入

指出下列文稿的错误之处，并根据经济合同的写作要求进行修改。

购销合同

购货单位：_____，以下简称甲方。

供货单位：_____，以下简称乙方。

第一条　产品的名称、品种、规格和质量

第二条　产品的数量和计量单位、计量方法

1. 产品型号：_____；数量：_____；金额：_____。

2. 产品型号：_____；数量：_____；金额：_____。

第三条　产品货款的结算

产品货款的结算：产品的货款、实际支付的运杂费和其他费用的结算，按照中国人民银行结算办法的规定办理。

第四条　验收方法_____

第五条　对产品提出异议的时间和办法

1. 甲方在验收中，如果发现产品的品种、型号、规格、花色和质量不合规定，应一边妥为保

管，一边在30天内向乙方提出书面异议；在托收承付期内，甲方有权拒付不符合合同规定部分的货款。甲方怠于通知或者自标的物收到之日起两年内未通知乙方的，视为产品合乎规定。

2. 甲方因使用、保管、保养不善等造成产品质量下降的，不得提出异议。

3. 乙方在接到需方书面异议后，应在10天内负责处理，否则，即视为默认甲方提出的异议和处理意见。

第六条 乙方的违约责任

1. 乙方不能交货的，应向甲方偿付不能交货部分货款的___%的违约金。

2. 乙方所交产品品种、型号、规格、质量不符合规定的，由乙方负责包换或包修，并承担修理、调换或退货而支付的实际费用。

3. 乙方逾期交货的，应比照中国人民银行有关延期付款的规定，按逾期交货部分货款计算，向甲方偿付逾期交货的违约金，并承担甲方因此所受的损失费用。

4. 产品错发到货地点或接货人的，乙方除应负责运交合同规定的到货地点或接货人外，还应承担甲方因此多支付的一切实际费用和逾期交货的违约金。

第七条 甲方的违约责任

1. 甲方中途退货，应向乙方偿付退货部分货款___%的违约金。

2. 甲方逾期付款的，应按中国人民银行有关延期付款的规定向乙方偿付逾期付款的违约金。

第八条 不可抗力

甲乙双方的任何一方由于不可抗力的原因不能履行合同时，应及时向对方通报不能履行或不能完全履行的理由，以减轻可能给对方造成的损失，在取得有关机构证明以后，允许延期履行、部分履行或者不履行合同，并根据情况可部分或全部免予承担违约责任。

第九条 其他_____

本合同如发生纠纷，当事人双方应当及时协商解决，协商不成时，任何一方均可请业务主管机关调解或者向仲裁委员会申请仲裁，也可以直接向人民法院起诉。

购货单位（甲方）：____　　供货单位（乙方）：___
法定代表人：_____　　法定代表人：_____
地址：_____　　地址：_____
开户银行：_____　　开户银行：_____
账号：_____　　账号：_____
电话：_____　　电话：_____
___年__月__日

二、例文借鉴

【例文】

房屋租赁合同

本合同双方当事人：

出租方（以下简称甲方）：_____（本人）（授权代表）姓名：_____
国籍：_____（身份证）（护照）（营业执照）号码：_____
地址：_____邮政编码：_____联系电话：_____传真：_____
E-mail：_____
承租方（以下简称乙方）：_____（本人）（授权代表）姓名：_____
国籍：_____（身份证）（护照）（营业执照）号码：_____地址：

_____邮政编码：_____联系电话：_____传真：_____E-mail：_____

根据《中华人民共和国合同法》《中华人民共和国城市房地产管理法》及其他有关法律、法规规定，在平等、自愿、协商一致的基础上，甲、乙双方就下列房屋的租赁达成以下协议。

一、房屋基本情况。甲方房屋（以下简称该房屋）坐落于_____，位于第____层，共_____（套）____（间），房屋结构为_____，建筑面积为_____平方米（其中实际建筑面积为_____平方米，公共部位与公用房屋分摊建筑面积为_____平方米）；该房屋的土地使用权以〔出让〕〔划拨〕方式取得；该房屋平面图见本合同附件一，该房屋附着设施见附件二；〔房屋所有权证号、土地使用权证号〕〔房地产权证号〕为_____。

二、房屋用途。该房屋用途为_____。除双方另有约定外，乙方不得任意改变房屋用途。

三、租赁期限。租赁期限自____年____月____日至____年____月____日止。

四、租金。该房屋租金为（____币）____万____千____百____十____元整。租赁期间，如遇到市场变化，双方可另行协商调整租金标准；除此之外，出租方不得以任何理由任意调整租金。

五、付款方式。乙方应于本合同生效之日向甲方支付定金（____币）____万____千____百____十____元整。租金按〔月〕〔季〕〔年〕结算，由乙方于每〔月〕〔季〕〔年〕的第____个月的____日交付给甲方。

六、交付房屋期限。甲方于本合同生效之日起____日内，将该房屋交付给乙方。

七、甲方对产权的承诺。甲方保证在出租的该房屋没有产权纠纷；除补充协议另有约定外，有关按揭、抵押债务、税项及租金等，甲方均在出租该房屋前办妥。出租后如有上述未清事项，由甲方承担全部责任，由此给乙方造成经济损失的，由甲方负责赔偿。

八、维修养护责任。租赁期间，甲方对房屋及其附着设施每隔____〔月〕〔年〕检查、修缮一次，乙方应予积极协助，不得阻挠施工。正常的房屋大修理费用由甲方承担；日常的房屋维修由____方承担。因乙方管理使用不善造成房屋及其相连设备的损失和维修费用，由乙方承担责任并赔偿损失。租赁期间，防火安全、门前"三包"、综合治理及安全、保卫等工作，乙方应执行当地有关部门规定并承担全部责任和服从甲方监督检查。

九、关于装修和改变房屋结构的约定。乙方不得随意损坏房屋设施，如需改变房屋的内部结构和装修或设置对房屋结构有影响的设备，需先征得甲方书面同意，费用由乙方自理。退租时，除另有约定外，甲方有权要求乙方按原状恢复或向甲方支付恢复原状所需费用。

十、关于房屋租赁期间的有关费用。在房屋租赁期间，以下费用由乙方支付，并由乙方承担延期付款的违约责任：（1）水、电费；（2）煤气费；（3）电话费；（4）物业管理费；（5）_____；（6）_____。

在租赁期，如果发生政府有关部门征收本合同未列出项目但与使用该房屋有关的费用，均由乙方支付。

十一、租赁期满。租赁期满后，本合同即终止，届时乙方须将房屋退还甲方。如乙方要求继续租赁，则须提前____个月书面向甲方提出，甲方在合同期满前____个月内向乙方正式书面答复。双方可在对租金、期限重新协商后，签订新的租赁合同。

该合同一式两份，甲乙双方各执一份为凭。

签字（单位则盖章）：甲方：　　　　　　　　乙方：

日期：

【提示】这是一份房屋租赁合同，采用条文式写法，对双方的义务、主要的房屋情况以及租金、支付方式等做了详细规定。该合同条款齐全，语言通俗、准确，表意周密，值得借鉴。

三、知识概览

（一）经济合同的含义和用途

按《中华人民共和国合同法》的规定，合同是平等主体的自然人、法人、其他组织之间设立、变更、终止民事权利义务关系的协议。

经济合同则是自然人、法人、其他组织之间为实现一定的经济目的，明确相互的权利义务关系而订立的书面协议。经济合同具有法律约束力。

（二）经济合同的特点

1　限定性

立约人必须是具有法律行为能力者。签订合同的签约双方，须具有法人资格。

2　互利性

当事人双方要平等相待，协商一致，自愿、公平、诚信，互利互惠。

3　约束性

合同是依法签订的，对各方均具法律约束力。

（三）经济合同的类型

按照《中华人民共和国合同法》，可将合同分为 15 种，即买卖合同、供用电水气热力合同、赠与合同、借款合同、租赁合同、融资租赁合同、承揽合同、建设工程合同、运输合同、技术合同、保管合同、仓储合同、委托合同、经纪合同、居间合同等。

按照格式和写法分，经济合同分为下列 3 种类型。

1　条款式合同

将各方协商一致的内容逐条记载下来的合同为条款式合同。

2　固定式合同

固定式合同是印制成一种固定格式的合同。把达成的协议逐项填入空档处。

3　条款和表格结合式合同

用表格固定共性内容，用条款另写协商形成的意见，这种合同为条款和表格结合式合同。

（四）经济合同的结构和写法

1　标题

标题由合同性质或内容加文种组成，如"购销合同"。

2　立合同人

立合同人即合同当事人名称或者姓名。准确写出签约双方的全称、全名，并注明双方固定指代，如一般写"甲方""乙方"，如有第三方，可将其称为"丙方"。

贸易合同有时可指代为"卖方""买方"，但不能用"你方""我方"。

3　引言（开头）

引言需写明订立合同的目的、根据，是否经过平等、友好协商等。

4　主体

主体内容由合同当事人各方约定。写明各方所承担的法律责任和应享有的权利。主要条款如下。

（1）标的

标的指合同当事人的权利义务所共同指向的对象，即合同的基本条款。如购销合同卖方交付的出卖物。

（2）数量、质量要求

数量是标的的具体指标，必须规定得明确具体。数字要准确，计量单位必须精确。质量含使用材料、质地、性能、用途，甚至保质期等。

（3）价款或报酬

要明确标的的总价、单价、货币种类及计算标准，付款方式、程序，结算方式。

（4）合同履行的期限、地点和方式

履约期限就是合同的有效期限，过时属违约。日期用公元纪年，年、月、日书写齐全。地点要写具体、准确。

履行方式是当事人履约的具体办法，如借贷合同的出资方要以提供一定的货币来履约等。

（5）违约责任

应考虑周全，需逐一估计其可能发生的事，写明如何处理等。写明如出现不能预料、无法躲避且不可抗拒的因素，如何对待条款。

❺ 尾部

（1）写有关必要的说明：解决争议的方法、合同的份数、保管及有效期、附件、表格、图纸、实物等。

（2）落款：双方单位全称和代表姓名，并签名盖章；有效地址、邮政编码、电子邮箱、电话、电报挂号，开户银行、账号等。

四、知识链接

正确理解合同的相关概念

❶ 合同生效

合同生效指合同具备一定的要件后，便能产生法律上的效力。换句话说，只要是符合法定生效要件的合同，便可以受到法律的保护，并能够产生合同当事人所预期的法律效果。合同生效与合同成立虽然是两个不同的概念，但二者之间具有密切的联系。合同成立是合同生效的前提，而且依法成立的合同自成立时即生效，这是合同生效的一般原则。

❷ 合同履行

合同依法成立，即具有法律约束力。一切与合同有关的部门、人员都必须本着"重合同、守信誉"的原则，严格执行合同所规定的义务，确保合同的实际履行或全面履行。

❸ 变更解除

在合同履行过程中，碰到困难的，首先应尽一切努力克服困难，尽力保障合同的履行。如实际履行或适当履行确有人力不可克服的困难而需变更或解除合同时，应在法律规定或合理期限内与对方当事人进行协商。对方当事人提出变更、解除合同的，应从维护本公司合法权益出发，从严控制。变更、解除合同，必须符合《中华人民共和国合同法》的规定。

❹ 纠纷处理

根据《仲裁法》的有关规定，在合同争议仲裁过程中，应当遵循下列基本原则。

（1）以事实为根据，以法律为准绳的原则。

（2）先行调解原则。

（3）保障当事人平等地行使权利的原则。

（4）一次裁决原则。

（5）独立仲裁原则。

5 **有关合同的法律**

一般除了遵守《中华人民共和国合同法》之外，涉及合同的内容应遵守行业法律，比如劳动合同应遵守《中华人民共和国劳动法》等。

6 **无效合同**

根据《中华人民共和国合同法》的规定，有下列情形之一的，可认定合同或者部分合同条款无效：

（1）一方以欺诈、胁迫的手段订立的损害国家利益的合同；

（2）恶意串通，并损害国家、集体或第三人利益的合同；

（3）以合法形式掩盖非法目的的合同；

（4）损害社会公共利益的合同；

（5）违反法律和行政法规的强制性规定的合同；

（6）提供格式条款一方免除责任、加重对方责任、排除对方主要权利的条款无效。

五、本节训练

（一）网上自测

1. 单项选择题

（1）下列表述中不属于合同特点的是（　　　）。

　　A. 合同必须是双方真实意思的表达

　　B. 合同在平等自愿的原则基础上签订

　　C. 合同因为规定了时间，因此具有时效性

　　D. 合同因为是双方法定代表人签订的，因此至少一方必须是法人

（2）关于合同标题的说法正确的是（　　　）。

　　A. 单位名称+事由+文种　　　　　　　B. 合同内容或性质+文种

　　C. 合同的标题必须表现双方的共同意愿　　D. 合同的标题字体必须是 3 号宋体

（3）张三为了获得公积金假意与李四签订了装修合同，它所违背合同要求的一项是（　　　）。

　　A. 合同必须自愿的要求　　　　　　　　B. 合同必须真实的要求

　　C. 合同必须双方自愿的要求　　　　　　D. 合同必须平等的要求

（4）张强到某医院上班，他与该医院应签订的合同是（　　　）。

　　A. 劳资合同　　　B. 劳动合同　　　C. 买卖合同　　　D. 保险合同

（5）下列不属于书面合同的是（　　　）。

　　A. 合同书　　　　　B. 信件　　　　C. 传真　　　　　D. 通话告知的视频

（6）下面支付方式中不规范的一项是（　　　）。

　　A. 银行转账支票　　　　　　　　　　B. 汇票（电汇、票汇、信汇）

　　C. 信用证　　　　　　　　　　　　　D. 以货抵押

2. 判断题

（1）张三与妻子离婚，双方就孩子的抚养达成一项协议，这份协议不属于合同。　　（　　）

（2）服务合同应约定详细的服务内容及要求。　　　　　　　　　　　　　　　　（　　）

（3）合同中数量采用国际标准的计量单位，约定标的物数量。　　　　　　　　　（　　）

（4）合同成立是合同生效的前提，而且依法成立的合同自成立时生效。　　　　　（　　）

（5）对技术类合同和其他涉及经营信息、技术信息的合同应约定保密承诺与违反保密承诺时的违约责任。　　　　　　　　　　　　　　　　　　　　　　　　　　　　　　　（　　）

（6）如实际履行或适当履行确有人力不可克服的困难而需变更或解除合同时，应在法律规定或合理期限内与对方当事人进行协商。　　　　　　　　　　　　　　　　　　　　　（　　）

（二）情境写作

张敏同学系某职业技术学院学生，即将到外地实习。由于实习单位不提供住宿，张敏在外地需要租赁房屋。那么，这份房屋租赁合同应怎样写呢?

要求：以学习小组为单位开展情境写作活动，培养竞争意识，增强责任感。做到格式正确，条款齐全，语言准确周密，书写规范。

（三）习作评改

根据情境，分组完成写作任务后，每组在自评的基础上将代表作品上传至学习通"群聊"进行互评和修改。

第三节　招标书

一、任务导入

指出下列文书的错误之处，并根据招标书的写作要求，改写为一份规范的文书。

××省机电设备招标公司招标公告

××省机电设备公司受××区政府采购中心委托就电教设备项目进行国内公开招标，邀请有兴趣的合格投标人参加投标。

招标编号：018a2018××

招标名称及数量：投影机11台，电动银屏15张，计算机12台。详细技术规格参阅招标文件中的用户需求。

交货时间：所购设备合同签订后30日内交付。

购买标书时间：2018年2月12日至2018年2月25日。

购买标书地点：银华大厦13楼。

投标截止及开标时间：2018年3月5日。

联系方式：有关此次招标事宜，可按下列联系方式向招标机构查询。

地址：西城区

传真：××××××××

网址：××××××××

联系人：李先生

开户银行：××××

账号：××××

××省机电设备招标公司
2018年1月21日

二、例文借鉴

【例文1】

××省国土资源信息中心交换机公开招标信息公告

计划编号：　　×财采计（2018）××××　　发布时间：　　2018-04-23

（采购计划编号：×财采计（2018）×××号，省直政府采购编号：HNSZZFCG-2018-×××）

××省省直机关政府采购中心受××省国土资源信息中心的委托，对其所需交换机进行公开招标采购，热忱欢迎合格的供应商前来投标。

一、采购项目名称及内容

交换机30台。

二、投标人资格要求

（一）投标人必须是在中国境内注册，有独立法人资格和承担民事责任能力。

（二）投标人必须符合《中华人民共和国政府采购法》第二十二条规定的内容。

（三）注册资金500万元（含500万元以上）。

（四）投标人成立3年以上。

（五）符合采购文件关于资质的其他要求。

三、采购文件发售时间、地点

采购文件从即日起，每天8:30—12:00、14:30—17:30在××省省直机关政府采购中心标书编制部（702室）发售。

四、采购文件售价

采购文件每份售价为400元人民币，售后不退。

五、投标截止时间和开标时间及地点

投标保证金截止时间：2018年5月15日上午9:00。

投标截止及开标时间：2018年5月15日上午9:30。

投标及开标地点：××省省直机关政府采购中心7楼会议室（详见当天中心电子显示屏）。

六、采购人名称、地址及联系方式

名称：国土资源厅信息中心

地址：××省××市国土资源厅院内

联系人：潘××　　　　　　　　联系电话：0731-5991×××

七、集中采购机构名称、地址及联系方式

名称：××省省直机关政府采购中心

地点：××省××市××路66号（省机关事务管理局综合楼7楼）

联系人：鄢××　　　　　　　　联系电话（传真）：0731-5166×××

E-mail：×××××@163.com

八、投标人如认为采购文件存在歧视性条款的，可向同级政府采购管理部门反映。

九、××省省直机关政府采购中心任何采购项目均不收中标服务费。

十、采购文件以我中心发出的文本为准，如从网上下载采购文件且有意参与投标的供应商在投标截止时间前两天至我中心报名确认。

××省省直机关政府采购中心

2018年4月24日

【提示】这是一份采购交换机的招标公告。公告格式完整，内容全面具体，语言简洁流畅。

【例文2】

××市××建筑工程公司水泥招标公告

（政府采购编号：CSSCG-2019-×××）

××建筑工程公司购买水泥项目经××市计划委员会×计〔2019〕×××号文件批准，现进行公开招标采购，热忱欢迎合格的供应商前来投标。

一、采购项目名称及内容

水泥1 000吨。

二、投标人资格要求

（一）投标人必须是在中国境内注册，有独立法人资格和承担民事责任能力。

（二）投标人必须符合《中华人民共和国政府采购法》第二十二条规定的内容。

（三）注册资金300万元（含300万元以上）。

（四）符合采购文件关于资质的其他要求。

三、采购文件发售时间、地点

采购文件从即日起，每天8:30—12:00，14:30—17:30在××建筑工程公司大楼二楼办公室（202室）发售。

四、采购文件售价

采购文件每份售价为400元人民币，售后不退。

五、投标截止时间和开标时间及地点

投标保证金截止时间：2019年3月1日上午9:00。

投标截止及开标时间：2019年3月1日上午9:30。

投标及开标地点：××建筑工程公司大楼二楼会议室。

六、采购人名称、地址及联系方式

名称：××建筑工程公司　　　地址：××市××路78号

联系人：许小姐　　　　　　　联系电话：×××××××

××建筑工程公司

2019年2月15日

【提示】这是一篇采购水泥的招标公告。公告语言表达简洁，且招标书的相关要素表述完整。

三、知识概览

（一）招标书的含义

招标是招标人为进行工程项目建设或采购等，寻找和选择理想的贸易伙伴，将自己的要求和条件公开告示，招徕合乎要求和条件的承包商参加竞争，选择其中价格和条件最优者为中标人，订立合同进行交易的行为。

招标书又称招标通告、招标公告，是招标方根据相关法律规定，为实现招标目的而公开发布的关于招标内容和具体要求的告示性文书。

（二）招标书的特点

招标书具有竞争性、公开性和简明性3个特点。

①　竞争性

招标的目的就是在相关法律法规及政策允许的范围内，利用投标者之间的竞争，从而择优选择投标者以实现招标者利益最大化。因此，招标书具有竞争性。

②　公开性

招标的各个环节公开进行，并接受公证机关或其他有关机构的监督。招标文书一经提出，便应当公开发布、公开审阅、公开审判。

③　简明性

招标文书应对招标项目的有关情况，包括数量、质量、程序、时间、地点等进行全面具体、简洁明了的表述，既不能有重要遗漏，又不能过于烦琐。

（三）招标书的分类

依据不同的标准，招标书可分为不同的类别。

以招标方式为依据可分为公开招标、邀请招标和协商招标3种。

以招标时间为依据可分为长期招标书和短期招标书。

以招标内容及性质为依据可分为企业承包招标书、工程招标书、大宗商品交易招标书。

以招标范围为依据可分为国际招标书和国内招标书。

以招标作用为依据可分为招标申请书、招标书、招标邀请书、招标公告、招标通告、招标通知书等。

（四）招标书的格式

1 标题

完整的招标文书标题一般由招标单位、招标事由、文种构成，如"××公司办公设备（计算机）采购招标书"。简略的标题可由"招标单位、文种"或"招标事由、文种"组成，也可直接命名为"招标书"。

2 正文

正文包括开头和主体两部分。

（1）开头

开头简要写明招标的目的依据（一般写招标单位主管部门的审批文号）、项目名称及招标单位的基本情况等。

（2）主体

主体部分详细说明招标的有关内容和要求事项。主体部分一般应写明以下事项：

① 招标项目的性质、数量、技术规格或技术要求；

② 投标价格的要求及其计算方式；

③ 评标的标准和方法；

④ 交货、竣工或提供服务的时间；

⑤ 投标人应当提供的有关资格和资信证明文件；

⑥ 投标保证金的数额或其他形式的担保；

⑦ 投标文件的编制要求；

⑧ 提供投标文件的方式、地点和截止日期；

⑨ 开标、评标、定标的日程安排；

⑩ 合同格式及主要合同条款。

（3）文尾

招标书的文尾要写清招标人名称、单位地址、电话、传真、邮政编码、电子邮箱、联系人及招标通告发布日期等，并加盖单位公章。

（五）招标书的写作要求

1 招标内容符合法律法规用

招标书是一份具有法律效力的文件，接到采购项目委托以后，首先要考虑该项目是否有可行性论证报告、是否通过国家相关管理部门的批准、资金来源是否已落实等。招标文件的内容应符合国内法律法规、国际惯例、行业规范等。

2 招标过程公正合理

公正指公正、平等对待使用单位和供应商。招标书是具有法律效力的文件，双方都要遵守，都要承担义务。合理指采购人提出技术要求、商务条件必须依据充分并切合实际。技术要求根据可行性报告、技术经济分析确立，不能盲目提高标准、提高设备精度等。

四、知识链接

何种情况下要进行招标？

《中华人民共和国招标投标法》第3条指出，在中华人民共和国境内进行下列工程建设项目，包括项目的勘察、设计、施工、监理以及与工程建设有关的重要设备、材料等的采购，必须进行招标：

（1）大型基础设施、公用事业等关系社会公共利益、公众安全的项目；

（2）全部或者部分使用国有资金投资或者国家融资的项目；

（3）使用国际组织或者外国政府贷款、援助资金的项目。

五、本节训练

（一）网上自测

1. 单项选择题

（1）招标投标法规定开标的时间应当是（　　　）。

  A. 提交投标文件截止时间的 24 小时内

  B. 提交投标文件截止时间的同一时间

  C. 提交投标文件截止时间的 30 天内

  D. 提交投标文件截止时间的任何时间

（2）单位向主管部门报送申请招标的书面文书是（　　　）。

  A. 招标申请书　　　B. 招标书　　　C. 招标说明书　　　D. 标底书

（3）公开招标与邀请招标程序上的主要差异表现是（　　　）。

  A. 是否进行资格预审　　　　　　　　B. 是否组织现场考察

  C. 是否解答招标单位的质疑　　　　　D. 是否公开开标

（4）国家大型工程项目的施工一般选择施工单位所采用的方式是（　　　）。

  A. 公开招标　　　B. 邀请招标　　　C. 议标　　　D. 直接委托

（5）"××集团公司青年路高层住宅建筑工程承包招标公告"这一标题采用的方式是（　　　）。

  A. 完全式标题　　　B. 不完全式标题　　　C. 简明式标题　　　D. 复合式

2. 判断题

（1）招标书即招标说明书。（　　　）

（2）招标邀请书不必写明邀请单位的称谓。（　　　）

（3）招标公告也可以用公文式标题。（　　　）

（4）招标是投标人（卖方或工程承包商）应招标人的邀请，根据招标人规定的条件，在规定的时间和地点向招标人递盘以争取成交的行为。（　　　）

（5）结尾是招标书的一个必要组成部分，要详细而具体地写清楚招标单位（或承办招标事项的单位）的名称、地址、电话、传真、邮编、联系人等，以便于外界与之联系招标事宜。（　　　）

（二）情境写作

××市××机电有限公司计划为员工置换一批办公设备（计算机），假如你是该公司负责此任务的人员，现请拟定招标书。

要求：以学习小组为单位开展情境写作活动，培养竞争意识，增强责任感。做到格式正确，内容完整，语言简明，书写规范。

（三）习作评改

根据情境，分组完成写作任务后，每组在自评的基础上将代表作品上传至学习通"群聊"进行互评和修改。

第四节　投标书

一、任务导入

指出下列文书的错误之处，并根据投标书的写作要求，改写为一份规范的文书。

××公司投标书
（××高速公路公司）

诸位先生：

研究了招标文件IMLRC-LCB××××号，对××高速公路项目所需工程机械我们愿意投标，并授权下述签名人×××，代表我们提交下列文件正本一份、副本4份。

（1）投标报价表。

（2）货物清单。

（3）技术差异修订表。

（4）资格审查文件。

签名人兹宣布同意下列各点。

（1）所附投标报价表所列拟供货物的投标总价为×××美元。

（2）投标人将根据招标文件的规定履行合同的责任和义务。

（3）投标人已详细审查了全部招标文件的内容，包括修改条款和所有供参阅的资料及附件，投标人放弃要求对招标文件做进一步解释的权利。

（4）本投标书自开标之日起90天内有效。

（5）如果在开标之后的投标有效期撤标，则投标保证金由贵公司没收。

（6）我们理解你们并不限于接受最低价和你们可以接受任何标书。

投标单位名称：中国广州×××公司（公章）

地址：中国广州××区××街××号

电话：×××××××××

授权代表：×××

×××××年×月×日

二、例文借鉴

【例文1】

投标书

建设单位：××××

1. 根据已收到的招标编号为××的××工程的招标文件，遵照《工程施工招标投标管理办法》的规定，我单位经考察现场和研究上述工程招标文件的投标须知、合同条件、技术规范、图纸、工程量清单和其他有关文件后，我方愿以人民币2 000 000元的总价，按上述合同条件、技术规范、图纸、工程量清单的条件承包上述工程的施工、竣工和保修。

2. 一旦我方中标，我方保证在2019年8月1日开工，2020年8月1日竣工并移交整个工程。

3. 如果我方中标，我方将按照规定提交上述总价5%的银行保函或上述总价10%的由具有独立法人资格的经济实体企业出具的履约担保书，作为履约保证金，共同地和分别地承担责任。

4. 我方同意所递交的投标文件在"投标须知"第11条规定的投标有效期有效，在此期间内我方的投标有可能中标，我方将受此约束。

5. 除非另外达成协议并生效，你方的中标通知书和本投标文件将构成约束我们双方的合同。

6. 我方金额为人民币5 000元的投标保证金与本投标书同时递交。

投标单位：××××（盖章）

单位地址：××××××××

法定代表人：×××（签字、盖章）

邮政编码：××××

电话：×××××××

传真：123456

开户银行名称：××××

银行账号：××××

开户行地址：××××××××

电话：×××××××

2019年7月11日

【提示】这是一份工程承包投标书。投标书格式正确，内容具体完整，表述清晰明了，不会引起歧义。

【例文2】

××水泥厂投标书

××建筑工程公司：

一、根据已收到的招标编号为CSSCG-××××-×××的水泥采购及服务招标文件，遵照《中华人民共和国招标投标法》和《中华人民共和国政府采购法》的有关规定，我单位研究上述项目招标文件的投标须知、合同条款、产品执行标准和招标货物清单后，我方愿以人民币叁拾贰万元（RMB￥320 000元）的投标报价，按上述合同条款、产品执行标准和招标货物清单的条件要求承包上述货物的生产、供应，并承担任何质量缺陷保修责任。

二、我方已详细审核全部招标文件，包括修改文件（如有时）及有关附件。

三、我方承认投标书附录是我方投标书的组成部分。

四、一旦我方中标，我方保证按合同协议书中规定的交货期2018年6月21日前完成全部货物生产、交付。

五、若我方中标，我方将按照规定提交20万元的银行保证金作为履约担保。

六、除非另外达成协议并生效，你方的中标通知书和本投标文件将成为约束双方的合同文件的组成部分。

七、我方将与本投标书一起，提交人民币2万元作为投标担保。

投标单位：××××（盖章）　　　单位地址：××××××××××

法定代表人：×××（签字、盖章）

邮政编码：××××　　　　电话：×××××××传真：××××

开户银行名称：××××　　　银行账号：××××

开户行地址：××××××××××　　电话：×××××××

二〇一八年二月二十日

【提示】这是一份内容清晰、完整的投标书。该投标书根据招标书的具体要求进行介绍，重点明确，简明扼要。

三、知识概览

（一）投标书的含义

投标是投标人对招标的响应，竞争做承包者的行为。投标人是响应招标、参加投标竞争的法人或者其他组织。

投标书是投标单位根据招标书的招标条件，做出明确回答，并按规定时间报送给招标单位的一种书面材料。

（二）投标书的特点

1 竞争性

投标是一种竞争行为，在撰写投标书时，要充分展示出投标者的优势和长处，从而积极争取中标机会。

2 真实性

投标书必须实事求是地介绍长处和优势，决不能为了中标而夸大其词。

3 针对性

投标书要根据招标书提出来的要求进行撰写，不需要面面俱到。

（三）投标书的分类

以投标方式为依据可分为邀请投标书和选择性投标书。

以投标内容为依据可分为建设工程项目投标书、经营项目投标书、劳务投标书、科技开发投标书等。

（四）投标书的格式

1 标题

标题一般由投标单位名称、投标项目和文种构成，也可由投标单位名称和文种构成，还可由投标项目和文种构成，有时也可只写文种名称。

2 主送单位

主送单位是对招标单位的称呼。

3 正文

（1）开头

开头简要介绍投标人的基本情况，并表明投标的意愿。

（2）主体

主体主要包括3个方面的内容：一是具体写明投标项目的指标，二是实现各项指标、完成任务的具体措施，三是对招标单位提出希望配合与支持的要求。

4 落款

落款包括投标者名称（加盖印章）、地址、电话、邮编等。

（五）投标书的写作要求

1 态度认真严肃

投标书受法律保护和约束，具有严肃性，双方当事人应慎重对待，不得擅自更改。

2 用语准确鲜明

投标书中的数据和用词要准确鲜明，不得模棱两可，以免产生误解、发生纠纷。

3 行文具体简洁

投标书的内容要具体完整、简洁明了、实事求是，不写与投标项目无关或关系不大的内容。

四、本节训练

（一）网上自测

1. 单项选择题

（1）下列情况不属于投标书无效的一项是（　　　）。

    A. 投标书封面无投标单位法人或其代理人印鉴

    B. 投标书未密封

    C. 投标书逾期送达

    D. 投标单位未参加开标会议

（2）准备投标的单位向招标、招标主管部门报送的以备审定投标资格的书面文件是（　　　）。

    A. 招标书　　　　　B. 招标申请书　　　C. 投标书　　　　　D. 投标申请书

（3）下列不属于投标文件的一项是（　　　）。

    A. 投标须知　　　　　　　　　　　　B. 投标书及投标书附件

    C. 投标保证金　　　　　　　　　　　D. 施工规划

（4）采用评标价法评选最优投标书的依据是（　　　）。

    A. 投标价最低　　　B. 评标价最低　　　C. 评标价最高　　　D. 评标得分最低

（5）投标书内容要针对招标书提出的项目、条件和要求来写，这说明它的特点是（　　　）。

    A. 功利性　　　　　B. 针对性　　　　　C. 求实性　　　　　D. 公开性

2. 多项选择题

（1）投标书介绍己方的优势可以适当拔高。　　　　　　　　　　　　　　　　（　　　）

（2）投标书常用表格文字综合式表述。　　　　　　　　　　　　　　　　　　（　　　）

（3）投标文书应具有公开性和竞争性特点。　　　　　　　　　　　　　　　　（　　　）

（4）对于投标单位而言，要对投标书提出的条件和要求做出承诺，接受招标书的约束，投标书寄出后不能反悔或更改，如违背承诺将承担法律责任。　　　　　　　　　　　　（　　　）

（5）投标书在开标之前也要保密，在规定的开标时间之前不得启封。未密封、未盖印及过期的投标书无效。　　　　　　　　　　　　　　　　　　　　　　　　　　　　　（　　　）

（二）情境写作

    ××公司在收到下列招标书后，决定撰写投标书参加本次竞标。请以学习小组为单位开展情境写作活动，要求格式完整，语言准确。

    附招标书原文如下。

××市××电子商务公司计算机采购招标书

（政府采购编号：×××××××）

    ××电子商务公司购买计算机项目经××市计划委员会×计〔2019〕111号文件批准，现进行公开招标采购，热忱欢迎合格的供应商前来投标。

一、采购项目名称及内容

台式计算机100台。

二、投标人资格要求

（一）投标人必须是在中国境内注册，有独立法人资格和承担民事责任能力。

（二）投标人必须符合《中华人民共和国政府采购法》第二十二条规定的内容。

（三）注册资金300万元（含300万元以上）。

（四）符合采购文件关于资质的其他要求。

三、采购文件发售时间、地点

采购文件从即日起，每天8:30—12:00，14:30—17:30在××电子商务公司大楼5楼办公室（502室）发售。

四、采购文件售价

采购文件每份售价为400元人民币，售后不退。

五、投标截止时间和开标时间及地点

投标保证金截止时间：2019年3月1日上午9:00。

投标截止及开标时间：2019年3月1日上午9:30。

投标及开标地点：××电子商务公司大楼5楼会议室。

六、采购人名称、地址及联系方式

名称：××电子商务公司　　地址：××市××路12号

联系人：张先生　　　　　　联系电话：8888888

××电子商务公司

二〇一九年二月一日

（三）习作评改

根据情境，分组完成写作任务后，每组在自评的基础上将代表作品上传至学习通"群聊"进行互评和修改。

第五节　商务函件

一、任务导入

指出下列业务联系函的错误之处，并根据函件的写作要求，改写为一份规范的业务联系函件。

To：	From：××电线电缆有限公司
联系人：	联系人：杨××
电　话：	电　话：1381819××××
传　真：	传　真：×××××××
QQ：××××××××××	

××电线电缆有限公司是一家专业生产和销售塑胶电线电缆的公司，年产值过亿元。主要产品有：高柔性拖链电缆、起重机电缆、葫芦电缆、行车电缆、电梯随行电缆、电梯综合电缆、UL系列单芯绝缘线及多芯线、伺服系统用线、屏蔽信号控制、CE电缆线等各种国标电缆。公司产品广泛应用于机械制造、电气设备、消防工程、工业自动化、电子科技等行业。公司以良好的信誉、优质的产品已得到广大用户的认可。

××是一家集生产与销售于一体的现代化企业，生产基地位于××区，占地达5 650平方米，拥有技术、检验、质量监督等部门，从而构成了完备的质量控制体系。××的产品从原料进厂检验到成品出厂需要通过12项检测，我们以此保障我们的产品绝对达到质量标准。××所生产的产品已通过 CCC认证、ISO9001管理体系认证、UL认证、ROHS环保认证、CE欧盟认证。

由我公司研发生产的拖链系列电缆，是理想的国外替代产品，产品质量达到国内和国外产品专业标准。

××内部分为电子商务、市场销售、生产管理、物流运输等各个部门，拥有管理、技术、销售、生产等各种人才近200余人。您从了解我们到咨询并购买产品，以及了解产品生产进度及最终收到产品，我们将在不同岗位上为您提供全面细致的服务。

示范工程：	拖链用户：
××自控工程	苏州（博士）
××会议中心	广州（本田）
××行政学院	洛克（上海）
××生产基地	青岛双星
××国际世纪财富中心等工程	青岛啤酒
××环球中心	西门子（中国）

除上面部分工程外，我公司也在为部分世界500强企业提供各种相互配套的电线电缆产品。如有需要欢迎来电，我们将竭诚为您服务。

顺祝商祺！

××电线电缆有限公司　杨××

2019年6月11日星期四

三、例文借鉴

【例文1】

业务联系函

梁小姐：

您好！

刚刚到家，回复延迟，请见谅。

随信附上两份文件，一份是客户投保最为关心的一些问题的答案，包括合法性、公司背景、服务方式，以及我服务客户多年，所收集的一些问题的解答，均请梁小姐参考；另一份是为小朋友（小朋友指收信人的儿子）做的一个保障和投资计划的组合。

电话中与梁小姐做初步了解，获知梁小姐较为关注小朋友的健康保障，与此同时也考虑一份每年2万元左右的人寿或基金投资计划。依据梁小姐的要求和实际需要，我们为小朋友设计了一个包括医疗、人寿和基金投资3方面的投资组合。

该计划包括以下内容。

1. 人寿200万元，签单即时生效，保障到100岁。

2. 重大疾病50万元，签单两个月后生效，包括51种重疾和14种非重疾，保障到100岁。在85岁前，每组重大疾病可获赔5次，第1次索赔之后，终身无须支付保费，为我们公司，也是全行业最新重疾计划。

3. 全球医疗保险，包括住院、手术、意外受伤门诊，不限进口药物。

4. 全球紧急援助服务，在海外可享受紧急情况下不设限额接返原住地，垫付医疗诊金，支付亲属探视费、同行亲友损失费、出院酒店5日居住费等18项保障。

该计划制订基于以下理由。

1. 关于保障：小朋友未来开销由近至远分别是充足的医疗服务、长远的教育基金，以及每个人终身皆会需要为家人承担的人寿保障。

2. 关于保费：每年大约28 000元人民币，符合梁小姐的家庭预算。

3. 关于投资年期：小朋友购买保险最大的优势是，可以在一生中保费最便宜的时候，买到尽量大的保障。而且父母皆年轻，未来相当长时间内收入都属于增长期，并无供款压力。所以，0岁以上的小朋友，父母年龄在40岁以下，通常会考虑20年投资计划，以最便宜的价格，尽可能买到更大的保障。

4. 该计划的特点是，现时最重要的医疗贴身保障充分，重疾、住院医疗、住院期间生活费、付款人保障均已经考虑周全，家庭为此免除长期经济顾虑。与此同时，小朋友未来的教育、成家立业，甚至退休基金已经提前准备，做到"在任何情况之下，他都可以独立照顾自己的生活"。

5. 为了方便梁小姐了解，为计划做了一份概览，分别从保险最核心的两个功效（保障和投资收益两方面）进行简单明了的介绍。

6. 初次接触××保险，相信梁小姐需要一定的时间，也有相当多的问题需要慢慢了解。我服务客户多年，职务为高级理财经理，非常愿意随时为梁小姐回答相关问题，如有需要，请不吝赐教。再次感谢。

恭祝

健康，幸福！

您诚挚的×××敬上

2018年7月29日00:54（星期五）

【提示】这是一则业务联系函件。开头解释延迟答复的原因，表达对客户的歉意；接着进入正文，介绍函件内容，也就是保险计划书的内容和理由，分条表述，条理清晰；最后介绍自己的业务能力和诚信度，以及对客户的祝福。

【例文2】

复函

××公司：

贵方有关保险事宜的6月25日来函知悉，特函告如下。

一、综合险。在没有得到我们顾客的明确指示的情况下，我们一般投保水渍险和战争险。如贵方愿投保综合险，我方可以稍高的保费代保此险。

二、破碎险。破碎险是一种特别保险，需收取额外保费。该险现行保险费率为2%，损失只赔超过5%的部分。

三、保险金额。我方注意到贵方欲为装运给贵方的货物按发票金额另加10%投保，我方当照此办理。

我方希望上述答复将满足贵方的要求，并等候贵方的答复。

××公司（公章）

2019年7月12日

【提示】这是一篇关于公司保险事宜的洽谈函件。函件中把保险条款分类陈述，条理清楚，言简意赅，语言得体。

三、知识概览

（一）商务函件的含义

商务函件是用来商洽工作、联系业务，询问和答复有关具体问题的一种文书。在商务活动中高频出现。商务函件的作用，一是索取信息或传递信息，二是处理商务交流中有关事宜，三是联络与沟通感情。

（二）商务函件的特点

1 多向性

商务函件在商务活动中的使用十分灵活，行文方向没有严格的限制，主要适用于不相隶属机关单位之间行文，有时也适用于平级机关、上下级机关之间行文。

2 多属性

商务函件的适用范围非常广泛，一定条件下，可以代行"通知""报告""请示""批复"的功能。如在平级或不相隶属的单位之间，需要告知有关商务活动事项，不宜使用"通知"行文时，可用商务公函。又如下级向上级机关询问或请示一般性问题，以及上级机关对这些一般性问题给予答复或批准时，由于询问、请示、答复、批准的问题比较简单，可不必使用"报告"、"请示"与"批复"，可用商务函件行文。

（三）商务函件的分类

按照不同的标准，商务函件可分为不同的种类。

按行文方向分：有去函（又称"来函"）、复函。

按内容分：有商洽函、询问函、答复函、请示函、知照函、催办函、邀请函、批准函等。

按商务函件的具体使用功能分：有来函处理答复函、订货函、祝贺函、感谢函、介绍函、邀请函、联络函、致歉函、慰问函、推销函。

商务函件中的请示函、批准函，一般用于机关、企业单位与主管业务部门之间（相互不存在隶属关系），请求批准某一事项时使用。这类函，不能误用为报告、请示、批复，需要注意。

（四）商务函件的写作格式

商务函件一般包括 4 大部分：标题、行文对象、正文、落款。

❶ 标题

标题一般采用公文规范标题法，即标题由发函机关、事由、受函机关和文种组成。也有的只有事由和文种。

❷ 行文对象

行文对象指函件受文者，写在事由之下的第一行左边，顶格，后面加冒号。

❸ 正文

正文是函件的内容，即事项，是发函者要告诉对方的具体事情，由 3 部分组成，即发函缘由、发函事项以及结语。事项部分基本上采用叙述和说明的方法，如有要求部分则要根据行文内容来安排，不可过多。结语多使用"顺祝商祺""顺颂商安""盼复""特此函达"等。

❹ 落款

落款包括发函单位的名称和主要负责人的签名以及日期。

（五）商务函件的写作原则

一般来说，商务信函的写作规则包括 7 个方面，即完整、正确、清楚、简洁、具体、礼貌和体谅。

❶ 完整

完整指商务函件应完整表达的所要表达的内容和意思，何人、何时、何地、何事、何种原因、何种方式等。

❷ 正确

正确指表达的用词及标点符号应正确无误，因为商务函件的内容大多涉及商业交往中双方的权利、义务及利害关系，如果出错势必会造成不必要的麻烦。

❸ 清楚

清楚指所有的词句都应能够非常清晰明确地表现真实的意图，避免双重意义的表示或者模棱两可。用最简单普通的词句来直截了当地告诉对方。

❹ 简洁

简洁指应在无损于礼貌的前提下，用尽可能少的文字清楚表达真实的意思。清楚和简洁经常相辅相成，摒弃函件中的陈词滥调和俗套，可以使交流变得更加容易和方便。而"一事一段"则会使函件清楚易读和富有吸引力。

⑤ 具体

具体指内容要具体、明确，尤其是要求对方答复或者对之后的交往产生影响的函件。

⑥ 礼貌

礼貌指文字表达在语气上应表现出一个人的职业修养，客气、得体。及时回复对方是最基本的礼貌。商务交往中肯定会发生意见分歧，但礼貌和沟通能化解分歧。

⑦ 体谅

体谅指为对方着想，这也是拟写商务函件时一直强调的原则：站在对方立场。在起草商务函件时，始终应该以对方的观点来看问题，根据对方的思维方式来表达自己的意思，只有这样，与对方的沟通才会有成效。

四、知识链接

商务函件写作注意事项

1. 函的主旨要集中

一般要求"一函一事"，当然也可写出此"事"的几个方面，但函件宜短不宜长。去函要有鲜明的目的性，复函要有明确的针对性，不要把一些不相关或离题较远的事写进去，显得主旨不突出。

2. 行文要开宗明义

函件来往都要开门见山，直陈其事。开头要注意礼貌用语，但也要摒弃不必要的客套和空洞无味的套话。表达要简洁明快，直奔主题。

3. 语言要有分寸感

函件应注意措辞，语气要委婉、平和、恳切、分寸得当，不可强人所难，既要符合本机关职权身份，又要尊重对方，讲究礼节，忌用指令性语言。

五、本节训练

（一）网上自测

1. 单项选择题

（1）从行文方向来看，商务函件所属的种类是（　　　）。

    A. 上行文　　　　　　B. 下行文　　　　　　C. 平行文　　　　　　D. 以上都行

（2）来函结尾的习惯用语是（　　　）。

    A. 特此函达　　　　　B. 特此回复　　　　　C. 请答复　　　　　　D. 特函

（3）复函结尾的习惯用语是（　　　）。

    A. 特此函达　　　　　B. 特此函复　　　　　C. 请答复　　　　　　D. 特函

（4）下面不符合商务函件写作要求的一项是（　　　）。

    A. 表意准确　　　　　B. 语言简明　　　　　C. 不失礼仪　　　　　D. 表意含蓄

2. 判断题

（1）商务函件只能是上行文。　　　　　　　　　　　　　　　　　　　　　　　（　　　）

（2）商务函件在一定条件下可以代替通知、通报。　　　　　　　　　　　　　　（　　　）

（3）商务函件事前、事中、事后都可以行文。　　　　　　　　　　　　　　　　（　　　）

（4）商务函件需要"一事一函"件。　　　　　　　　　　　　　　　　　　　　（　　　）

（5）商务函件因为使用场合比较宽泛，所以写作格式可以不拘一格。　　　　　　（　　　）

（6）商务函件中的请示函、批准函，一般用于机关、企业单位与主管业务部门之间（相互不存在隶属关系），请求批准某一事项时使用。　　　　　　　　　　　　　　　　　　（　　　）

（7）函件写作宜长不宜短。　　　　　　　　　　　　　　　　　　　　（　　）

（8）函件应注意措辞，语气要委婉、平和、恳切、分寸得当，不可强人所难，既要符合本机关职权身份，又要尊重对方，讲究礼节，忌用指令性语言。　　　　　（　　）

（9）函件写作其实就是写普通信件。　　　　　　　　　　　　　　　　（　　）

（10）函件因为是两个单位间联系，可以省略行文对象，大家也心知肚明。　（　　）

（二）情境写作

××世鸿贸易有限公司成立于1996年，是经国家外经贸部批准的具有进出口经营权的贸易公司，主营各类食品。2018年2月10日，公司业务人员王××从国际互联网上得知德国的××公司欲求购中国产的罐头食品。王××进入该公司的网站，查到负责罐头进口业务的联络邮箱地址。

根据上述基本情况，给德国的这家公司发一封建立业务关系的电子邮件，内容包括公司介绍、产品介绍，并另寄产品目录表，以及表达想与对方建交的愿望。

要求：以学习小组为单位开展情境写作活动，培养竞争意识，增强责任感。做到格式正确，内容完整，语言简明，书写规范。

（三）习作评改

根据情境，分组完成写作任务后，每组在自评的基础上将代表作品上传至学习通"群聊"进行互评和修改。

第六节　活动方案

一、任务导入

指出下面活动方案的毛病并进行修改。

庆元旦晚会方案

为了增进同学友谊，增强班级的凝聚力，丰富大学课余生活，为有才华的同学提供一个表现自我的平台，让他们的胆量和表演能力得到充分的锻炼，特举办元旦文艺晚会。

一、活动地点：××职业技术学院1号教学楼。

二、活动时间：2018年12月30日。

三、参与对象：本班同学、任课老师、班主任、班助。

四、活动方式：以学生才艺表演与互动游戏为主，并且插入课本知识有奖问答环节和评选抽奖环节。

二、例文借鉴

【例文】

"红色经典·领航梦想"读书活动方案

一、活动背景

书籍是人类知识和文化的载体，是人类智慧的结晶。它能够突破时间和空间的限制，实现不同时代、不同地域的知识和文化的传播、交流和融合。读书是人们获取知识和信息的重要手段，是人类汲取精神能量的重要途径。1972年，联合国教科文组织向全世界发出了"走向阅读社会"的号召，要求社会成员人人读书，让读书成为人们日常生活不可或缺的一部分。因此，1995年正式确定每年的4月23日为"世界图书与版权日"，其目的在于推动更多的人进行阅读和写作。

二、活动目的

（1）唤起同学们的阅读兴趣，营造良好的阅读氛围，使同学们养成博览群书的好习惯，丰富文化底蕴，提高综合实践能力。

（2）宣传读书，鼓励读书。在全院范围内掀起一股读书的高潮，促进学校内涵式文化的发展，加强我院精神文明建设。

（3）有效地推进"学分计点制"的人才培养改革方案。

三、活动主题

红色经典·领航梦想。

四、组织机构

主办单位：物理学与电子工程学院。

承办单位：学生会学习部。

（一）领导小组

组长：黎××。

副组长：张××。

成员：徐××、夏××、望××、李××、余××、鄂××、王××。

（二）工作小组

组长：陈××。

副组长：马××、刘××。

成员：学习部干事、各班学习委员。

办公室设在学院团总支学生会办公室（实验楼1232）。

五、活动时间

2018年4月15日（第8周）全面开展。

六、参加对象

（1）大一年级全体同学。

（2）大二、大三年级学生会、团学干部及各协会干部成员；大二、大三年级其他学生自愿参加。

（备注：如有多职同学，不用累计读书和上交读书报告，但务必注明所有担任职务。）

七、活动流程及细则

1. 前期准备

宣传部积极宣传有关读书活动的信息，遴选读书活动的书目，做到信息及时更新、可靠，鼓励大家积极参与，各班宣传委员和学习委员也要积极配合。学习部认真策划读书活动，并安排有关事宜。

2. 活动规则

（1）大一同学在学校图书馆借阅1~2部书籍，并认真阅读，同时提交一份读书报告（字数不少于2 000字的手写稿，统一使用学校印制的非试卷考试用纸，学委统一去领）上交各班学习委员；各教学班成立读书活动评价小组（学生4人、专业教师1人），由辅导员具体负责进行考核，考核合格的学生计0.5个学分，并交成绩报学院教学秘书处；各教学班推荐学生数的10%参加学院的优秀读书报告评选活动。

（2）大二、大三年级学生会、团学干部及各协会干部在学校图书馆借阅1~2部书籍，并认真阅读，同时提交一份读书报告（字数不少于2 000字的手写稿，统一使用学校印制的非试卷考试用纸，学委统一去领）上交学院团学办公室；团学办公室组织人员进行收集、考核；推荐学生干部

（干事）数的10%参加学院的优秀读书报告评选活动。

（3）大二、大三年级其他学生（自愿参与）在学校图书馆借阅1～2部书籍，并认真阅读，同时提交一份读书报告（字数不少于2 000字的手写稿）上交学院宣传部，评选出优秀读书报告。

（4）大一年级春季读书报告上交时间为第12周，第13周进行考核评价；大一年级秋季读书报告上交时间为第11周，第12周进行考核评价。

（5）学生会、团学干部（干事）读书报告上交时间为春秋季第12周，第13周进行考核评价。

（6）学院优秀读书报告评选时间为春秋季第14周。

八、读书报告格式要求

读书报告是一种非常有用的实用体裁，它可以帮助我们记录复习学过的知识并提高我们的概括能力、综合能力、分析能力和评判能力。读书报告的写法如下。

（1）书目信息（书名及其出版年月、作者）。

（2）个人信息（班级、职务、姓名、邮箱、电话）。

（3）摘要（通过阅读本书，归纳出你心得的主要观点与启示）。

（4）关键词（3～5个词）。

（5）正文

① 本书概况（主要研究内容）；

② 主要情节（人物的姓名、性格、心理以及重要故事等）、论述要点（关键性的段落、语句等）；

③ 对此书的印象及评论（由书中情节引起的联想，由书中内容引起的疑问，本书令你有何感想、启发及反思等）；

④ 本书对大学生思想或专业引导所起到的作用（由本书引起的思想上的转变，本书令你引发的期望，阅读本书的收获）。

九、注意事项

（1）所有参与此次读书活动的同学不得抄袭，不得网上下载，如经发现，取消本活动的一切评选项目，并全院通报批评。

（2）优秀读书报告评选方案见附件1。

（3）奖项设置（颁发荣誉证书）：一等奖（1名）、二等奖（2名）、三等奖（3名）、优秀奖（6名）。

（4）参考书目见附件2。

十、经费预算（略）

十一、未尽事宜，另行通知

附件：1. 优秀读书报告评选方案；

　　　2. 参考书目。

××学院

2018年4月5日

【提示】这是一份读书活动方案。全文格式完备，层次井然，条理清楚，语言准确简明，考虑周全，可操作性强。

三、知识概览

（一）活动方案的概念

活动方案是为某一次活动所指定的书面计划，包括具体行动实施办法细则、步骤等。对具体将要进行的活动进行书面的计划，对每个步骤进行详细分析、研究，以确保活动圆满进行。活动方案涉及范围很广，没有严格意义的分类。

（二）活动方案的特点

❶ 鲜明的目的性

开展活动必须有成效，能够达到一定的目的。任何一次活动往往都要耗费一定的资源，包括人力、物力和财力等，如果是大型活动耗费得会更多。因此，活动方案的目的不鲜明是无法达到效果的。

❷ 广泛的传播性

一个好的活动方案一定会注重受众的参与性及互动性。有的活动方案会把公益性也引入活动中来，从而激发品牌在群众中的美誉度。有的活动甚至本身就具有一定的新闻价值，能够在第一时间传播出去，引起公众的注意。

❸ 切实的可操作性

任何一个活动方案的制订都要考虑在实际工作环境中的可操作性，对于活动的所有环节要做详细的分析研究，考虑周全，以免执行时出现偏差。

（三）活动方案的格式

活动方案一般由标题、正文、落款3部分构成。

❶ 标题

标题一般由单位名称+活动内容+文种构成，如"××学院大学生毕业晚会活动方案"。也可以采用新闻式标题，由正题和副题构成，正题揭示活动主题，副题补充说明活动内容，示例如下。

追忆逝水年华（正题）

××学院大学生毕业晚会活动方案（副题）

❷ 正文

正文是活动方案的核心部分，一般要写明活动的背景及目的、活动主题、活动的时间及地点、活动的开展、所需物料的经费预算、活动中应注意的问题及细节等。

（1）活动背景

活动背景部分应根据活动方案的特点在以下项目中选取内容重点阐述，具体项目有基本情况简介、主要执行对象、近期状况、组织部门、活动开展原因、社会影响以及相关目的动机。其次应说明问题的环境特征，主要考虑环境的内在优势、弱点、机会及威胁等因素，对其做好全面的分析（SWOT分析），将内容重点放在环境分析的各项因素上，对过去、现在的情况进行详细的描述，并通过对情况的预测制订计划。如环境不明，则应该通过调查研究等方式进行分析加以补充。

（2）活动目的

活动的目的应用简洁明了的语言将其要点表述清楚。在陈述目的要点时，该活动的核心构成、独到之处及由此产生的意义（经济效益、社会利益、媒体效应等）都应该明确写出。活动目标要具体化，并需要满足重要性、可行性、时效性等。

（3）活动主题

主题是整个活动的灵魂，它统领着各个项目的实施。因此，在制订方案时应用简明扼要的语言将活动的创意点概括出来，如"红色经典·领航梦想"。

（4）活动的时间及地点

活动时间必须具体，不能泛泛而写，一般应精确到具体小时。活动地点的选择要与活动内容、活动事项高度匹配，以保证活动的顺利进行。

（5）活动的开展

活动的开展部分要力求详尽，写出每一点能设想到的东西，没有遗漏。不仅仅局限于用文字表述，也可适当加入统计图表等。对活动中的各工作项目，应按照时间的先后顺序排列，绘制实施时间表有助于方案核查。人员的组织配置、活动对象、相应权责及时间地点也应在这部分加以说明，执行的应变程序也应该在这部分加以考虑。比如：会场布置、接待室、嘉宾座次、赞助方式、合同协议、媒体支持、校园宣传、广告制作、主持、领导讲话、司仪、会场服务、电子背景、灯光、音响、摄像、信息联络、技术支持、秩序维持、衣着、指挥中心、现场气氛调节、接送车辆、活动后清理人员、合影、餐饮招待、后续联络等。可根据实情自行调节。

（6）经费预算

活动的各项费用在根据实际情况进行具体、周密的计算后，用清晰明了的形式列出。示例如下。

活动经费预算表

| 活动名称：青年徒步走活动 | | | | 备注 |
| 主办单位：××区域管制室团委 | | | | |
项目	物品	数量	价格/元	
宣传用品	宣传展板	1	100	
	横幅	1	100	
	宣传单（有关健康生活宣传，发放给同行的社会人员）	100	400	
活动用品	活动人员服装及制作费（短袖带领 T 恤，印有活动 Logo）	20	2 000	
	旗子（含 3 米长白钢旗杆）	1	200	
	帽子	20	300	
	饮用水	60	120	
其他	参与人员机动经费		300	
合计			3 520	

（7）活动中应注意的问题及细节

内外环境的变化，不可避免地会给方案的执行带来一些不确定性因素，因此，当环境变化时是否有应变措施，损失的概率是多少，造成的损失多大，应急措施等，也应在方案中加以说明。

3 落款

在正文右下方落款处写明单位名称及发文日期。

（四）活动方案的写作要求

1 活动主题要单一

在制订活动方案时，首先要根据活动主办方的目的，提炼出最重要的、最值得推广的一个主题。在一次活动中，不能面面俱到，只有将最重要的信息传达给目标群体，才能真正引起受众群的支持，并使他们留下深刻印象。

2 活动环节要精简

有人认为制订活动方案时应尽量执行更多项目，用丰富多彩的活动吸引受众的注意，其实，这种想法是错误的，主要原因有以下两点。

第一，活动项目过多，容易造成主次不分，看起来热闹，实际效果并不理想。因此，在活动环节设计时应紧紧围绕主题进行。

第二，会使活动成本增加，影响执行力。如果设计了过多活动项目，相应的人力、物力和财力投入就会大大增加，而且还可能使操作人员执行不力，最终导致方案失败。

3 活动内容要客观

在活动方案的写作过程中，活动内容的要点要根据材料来概括提炼，应避免主观臆断，也切忌出现主观类的字眼。

四、知识链接

写活动方案时如何做到语言准确？

活动方案的语言要求做到平实、准确、简洁，三者是相互统一的。活动方案要做到实事求是，就必须在准确上下功夫。要做到准确就必须注意以下5点。

（1）所写内容要准确。

（2）语句要准确。

（3）所列的数字、事例要准确。

（4）文字要简练，篇幅要短小精悍。

（5）切忌套话、空话、废话。

五、本节训练

（一）网上自测

1. 单项选择题

（1）下列活动方案标题正确的一项是（　　　）。

　　A. ××职业技术学院附属医院"世界精神卫生日"宣传教育活动方案

　　B. ××职业技术学院附属医院世界精神卫生日宣传教育活动方案

　　C. ××职业技术学院附属医院关于"世界精神卫生日"宣传教育活动的方案

　　D. ××职业技术学院附属医院关于世界精神卫生日宣传教育活动的方案

（2）活动方案中"世界精神卫生日"这一活动主题表达正确的一项是（　　　）。

　　A. 安全伴我行　　　　　　　　　　B. 一路风雨，你我同行

　　C. 心理健康，社会和谐　　　　　　D. 幸福是奋斗出来的

（3）活动方案中活动时间表述正确的一项是（　　　）。

　　A. 2018年九月17日8点　　　　　　B. 二〇一八年九月十七日八点

　　C. 2018年9月17日8点到10点　　　D. 2018年9月17日上午8点—10点

（4）活动方案中活动地点表达正确的一项是（　　　）。

　　A. 亨达贸易公司　　　　　　　　　B. 亨达贸易公司A座

　　C. 亨达贸易公司A座7楼　　　　　 D. 亨达贸易公司A座7楼员工活动中心

（5）活动方案中活动经费预算表述正确的一项是（　　　）。

　　A. 活动共需200元

B. 请领导安排

C. 买灯、纸和奖品大概需要 200 元

D. 花灯 50 元，彩纸 30 元，奖品 120 元，共计 200 元

2. **多项选择题**

（1）活动方案的特点有（　　　）。

A. 鲜明的目的性　　　B. 高风险性　　　C. 切实的可操作性

D. 广泛的传播性　　　E. 主观性

（2）活动方案的写作格式包括的 3 要素是（　　　）。

A. 标题　　　　　　B. 成文日期　　　C. 正文

D. 落款　　　　　　E. 署名

（3）活动方案的正文部分要分项写作的内容有（　　　）。

A. 背景和目的　　　B. 时间和地点　　　C. 活动主题

D. 机构设置　　　　E. 活动内容　　　　F. 经费预算

3. **判断题**

（1）活动方案的主题要单一。　　　　　　　　　　　　　　　　（　　）

（2）活动方案的活动环节一定要丰富多彩才能够达到活动目的。　（　　）

（3）活动执行是否成功，主要取决于活动方案的可操作性。　　　（　　）

（4）在活动方案的写作过程中，可以表达作者的主观想法。　　　（　　）

（5）方案可以不写标题。　　　　　　　　　　　　　　　　　　（　　）

（6）方案可以采用短信的方式事先发出开展某项活动的信息。　　（　　）

（7）活动方案中时间地点必须准确无误。　　　　　　　　　　　（　　）

（8）活动方案中一定要写活动背景和口号。　　　　　　　　　　（　　）

（9）活动方案中对抽奖的条件必须有明确的规定。　　　　　　　（　　）

（二）情境写作

"独在异乡为异客，每逢佳节倍思亲"。中秋节来临之际，你和班委会同学商量，决定举办一次联欢晚会。为保证活动的顺利进行，需写一份活动方案。

要求：以学习小组为单位开展情境写作活动，培养团队精神，增强责任感。做到格式正确，内容完整，语言简明，书写规范。

（三）习作评改

根据情境，分组完成写作任务后，每组在自评的基础上将代表作品上传至学习通"群聊"进行互评和修改。

第七章　经济诉讼类实用文书

引言

经济诉讼类实用文书是经济诉讼当事人和司法机关为解决经济纠纷而写的具有特定格式和法律效力的文书，是新时代解决经济纠纷的有效方式，对维护正常的经济秩序和当事人的合法权益具有十分重要的作用。

本章主要介绍经济仲裁申请书、经济纠纷起诉状、经济纠纷答辩状、经济纠纷上诉状等文书的写作。通过学习，了解此类文书的概念、特点和重要作用，掌握其写法和要求，增强法律意识，为今后依法从事经济活动和熟练运用诉讼类文书正确处理经济纠纷，助推经济社会健康发展奠定基础。

第一节　经济仲裁申请书

一、任务导入

指出下列文稿的错误之处，并根据纠纷仲裁申请书的写作要求，改写为一份规范的文书。

仲裁申请书

被申请人张××，男，汉族，1977年1月28日出生，住××市××区××街办虎牙居委会四组1号。公民身份证号码：×××××××××××××××××。电话：××××7355。

被申请人周××，男，汉族，1967年5月13日出生，住××市××区××街办南樟居委会三组6号。公民身份证号码：×××××××××××××××××。电话：××××8432。

申请人王××，男，汉族，1972年11月16日出生，住××县××居委会四组。公民身份证号码：×××××××××××××××××。电话：××××9999。

仲裁请求：

1. 裁决被申请人张××归还申请人借款本金50万元，支付利息38万元；
2. 裁决被申请人周××对被申请人张××所负申请人的债务承担连带保证责任；
3. 本案仲裁费用由两位被申请人承担。

事实和理由：

2014年4月6日，申请人经被申请人周××介绍，给被申请人张××借款人民币50万元，被申请人张××承诺半年后归还，被申请人周××承担连带责任保证。借款到期后，被申请人张××未还……申请人为维护自己的合法权益，遂依据协议中的仲裁条款申请仲裁，请求裁决……

申请人：××
二○××年××月二十日

二、例文借鉴

【例文】

仲裁申请书

申请人××有限公司，地址：××市××区××路××号。统一社会信用代码：×××××
×××355。联系电话：×××××××××。

法定代表人××，职务：总经理。

被申请人××有限公司，地址：××市××区××路××号。统一社会信用代码：××××
×××35F。联系电话：×××××××××。

法定代表人××，职务：总经理。

仲裁请求

1. 裁决被申请人向申请人支付所欠水泥稳定级配碎石混合料款3 212 180.22元。

2. 裁决被申请人以3 212 180.22元为基数按每月5%的比例向申请人支付自2019年1月7日至实际付清款之日止的逾期付款违约金。

3. 本案仲裁费用由被申请人承担。

事实和理由

2018年10月16日，申请人与被申请人签订《水泥稳定级配碎石混合料购销合同》，约定由被申请人向申请人购买水泥含量为4%的水泥稳定级配碎石55 000吨，单价为85.5元/吨；水泥含量为5%的水泥稳定级配碎石29 000吨，单价为90元/吨，合同总价为7 312 500.00元；最后以实际发货量为准。结算和付款约定如下。

1. 结算方式：（1）根据甲（被申请人，下同）乙（申请人，下同）双方过磅及监磅人员每日签认的完工汇总数量及合同单价办理总结算；（2）若中间停止供货超过20天，甲乙双方就已供货数量及单价办理一次结算。

2. 付款方式：先款后货；停止供货办理结算后10个工作日内，甲方应向乙方付清结算总款；若甲方逾期不支付，甲方需每月按所欠总款的5%向乙方支付逾期利息，直到乙方收到全额款为止。

合同还就争议解决方式等进行了约定，合同签订生效后，申请人便按约定组织供货，双方于2018年11月1日、11月10日对材料供货单价进行了2次调增。2018年12月5日，双方签订补充协议，约定由被申请人向申请人供应石灰石石粉，每吨35元。2018年12月27日，双方就相互供货进行了对账结算，双方供货金额相抵扣后，被申请人尚欠申请人货款3 712 180.22元，经申请人多次催要，被申请人于2019年2月1日支付50万元，尚欠3 212 180.22元，至今未付，申请人多次催收无果。申请人为维护自己的合法权益，遂依据双方在合同中约定的仲裁条款申请仲裁。请求依法裁决。

此致

××仲裁委员会

申请人：××有限公司

二〇一九年五月七日（公章）

附：证据目录及证据5套。

【提示】这是一份企业向仲裁机构提交的仲裁申请，要求被申请人支付材料款及赔偿违约金。全文有理有据，规范得体。

三、知识概览

（一）经济仲裁申请书的含义

经济仲裁申请书属于经济诉讼类实用文书。它是平等主体的公民、法人和其他组织之间发生了合同纠纷或其他财产权益纠纷的，当事人根据双方自愿达成的仲裁协议，向仲裁协议中所选定的仲裁委员会提出仲裁请求，要求该仲裁委员会通过仲裁解决纠纷的文书。

（二）经济仲裁申请书的特点

1 申述性

申述性指陈述经济纠纷事实、申述理由的特性。

2 参证性

参证性指经济仲裁申请书提供的事实和理由，可作为仲裁机构开展协商、调解的依据。

3 启动仲裁程序性

递交仲裁申请书本身就是对仲裁程序的启动，是产生仲裁程序的条件。

（三）经济仲裁申请书的写法

仲裁申请书分为首部、主体、尾部（含附项）3个部分。

1 首部

首部要依次写明下列事项。

① 文书名称

应在仲裁申请书上部正中写"仲裁申请书"或"申请书"。

② 申请人的身份事项

申请人的身份事项包括申请人的姓名、性别、年龄、职业、工作单位和住所。

申请人是法人或者其他组织的，应写明单位全称、住所和法定代表人或者主要负责人的姓名、职务。如有委托代理人的，应在下一行写明委托代理人及其身份事项。

③ 被申请人的身份事项

被申请人的身份事项与申请人的各项相同。如果仲裁申请人或被申请人为两个以上的，应依照上述内容分别书写清楚。

2 主体

主体包括仲裁请求和所根据的事实、理由。

（1）仲裁请求

仲裁请求主要是请求仲裁委员会解决民事权益纠纷的具体事项，也即申请人所达到的要求，如购销合同拖欠货款纠纷，可以提出何时返还货款、承担违约金的数额，无故违约造成损失的，还可以提出赔偿损失的数额及仲裁费用的承担等内容。仲裁请求要求写得具体、合法，即做到"四要四不要"：

一要明确，不要含糊；

二要具体，不要笼统；

三要合法合理，不要无理要求；

四要在申请时提出仲裁请求，要周密考虑，不要遗漏。

此外，如有必要申请财产或者证据保全的，则应另写申请书。

（2）所根据的事实

所根据的事实指双方争议的事实或被申请人侵权的事实及其证据，申请事实的主要内容如下：

① 当事人之间的法律关系；

② 纠纷发生发展过程；

③ 争议的焦点和主要内容；

④ 对方应承担的责任；

⑤ 自己有责任的也应提到。

所根据的事实要如实陈述，具体清楚、实事求是，有理有据。事实必须要有证据支撑。申请人负有举证责任，可在叙述事实中，用括号加以注明；也可以在叙述事实之后，再写证据。

申请人举证时要注意：

① 列举证据名称、内容及证明的对象；

② 说明证据的来源和可靠程度；

③ 写明证人的姓名、住所；

④ 提交证据原件或复印件。

（3）理由

在事实陈述清楚之后，应概括地分析纠纷的性质、危害、结果及责任，同时提出仲裁请求所依据的法律条款，以论证仲裁请求的合理性和合法性。

❸ 尾部

尾部内容包括仲裁委员会名称、仲裁申请人签名并盖章、仲裁申请时间、附项。

仲裁申请人递交的仲裁申请书及其副本有关证明文件和证明材料均应一式×份（按被申请人人数确定份数），如果被申请人一方有两个或两个以上的当事人，仲裁申请书及其所附材料应酌情多交，仲裁委员会留存一份正本，其余均为副本。

（四）注意事项

① 仲裁请求应当合理合法。

② 申请理由必须以事实为依据。叙述事实纠纷要实事求是、条理清楚、准确简练。

③ 语言得体，避免使用过激言语，以免扩大矛盾。

四、知识链接

仲裁申请书格式样本

仲裁申请书

申请人：姓名、性别、出生年月、民族、文化程度、工作单位、职业、住址。（申请人如为单位，应写明单位名称、法定代表人姓名及职务、单位地址。）

被申请人：姓名、性别、出生年月、民族、文化程度、工作单位、职业、住址。（被申请人如为单位，应写明单位名称、法定代表人姓名及职务、单位地址。）

请求事项：（写明申请仲裁所要达到的目的）。

事实和理由：（写明申请仲裁或提出主张的事实依据和法律依据，包括证据情况和证人姓名及联系地址。特别注意要写明申请仲裁所依据的仲裁协议）。

此致

××仲裁委员会

申请人：（签名或盖章）

××××年××月××日

附件1：申请书副本××份（按被申请人人数确定份数）。

附件2：证据××份。

附件3：其他材料××份。

五、本节训练

（一）网上自测

1. 单项选择题

（1）仲裁申请书当事人的称谓是（　　　）。

  A. 申请人与被申请人   B. 申诉人与被申诉人

  C. 原告人与被告人   D. 上诉人与被上诉人

（2）当事人在合同履行中产生争议时，依法向仲裁委员会申请仲裁使用的文书是（　　　）。

  A. 仲裁协议书 B. 仲裁申请书 C. 仲裁答辩书 D. 仲裁调解书

（3）下面不符合经济仲裁申请书特点的一项是（　　　）。

  A. 申述性   B. 参证性   C. 程序性   D. 主观性

（4）经济仲裁申请书中仲裁请求的合法性所需要的支撑材料是（　　　）。

  A. 合理申述   B. 人证   C. 物证   D. 法律条文

2. 判断题

（1）经济仲裁申请书属于法律文书。   （　　　）

（2）"此致　敬礼"常用于仲裁申请书结尾。   （　　　）

（3）如果仲裁申请人或被申请人为两个以上的，应依照规定内容分别书写清楚。 （　　　）

（4）无论什么人遇到纠纷都可以写仲裁申请书。   （　　　）

（5）仲裁申请书是仲裁机构进行仲裁的主要依据之一。   （　　　）

（6）仲裁申请书要详细描述经济纠纷的来龙去脉，以便仲裁机构裁决。 （　　　）

（二）情境写作

2018 年 9 月 20 日，肖××（男，1980 年 3 月 20 日生，山西省××市人，大学毕业，住北京市××路××号）与北京××科技有限公司（地址：北京市××路××号××大楼××室，法定代表人：万××，职务：经理）签订 50 台计算机购销合同。合同规定的交货时间是 2018 年 10 月 30 日，供货人每拖延一日交货支付总金额 0.5% 的违约金。同时规定合同生效 1 周内，购买人应支付总价款的 30%，2 周内支付至总价款的 80%，余款在合同全部履行后 1 周内付清。合同签订后，肖××即按照合同的约定于 2018 年 9 月 21 日支付货款 53 000 元，此后又于 2018 年 9 月 27 日和 9 月 29 日分别支付货款 77 000 元和 20 000 元，至此，实际支付货款共计 150 000 元，超出合同约定的 80%。而北京××科技有限公司直到 2018 年 9 月 30 日仅提供 1 台样机，经检查发现该样机某些配件以旧充新，不符合合同要求。肖×× 3 次要求更换，北京××科技有限公司置之不理。2018 年 11 月 14 日后，肖××委托律师两次和北京××科技有限公司协商处理方案未果。同年 11 月 18 日北京××科技有限公司向肖××发来"通知书"要求肖××提货并付余款。11 月 20 日双方协商一致同意将此事提交北京市仲裁委员会仲裁。2018 年 11 月 25 日肖××委托张××（××律师事务所律师）提出仲裁申请。那么，这个仲裁申请书应怎样写呢？

要求：以学习小组为单位开展情境写作活动，培养竞争意识，增强责任感。仲裁申请书应做到格式正确，内容完整，语言简明，书写规范。

（三）习作评改

根据情境，分组完成写作任务后，每组在自评的基础上将代表作品上传至学习通"群聊"进行互评和修改。

第二节　经济纠纷起诉状

一、任务导入

仔细阅读下文，根据经济纠纷起诉状的格式，指出其缺项并用带下画线的文字补全。

起诉状

原告名称：北京××锅炉厂

所在地址：北京市××区甲1号（邮政编码：100088）

法定代表人：刘×× 职务：厂长（电话：×××××××）

企业性质：全民所有制

经营范围和方式：压力锅炉制造安装，批发兼零售

开户银行：中国工商银行××分行××办事处××分理处 账号：0477194

被告名称：北京市××县××锅炉水电安装队

所在地址：北京市××县××镇110号（邮政编码：101×××）

法定代表人：王×× 职务：队长（电话：×××××××）

诉讼请求：

（1）给付货款81 015元；

（2）支付违约金17 073.62元。

事实及理由：

××××年6月26日，我厂与被告北京市××县××锅炉水电安装队签订了一份锅炉购销合同。合同规定，被告向我厂订购SZW240-7-95-70型号锅炉一台及其附属配件，价款共计96 015元，款到发货。同年8月16日，被告将所订锅炉主体及附属配件全部提走，但未付款。经催要，被告于同年8月26日将一张××县五中的15 000元转账支票交给我厂，尚欠的81 015元，被告以锅炉是××县五中委托代购而××县五中尚未付款为由拒不偿还。被告作为购货方，在我方按时提供锅炉后应履行合同规定的付款义务，其拒绝付款的行为是违约行为。被告除应支付尚欠的货款81 015元外，还应向我厂支付逾期付款违约金17 073.62元。请人民法院依法做出判决。

证据和证据来源、证人姓名和住址：

（1）北京市××锅炉厂产品订货合同1份；

（2）××锅炉水电安装队还款计划1份；

（3）北京市××锅炉厂产品发货清单2份。

起诉人：北京市××锅炉厂（盖章）
××××年四月二十日

二、例文借鉴

【例文1】

起诉状

原告名称：××建筑工程公司

所在地址：××省××市××街××号

电话：×××××××××

法人代表：×××，系公司经理

企业性质：全民 工商登记核准号：（略）

经营单位和方式：（略）

开户银行：（略）　　账号：（略）

被告名称：××贸易公司

所在地址：××市××街××号

电话：×××××××××

法人代表：×××，系公司经理

案由：赔偿违约金

诉讼请求：

1. 要求被告继续履行双方二〇××年×月×日签订的油毡购销合同；

2. 要求被告承担未交货部分货款总值3%的违约金，共计41万元；

3. 要求被告依法承担本案的诉讼费。

事实与理由：

二〇××年×月×日，原告与被告签订了一份油毡购销合同。合同中规定：被告供给原告规格为5×50的油毡10 000吨（每吨价格为1 400元，其中××××年9月供货3 000吨，12月供货7 000吨）。合同签订后，被告只于二〇××年9月交货200吨，到目前为止，尚有9 800吨未交货。原告认为，被告不全部履行合同，不是因为没有履行能力，而是因为当时市场上油毡价格上涨，被告见利忘义，为多赚取利润，将本应供给原告的油毡转卖他人，属故意违约，给原告带来巨大的经济损失。为了维护原告合法权益不受侵犯，特诉至人民法院，请求依法判处。

证据和证据来源、证人姓名和住址：

1. 二〇××年×月×日原被告签订的经济购销合同一份；

2. 二〇××年×月×日原告收到被告供应 200吨油毡的验货入库单。

此致

××市中级人民法院

起诉人：××建筑工程公司（公章）

二〇××年×月×日

附项：本诉状副本一份。

【提示】这是一份经济纠纷诉讼起诉状。首部写明原告和被告的基本情况；主部分条列项写明诉讼请求、事实与理由；证据确凿，来源清楚；尾部写明诉讼法院名称、具状单位、日期及附项。全文格式规范，语言简明，值得借鉴。

【例文2】

经济纠纷起诉状

原告人：××市××区××公司

地址：××市××区××路×号

法人代表：×××，系公司经理

被告人：××市××区××商店

地址：××市××区××大街×号

法人代表：×××，系商店经理

案由：追索货款，赔偿损失

诉讼请求：

1. 责令被告偿还原告货款3万元；

2. 责令被告赔偿拖欠原告货款3个月的利息损失；

3. 责令被告赔偿原告提起诉讼而产生的一切损失，包括诉讼费、律师费等。

诉讼事实和理由：

原告和被告20××年10月18日商定，被告从原告处购进西凤酒200箱，价值人民币3万元。原告于当年10月19日将200箱西凤酒用车送至被告处，被告立即开出3万元的转账支票交付原告，原告在收到支票的第二天去银行转账时，被告开户银行告知原告，被告在开户银行的存款只有1.2万余元，不足以清偿货款。由于被告透支，支票被银行退回。当原告再次找被告索要货款时，被被告无理拒付。后来原告多次找被告交涉，均被被告以经理不在为由拒之门外。

根据《中华人民共和国民法通则》第一百零六条第一款和第一百三十四条第一款第七项的规定，被告应当承担民事责任，原告有权要求被告偿付货款，并赔偿由于被告拖欠货款而给原告带来的一切经济损失。

证据和证据来源：

1. 被告收到货后签收的收条1份；
2. 银行退回的被告方开的支票1张；
3. 法院和律师事务所的收费收据×张。

此致

××区人民法院

起诉人：××市××区××公司（公章）

二○××年十一月二十日

附：1. 本状副本1份；
　　2. 书证×份。

【提示】这是一份经济纠纷诉讼起诉状。状头介绍了当事人的基本情况，起诉状所写案由明确，诉讼请求具体，交代事实简洁清楚，陈述理由合情合理，引用法规明确、具体，人称前后一致。这是一篇值得学习的起诉状。

三、知识概览

（一）经济纠纷起诉状的含义

经济纠纷指法人之间、法人与公民个人之间或公民个人之间，发生在经济方面的权利与义务之争。起诉状（诉状），俗称"状子"，诉状分为民事诉状和刑事诉状。经济诉讼起诉状属于民事诉状。

经济纠纷起诉状又称经济诉状，是经济纠纷案件的原告认为自己的权益受到侵犯而向法院陈述纠纷事实、阐明起诉理由、提出诉讼请求的书状。

（二）经济纠纷起诉状的特点

❶ 请求诉讼性

任何国家机关、社会团体、企事业单位和公民个人或其法定代理人向人民法院递交经济纠纷起诉状便是提出了诉讼请求。

❷ 适用范围的特定性

经济纠纷起诉状针对的是归人民法院管辖而未被审理过的案件。

❸ 处理案件的参证性

诉状本身就是一种处理案件时的证据。

（三）经济纠纷起诉状的结构和写法

经济纠纷起诉状一般包括以下4个部分。

❶ 标题

写标题时在第一行居中书写"起诉状"或"经济纠纷起诉状"即可。

❷ 首部

首部作为起诉状的开端，主要是介绍当事人的基本情况。按先原告后被告的顺序，依次写明双方当事人的姓名、性别、年龄、民族、职业、工作单位和住所等自然情况。如果是单位，应写清单位全称、单位的性质、法人代表姓名、职务、开户银行和账号；有诉讼代理人的应依法写清姓名、所属律师事务所的名称、代理权限等内容。

❸ 主部

主部是起诉状的主体，是原告人合法权益得到维护的依据之所在，一般包括事实与理由、诉讼请求、证据与证人3个部分。

❹ 尾部

尾部包括以下内容。

（1）送交法院的名称

写送交法院的名称时先空两格写"此致"，后另起一行写"××人民法院"。

（2）签名和日期

在起诉状的右下方，起诉人签名并盖章，然后写明年月日。

（3）附项

在签名和日期的左下角，作为起诉状最后的内容，应是附项，即注明本状副本几份、物证几件、书证几份等内容。

四、知识链接

写经济纠纷起诉状应注意的事项

① 提出的请求事实要具体、全面，不得笼统或含糊不清。数字必须准确无误。

② 诉讼理由要建立在确实充分的证据和明确清楚的事实基础之上，说清楚案件事实与理由之间存在的因果关系。引用的法律条文要准确、完备。

③ 注意人称的一致性。在陈述事实与理由时，叙述的人称要前后一致，如用第三人称时就要称原告与被告。

④ 语言做到准确、严谨，表述富有逻辑性。

五、本节训练

（一）网上自测

1. 单项选择题

（1）人民法院处理经济纠纷案件时依法判决的依据是（　　　）。

　　A. 原告的理由　　　　B. 被告的理由　　　　C. 证据　　　　　　D. 法官的判断

（2）经济纠纷起诉状最核心的部分是（　　　）。

　　A. 状头，即当事人的基本情况　　　　　B. 案由或事由

　　C. 诉讼请求　　　　　　　　　　　　　D. 事实和理由

（3）下面不属于经济纠纷起诉状特点的一项是（　　　）。

　　A. 请求诉讼性　　　　　　　　　　　　B. 适用范围的特定性

　　C. 处理案件的参证性　　　　　　　　　D. 语言文字的说理性

（4）经济纠纷起诉状的语言运用要求是（　　　）。

　　A. 通俗　　　　　　　B. 生动　　　　　　　C. 感人　　　　　　　D. 准确

2. 判断题

（1）原告说明事实和理由一定要有法律依据。　　　　　　　　　　　　　　（　　）

（2）经济纠纷起诉状必须写清楚案件事实与理由之间存在的因果关系。　　　（　　）

（3）经济纠纷起诉状要有事实但不一定要引用法律条文。　　　　　　　　　（　　）

（4）经济纠纷起诉状属于刑事诉状。　　　　　　　　　　　　　　　　　　（　　）

（5）经济纠纷起诉状本身不是处理案件时的证据。　　　　　　　　　　　　（　　）

（二）情境写作

李女士经人介绍与张先生相识，不久两人结婚，两人婚后居住在张先生婚前分得的单位公产房（三居室）里。后张先生另有新欢，并长期与新欢同居，2004 年 3 月李女士提出离婚。张先生虽然同意离婚，但关于 3 岁孩子的抚养问题及财产分割问题双方达不成一致意见，无奈，李女士向法院提起诉讼。因孩子较小，且自己收入有限，无能力另行租房，李女士在起诉状中诉讼请求有二：一是孩子归自己抚养，由张先生承担抚养费（每月 800 元）；二是要求继续居住张先生婚前分得的公产房。

要求：以学习小组为单位开展情境写作活动，根据上述情况代李女士写一篇起诉状，做到格式正确，内容完整，语言简明，书写规范。

（三）习作评改

根据情境，分组完成写作任务后，每组在自评的基础上将代表作品上传至学习通"群聊"进行互评和修改。

第三节　经济纠纷答辩状

一、任务导入

指出下列答辩状的错误之处，并根据经济纠纷答辩状的写作要求，改写为一份规范的答辩状。

答辩状

答辩人：永耀灯饰有限公司，地址：××市××路48号，邮编：×××××××××

××灯饰制造厂（下简称制造厂）诉××灯饰有限公司（下简称灯饰公司）还款一案，现提出还款要求如下：

制造厂与灯饰公司曾签订3万元灯饰的购销合同，由答辩人对有关的款项进行担保，答辩人也在合同上确认了这一点。但是，这种担保只是一般担保，而不是连带担保，按照我国《担保法》的规定，被告灯饰公司是有还款能力的，不应由答辩人承担担保责任，而且原、被告曾就还款事项修改过合同内容，又没有通知答辩人，因此答辩人不应承担担保责任。请法院考虑上述原因，做出公正的判决。

此致

××区人民法院

答辩人：永耀灯饰有限公司
法定代表人：李××
××××年×月×日

二、例文借鉴

【例文】

答辩状

答辩人：××市通利实业公司

地址：××区××街××号

法定代表人：夏××，男，37岁，经理

对原告××省××市时光贸易公司上诉的占用拖欠货款一案答辩如下。

1. 20××年4月18日时光贸易公司的吴××和韩××来我公司，要求一次性购买麻袋10万条。原因是他们与××省××县××贸易货栈签订了麻袋购销合同，在合同行将到期的情况下，拿不出货物，请我们帮助解决燃眉之急。我方答应了对方的要求，对方汇入我方人民币20万元整。当时我方要求将余款退回，但对方的吴××和韩××一再要求我方不要退款，要用这笔余款办理麻袋发运和其他业务，并请我方出具介绍信、公章等，为其向××铁路分局装卸公司办理了2万元的发运杂费汇款手续，将麻袋顺利发往××省××市。一直到10月末这一段很长的时间内，吴、韩等人几次往返于我市，都没有提起结算退款之事，我方多次提出结算问题，他们都以同××发生合同纠纷和铁路装卸公司收费不合理为由，拒绝同我方结算。由此可见，对方诉我方拖欠货款是毫无根据的，也是缺乏起码的职业道德的。

2. 从一审法院的卷宗里可以查到，吴××和韩××在调查记录里承认，准备用这笔余款在我市搞业务活动，直到20××年10月30日开庭前的调查中，他们都直言不讳，说准备在我市使用这笔钱办理业务事宜。因此对方在上诉状中云"早已要求退款"和"占用拖欠款"等，纯属编造出来的假话。

从上述事实可以看出，我方与对方的经济往来，属于正常业务交往，而且我方为对方的业务活动提供了许多方便条件，对方这种以怨报德的行为是令人气愤的。所以，我方根本不存在"占用拖欠"对方货款问题。一审法院判处我方支付余款，我们同意，但基于上述情况，我方不同意支付余款银行利息。

3. 原告违反国务院文件精神，利用经济合同买空卖空，应予以取缔。

从表面上看，时光贸易公司买通利实业公司的麻袋，通利实业公司欠时光贸易公司的剩余款，时光贸易公司催要款项是正确的；但实质上，时光贸易公司从根本上违背了国务院文件精神，利用经济合同买空卖空。据河南安阳张××提供，在麻袋这笔生意上，时光贸易公司一无资金，二无货源。时光贸易公司向××贸易货栈大吹有麻袋现货1 300万条，导致××贸易货栈上门订货，20××年3月16日双方签订了麻袋一号合同，数量为100万条，总额为167万元。执行日期是4月20日前完成交货，××贸易货栈给时光贸易公司52.1万元预付款。时光贸易公司拿着××贸易货栈的预付款购买麻袋。随即又签订二号合同200万条，三号合同350万条。时光贸易公司开始给大连××批发部30万元买麻袋未成，后又拿20万元给我方，买了10万条麻袋，仅就一号合同而言，只买了10万条麻袋，其余90万条全部落空，造成了时光贸易公司同××贸易货栈的合同纠纷，而在本案一审判决时，时光贸易公司却隐瞒了××县经济合同仲裁调解书，提供了假证，致使一审判决我方"支付从20××年7月13日起到付款日期止的银行存款利息"。根据××省张××提供的确凿证据，此20万元系××贸易货栈的预付款，而不是时光贸易公司的货款，××贸易货栈不要求付息，而时光贸易公司的要求是没有道理的。

以上事实可见，我方不仅不应付给对方所谓银行存款利息，而且认为对方违反国务院文件精神，应予取缔。

此致

××中级人民法院

答辩人：××通利实业公司（盖章）

法定代表人：夏××（签章）

20××年12月25日

【提示】这份答辩状，标题直接写明文种。首部介绍答辩人的基本情况，清楚明确。接着采用分条列项的方式针对被答辩人的诉讼请求、事实与理由陈述自己的看法和意见。第一条是事实陈述，使法院能够客观了解事实的全貌；第二条具体指出对方诉讼请求的荒谬；第三条指出对方违反法律的有关事实。主部的各项内容翔实而客观，语言诚恳，态度坦然，案由、答辩理由、答辩意见有理有据，答辩人在充分阐明理由的基础上再次重申自己的答辩意见，理由充足。尾部各项内容齐全、条理清楚、格式正确。

三、知识概览

（一）经济纠纷答辩状的含义

经济纠纷答辩状是被告针对原告的起诉状，或被上诉人针对上诉人的上诉状向人民法院递交的进行辩护、反驳或答复的书状。

被告人或被上诉人可以通过答辩状针对原告或上诉人提出的事实、理由以及请求事项，进行有针对性的答辩，阐明自己的理由和请求，维护自身的合法权益。经济纠纷答辩状还有助于法院兼听双方当事人的陈述理由和请求，以便全面掌握案情，以求公正地审理案件。

（二）经济纠纷答辩状的特点

① 使用对象的特定性

经济纠纷答辩状只能由被告或被上诉人提出。

② 答辩内容的针对性

经济纠纷答辩状必须针对起诉状或上诉状的内容有的放矢地进行答辩。

③ 行文方式的论辩性

经济纠纷答辩状通过摆事实、讲道理，通过运用有利的论据和有关的法律条文，通过论辩和反驳，以求驳倒对方的观点和论据，从而证明自己观点的正确性。

（三）经济纠纷答辩状的结构和写法

① 标题

标题写"经济纠纷答辩状"字样。如属二审程序的答辩，要写明"上诉答辩状"字样。

② 答辩人基本情况

基本情况部分应依次写明答辩人的单位全称、性质、地址及电话、开户银行、法定代表人姓名及职务等。对方当事人的基本情况不必写。

③ 案由

案由部分要概括写明对何单位或对上诉的何案进行答辩。一般写"答辩人于××××年×月×日收到××法院交来原告人（或上诉人）因××一案的起诉状（或上诉状），现答辩如下"。

④ 答辩的理由

这是经济纠纷答辩状最关键的部分。要求针锋相对地明确回答原告人或上诉人所提出的诉讼请求，并明确阐明本方对争议事实的主张和理由。

⑤ 答辩意见

在有针对性且充分地阐明答辩理由的基础上，答辩人应提出自己的答辩意见。答辩意见可包括根据确凿事实与证据，证明己方行为的合理性；依据有关法律条文，说明己方答辩理由的正确性；归纳答辩事实，揭示对方当事人法律行为的谬误；提出对本案的处理意见，请求人民法院予以合理的裁决。

⑥ 尾部

尾部的结构及写法与起诉状的基本相同，但具状人应称"答辩人"。

⑦ 附项

附项与起诉状的基本相同。

四、知识链接

写作经济纠纷答辩状应注意哪些问题

1. 据理反驳

在撰写答辩状时，要依次抓好3个环节：一是紧紧抓住对方所陈述的错误事实或者所引用有关法律的错误，建立反驳的论点；二是列举客观真实的事实、恰当的证据作为反驳的论据；三是经过分析论证，推出合乎逻辑的结论。

2. 抓准关键

抓准关键即找到双方当事人在纠纷案件中争执的"焦点"、问题的要害，针锋相对地答辩。

3. 语言较为尖锐犀利

答辩状具有的论辩性决定了其语言必然较为尖锐犀利，针尖对麦芒，且富有气势。无可争辩的事实加上尖锐犀利、富有气势的语言，必能有助答辩人在诉讼中变被动为主动。值得注意的是，如果对方的诉讼请求合理、合法，也应实事求是地予以承认，绝不能违背事实和法律。

4. 注意答辩时限

我国民事诉讼法规定，被告在收到起诉状副本10天内提交答辩状；被上诉人在收到上诉状副本15日内提交答辩状。因此，被告或被上诉人应在法定期限内尽快提交答辩状，及时行使答辩权利。否则，过期就等于自动放弃自我保护或争取合法权益的机会。

五、本节训练

（一）网上自测

1. 单项选择题

（1）经济纠纷答辩状最关键的部分是（　　　　）。

　　A. 案由　　　　　　　　B. 答辩的理由　　　　C. 答辩人基本情况　D. 答辩意见

（2）我国民事诉讼法规定，被告在收到起诉状副本后提交答辩状的规定时间是（　　　　）。

　　A. 5天　　　　　　　　B. 15天　　　　　　　C. 10天　　　　　　　　D. 20天

（3）我国民事诉讼法规定，被上诉人在收到上诉状副本后提交答辩状的规定时间是（　　　）。

　　A. 5天　　　　　　　　B. 15天　　　　　　　C. 10天　　　　　　　　D. 20天

（4）答辩状行文方式上的特点是（　　　　）。

　　A. 针对性　　　　　　　B. 论辩性　　　　　　C. 特定性　　　　　　　D. 广泛性

2. 判断题

（1）被申请人收到民事起诉状后，向人民法院提交答辩状可以无限期。　　　　　　　　（　　　）

（2）被告人不提交答辩书，诉讼程序可以照常进行。　　　　　　　　　　　　　　　　（　　　）

（3）民事答辩书只能由被告人或其委托代理人提出。   （　　）

（4）答辩状的语言要尖锐犀利。   （　　）

（5）民事答辩书只能由被告人或其委托代理人提出。   （　　）

（二）情境写作

王某、倪某某日下午到某商场购物。购物后正欲离开时，被两名工作人员叫住，并被质问有没有拿商场的东西，两人即告知其所购物品均已付款。但工作人员不信，强行要求二人摘下帽子、解开衣服、打开手袋，由工作人员检查。工作人员仔细检查后，确未查出二人拿了什么东西，这才向王、倪二人道歉并放行。

高高兴兴地去购物，却遭如此"待遇"。对商场的做法，王、倪二人觉得非常委屈，决定通过诉讼的途径来讨个说法。于是，王、倪二人以商场的行为侵犯其人身权利为由，一纸诉状将商场告上了法庭。为此，商场负责人向法院提交了答辩状。

要求：以学习小组为单位开展情境写作活动，代商场负责人写答辩状，做到格式正确，内容完整，语言简明，书写规范。

（三）习作评改

根据情境，分组完成写作任务后，每组在自评的基础上将代表作品上传至学习通"群聊"进行互评和修改。

第四节　经济纠纷上诉状

一、任务导入

指出下列上诉状的错误之处，并根据经济纠纷上诉状的写作要求，改写为一份规范的上诉状。

上诉状

被上诉人（一审原告）：××市××物业管理有限公司，住所：××路×号×楼，法定代表人：×××。上诉人因与被上诉人物业服务合同纠纷一案，不服××市××区人民法院（下简称一审法院）于2018年9月13日×字第×号民事判决，现提出上诉，上诉的请求理由如下。

事实和理由：

一审法院基于上诉人与被上诉人所签订的《前期物业管理服务协议》（以下简称《协议》）的内容，判令上诉人对相应的物业管理服务费和公共照明费进行足额支付，但一审法院忽视了被上诉人对于《协议》存有违约行为，其判决排除了被上诉人一方的责任，明显有损于上诉人一方的合法权益。

被上诉人的违约行为主要有以下两个方面。

一、被上诉人未能按照《协议》的约定提供相应的物业管理服务

根据《协议》第1页第一条甲方权利义务中明确写明甲方应负责"对房屋共用部位、共用设施设备、绿化、环境卫生、公共区域、交通等秩序的维护、修缮、服务与管理"，而甲方实际上并未履行相应的义务。

1. 商铺墙体长期存在漏水情况，被上诉人及承租户多次向被上诉人进行反映，要求其进行相应的维修，但被上诉人置之不理，听之任之，至今商铺漏水的情况仍未得到解决（照片为证）。

2. 商铺门口一到晚上，就停满了来历不明的车辆，纵使租户在门口贴了"禁止停车"的告示亦无济于事（照片为证），上诉人亦曾向被上诉人反映，被上诉人没有采取任何措施。

3.《协议》第4页第三条物业管理服务质量中对房屋外观做出如下说明：房屋的外观完好、整洁，无妨碍市容和观瞻，而事实上小区存在多处墙体剥落的情形（照片为证），对此被上诉人无动于衷。

4.《协议》第4页第三条物业管理服务质量中对环境卫生服务质量做出如下说明："配置专职清洁队伍……公共地方垃圾日产日清"。而实际上小区中公共地方随处可见长期杂物摆放（照片为证），既影响环境，又带来不小的安全隐患，对此被上诉人视若无睹。

二、被上诉人从未按照《协议》的约定提供公共照明服务

每到晚上，从小区门口一直到商铺周边的路灯从不开启（照片为证），经多次反映情况亦无改善，可见被上诉人根本没有提供所谓"公共照明"服务给上诉人。在一审诉讼过程中，上诉人一方亦曾向一审法院阐述过相关事实理由，但一审法院对此置之不理，并判令上诉人按照《协议》约定的金额足额支付相关费用，对此，上诉人不能接受。根据《中华人民共和国合同法》第一百零七条"当事人一方不履行合同义务或者履行合同义务不符合约定的，应当承担继续履行、采取补救措施或者赔偿损失等违约责任"之规定，并按照《协议》第十一条中有关违约责任的约定，基于前述被上诉人的所作所为，被上诉人应当承担相应的违约责任，并对上诉人予以赔偿。因此，一审法院判决上诉人全额支付相关的物业管理费用明显不公正。

综上所述，一审判决并未考虑被上诉人存在的违约行为，忽视了被上诉人在本次物业纠纷中应负的责任，此判决显失公正，应予纠正。上诉人恳请二审法院在查明事实的基础上予以改判！

此致
××市中级人民法院

上诉人：×××
二○一八年九月二十日

三、例文借鉴

【例文】

经济纠纷上诉状

上诉人姓名：××药品器械有限公司（一审被告）

所在地址：××市××街××号

法定代表人：王××经理

电话：×××××××

企业性质：集体　工商登记核准号：（略）

经营范围和方式：（略）

开户银行：（略）　账号：（略）

被诉人名称：××药材贸易公司（一审原告）

所在地址：××县××街××号

法定代表人名称：李××经理

电话：××××××××

上诉人因货款纠纷一案，不服××市××区人民法院（20××）经字第199号民事判决，特提出上诉。

上诉请求：

1. 撤销原判，驳回被上诉人的上诉请求；

2. 对张××的诈骗行为依法分别转给公安、检察机关侦查处理。

上诉理由：

一、一审程序违法，应当纠正

1. 本案于20××年12月25日业经××市××区人民法院（20××）经字第199号民事判决，判有结论。判后上诉人不服，曾上诉于××省××市中级人民法院。中级人民法院认为原判事实不清，运用法律不当，因此裁定：撤销原判，发回重审。

但是原审法院无视中级人民法院的裁定，拒不按再审程序办事，把中级人民法院的裁定抛在一边，又于20××年5月让被上诉人重新起诉，这是不合法的，也是违反再审程序的。所以20××年被上诉人的起诉是有效的，应予纠正。

2. 一审法院对本案没有管辖权。本案当事人的纠纷发生在20××年5月，所以，本案的诉讼应当按照《中华人民共和国民事诉讼法》第二十三条的规定办理。第二十三条规定：因合同纠纷提起的诉讼，由合同履行地或者合同签订地人民法院管辖。本合同的履行地和签订地都在甲县而不在××市××区。所以，××区人民法院对本案依法没有管辖权，其越权管辖，应予以纠正。

二、原审判决认定的事实不清，导致适用法律不当，做出了错误的判决

1. 原审判决中认定：20××年5月上诉人"非典"期间，在甲县采购中药材板蓝根时，在被上诉人处购买药材合计货款15 000元，至今未能偿还，这与事实不符。上诉人确实曾在甲县采购药材，但并未派人去被上诉人处赊购药材。认定上诉人欠药材款有何证据？空口无凭不能叫人信服。

2. 原审判决认为：20××年5月被告所属的××医药商店以被告的名义从原告处购药材一事，本身就已说明了与上诉人无关。因为上诉人所属的××医药商店并没有委托和指派人去被上诉人处赊购药材。现已查明，去被上诉人处赊购药材的是××医药商店的张××，他个人伪造印信，欺骗被上诉人，与上诉人毫无关系。从原审判决中认定的事实中已充分显示这是张××个人私刻公章，伪造印信，诈骗被上诉人的财物达15 000元，数额巨大。根据《中华人民共和国刑法》第一百五十二条的规定，张××已构成诈骗罪，需要追究刑事责任。同时根据规定，张××作为侵权人还应承担民事责任。所以，原审法院理应按照有关规定，将张××分别转给公安、检察机关立案侦查处理。可是原审法院不但有法不依，放纵罪犯，还把张××个人的罪责全部加在了上诉人身上，这样不顾本案起初情况，违反"以事实为依据，以法律为准绳"的办案原则，是绝对不允许的。因此上诉二审法院请求纠正。

3. 原审判决认为：被告人将张××纳入编制序列，承认张××为××医药商店副经理，就得承担清偿责任。我们认为这样判决是错误的。应当说，张××受上诉人或××医药商店委托的活动，上诉人应承担责任，如果不是上诉人或××医药商店委派的活动，则属他个人行为，理应由他个人承担责任。所以，把张××违法犯罪行为的责任强加于上诉人身上是没有道理的。这已不属什么内部管理问题，也不是什么内部承包问题，这个事实必须澄清。

4. 祸有头，债有主，被上诉人的货款不是上诉人赊欠的，上诉人与被上诉人之间没有权利与义务关系。向上诉人要债没有道理，上诉人分文不能支付。

此致

××市中级人民法院

上诉人：××药品器械有限公司

20××年5月28日

【提示】这份上诉状格式完整规范。标题直接写明文种。首部说明当事人基本情况；主部说明请求事项，针对原审裁判在诉讼程序上的错误，以及原审裁判认定的事实不清，导致运用法律不当来陈述上诉理由，强调上诉人与被上诉人之间并无权利与义务的关系，重申第一项上诉请求；尾部写明主送法院名称、具状单位及具状时间。该上诉状事实充分，针对性强，令人难以反驳。

三、知识概览

（一）经济纠纷上诉状的含义

经济纠纷上诉状是经济纠纷诉讼当事人或其法定代理人不服人民法院的第一审判决或裁定，向上一级人民法院提起上诉，请求撤销、变更原审裁判，或重新审判而提出的诉状。

经济纠纷上诉状是第二审法院受理案件，并进行审理的依据。第二审法院可以通过上诉状了解上诉人不服第二审裁判的理由。因此，经济纠纷上诉状对于第二审法院全面了解案情，审理案件，保护当事人的合法权益，提高办案质量，具有重要的作用。

（二）经济纠纷上诉状的特点

❶ 直接性

有权提出经济纠纷上诉状的必须是当事人或其诉讼权利承担人、法定代表人、特别授权委托代理人。

❷ 针对性

经济纠纷上诉状是针对法院第一审判决和裁定而写的，因此要直接指出原判认定事实的错误、原判理由的不充足或适用法律的错误，并有针对性地写出不服一审判决意见、看法以及自己的请求。

❸ 时限性

上诉有时间限制。上诉人必须在法院规定的有效时间内进行上诉，超过了规定时间则会被视作服从一审判决。

（三）经济纠纷上诉状的结构和写法

经济纠纷上诉状主要包括以下内容。

❶ 标题

通常应在第一行正中写文种并将其作为标题，即"经济纠纷上诉状"。

❷ 首部

首部主要写当事人的基本情况，按照先上诉人后被上诉人的顺序写明他们的姓名、性别、年龄、民族、职业、工作单位及住址。如果是法人或组织，则要写明单位名称、地址，法定代表人姓名、职务、电话，单位的性质、工商登记核准号、经营范围和经营方式、开户银行和账号等内容。

❸ 主部

主部是上诉状的核心，应写清"上诉案由""上诉请求""上诉理由"3项内容。

❹ 尾部

尾部要依次写明以下内容：另起一行空两格写"此致"；另起一行顶格写上诉状送达的人民法院名称；在上诉状的右下角，上诉人签名、盖章，注明上诉的日期；在上诉状的左下角，安排附项，即副本×份。

四、知识链接

"上诉理由"的写作要求

上诉状要以原判为写作的基准。事实错，法律错，程序错，要分清楚。写作时，不仅语言要恰如其分，力戒言过其实，无限上纲，而且阐明事理必须合乎分寸，以理服人。

一是理由必须具有鲜明的针对性。要直接针对原判的错误或不当之处进行论述、反驳说明。其中，可以是原判认定事实的错误，也可以是适用法律的错误，还可以是原判存在有违公正的基本情形（具体可查看民事诉讼法关于上诉理由的规定）。

二是涉及事实的，要先写明事实的真相，然后再指明其在适用法律方面的不当或错误。如果对事实无异议，应直接针对一审判决适用法律方面的问题进行论述、反驳。

三是在澄清事实时，要注意举证证明。并以此为基础，认定原判的错误与不当。

五、本节训练

（一）网上自测

1. 单项选择题

（1）经济纠纷上诉状尾部写明送达的规范用语是（　　　）。

　　A. 此致+××人民法院　　　　　　　　B. 此致+××人民法院院长

　　C. 此致　　　　　　　　　　　　　　D. 此致+敬礼

（2）经济纠纷上诉状反驳对方要抓住的最关键问题是（　　　）。

　　A. 事实错误　　　B. 法律错误　　　C. 程序错误　　　D. 语言错误

（3）经济纠纷上诉状阐明事理时语言运用的要求是（　　　）。

　　A. 生动形象　　　B. 通俗易懂　　　C. 富有气势　　　D. 恰如其分

（4）经济纠纷上诉状提起上诉的单位是（　　　）。

　　A. 当地政府　　　B. 同级人民检察院　　C. 上一级人民法院　　D. 最高人民法院

2. 判断题

（1）经济纠纷上诉状针对事实说明理由时要先指明其在适用法律方面的不当或错误，然后再写明事实的真相。　　　　　　　　　　　　　　　　　　　　　　　（　　　）

（2）上诉状要以维护自己的根本利益为写作的基准。　　　　　　　　　　　（　　　）

（3）上诉状的首部要先写被上诉人的基本情况。　　　　　　　　　　　　　（　　　）

（4）当事人或其诉讼权利承担人、法定代表人才有资格提出经济纠纷上诉状。（　　　）

（5）特别授权委托代理人无权提出上诉状。　　　　　　　　　　　　　　　（　　　）

（二）情境写作

××市××经贸公司委托非本公司人员张千去××省采购木材。张千接受委托后，与××省××林场订了一份木材买卖合同，并于20××年7月将50多立方米板材发给××经贸公司，货款尚欠10万余元。20××年11月，××省××林场以张千为被告，向法院起诉，请求偿还板材款。法院受理后，在审理时，将张千个人经营的××木器加工厂作为被告，并做出判决如下：（1）由被告偿还原告板材欠款10万元；（2）被告于20××年12月底前将欠款全部付清；（3）诉讼费由被告张千承担。

张千不服上述判决，提起上诉。

要求：以学习小组为单位开展情境写作活动，代张千写一份上诉状，做到格式正确，内容完整，语言简明，书写规范。

（三）习作评改

根据情境，分组完成写作任务后，每组在自评的基础上将代表作品上传至学习通"群聊"进行互评和修改。

第八章　科研求是类实用文书

引言

科研求是类实用文书是以科学理论为指导，根据党和国家的方针、政策对学术问题、经济活动状况进行分析研究写出来的反映客观事物规律的文书。它既能体现人们学术研究的新成果，又能反映人们经济活动分析的新见解。

本章主要介绍实习报告、毕业论文、经济活动分析报告等文书的写作。通过学习，了解此类文书的概念、特点和重要意义，掌握其写法和要求，培养科学求是的精神。为今后结合实际进行科学研究，正确认识和把握客观规律及经济发展的趋势奠定基础。

第一节　实习报告

一、任务导入

大学学习期间，除认真学习专业知识外，学校还会安排不同层次的顶岗实习。请认真分析下面这篇实习报告，指出存在的错误，改写成规范合格的实习报告。

实习报告

实习是每一个大学毕业生必须拥有的一段经历，它使我们在实践中了解社会、在实践中巩固知识；实习又是对每一位大学毕业生专业知识的一种检验，它让我们学到了很多在课堂上根本就学不到的知识，既开阔了视野，又增长了见识，为我们以后进一步走向社会打下坚实的基础，也是我们走向工作岗位的第一步。作为一名即将从学校毕业的大学生，能否在实习过程中掌握好实习内容，培养好工作能力，显得尤为重要。本次实习，我严格按照单位人事部下发的实习大纲，认真研读，逐一学习，在思想行动上，努力做到"想实习，会实习，实好习"，把培养工作能力、提高自身素质作为己任，圆满地完成了本阶段实习任务，收获颇多，总结一下，主要有以下几个方面。

首先，作为学生，生产实践是学生对专业知识的进一步巩固和认识，也是我们顺利融入社会化大生产的一项有力保障。因为学生自古以来都是以学为本，社会实践的机会相对较少。而社会对大学生的要求却是社会实践、社会生产经验都具备的员工。因此，对于我们来讲，动手能力是我们能成功就业的关键。同时生产实践，也是对我们协作能力、处理同学关系的一次锻炼。大学作为一个"熔炉"，为我们提供了许多培养社会经验的机会，但是相对于社会生产关系而言，我们却知之甚少。而生产关系的认识又是我们事业发展不得忽视的。因此，适当处理协作关系是我们能够开展事业的关键。

其次，对于学校而言，学校作为社会人才的培养单位，有义务和责任为学生提供学习和实践的条件。生产实践作为学校人才培养的重要环节之一，是学校建立学生-社会-学校三线一体的一个重要举措。生产实习过程中学生需遵守学校生产实习规定和要求，并能够按时完成老师布置的工作，如做好笔记，完成机器图的绘制，完成实习报告等。学校在生产实习中通过分组的教学模式，使学生建立一定的团队意识，再通过在实习过程中学生自愿分组等方式，大大锻炼了学生的协作意识，同时也为"人人都动手"创造了机会。大学给我们将来工作学习提供了实践的舞台，因此我们才能为将来顺利进入社会做好准备。

再次，对于公司企业，实践是一种对用人单位和学生都有益的人力资源制度安排。对于拥有具有生产实践经验的员工而言，是企业发展储备人力资源的措施。任用具有实践经验的员工可以降低公司和企业的经营成本。因此大范围地选择人才，培养和锻炼具有实践经验的大学生，是迎合社会需求的重要举措，也是用人单位的公关手段。让更多的社会成员（如实习生）了解用人单位的文化和理念，从而增强社会对用人单位的认同感并赢得声誉。

生产实习持续了4个月左右，实习进行了5部分：MPS 8站，45号单螺杆挤出机，机头，注射机，传感器等。每个部分都是我专业知识的进一步概述，因此对于此次生产实习，我受益颇丰。感谢老师的谆谆教诲！

三、例文借鉴

【例文】

人事部实习报告

一、实习目的

毕业实习是我们大学生必须经历的过程，是理论与实践相结合的重要方式。它能使我们在实践中了解社会、在实践中巩固知识。实习又是对我们毕业生专业知识的一种检验，它让我们学到了很多在课堂上根本就学不到的知识，既能开阔视野，又能增长见识，为我们走向社会打下坚实的基础。同时实习也是提高学生政治思想水平、业务素质和动手能力的重要环节，我们通过实习走向社会，接触实务，了解国情、民情，增进群众观念、劳动观念和参与经济建设的自觉性、事业心、责任感；通过深入基层，了解人力资源管理现状，并加深巩固所学劳动法、合同法等专业知识，进一步提高认识问题、分析问题、解决问题的能力，为今后走向社会、服务社会做好思想准备和业务准备。

二、实习时间

20××年7月24日至9月12日。

三、实习单位情况简介

××纸业有限公司是××国际集团旗下的××资源集团所属全资子公司。集团主要业务涵盖4大领域：林浆纸工业（××资源集团），农产品工业（××种植集团），特种纤维素与纤维素纤维（××国际集团），能源开发（××油气有限公司）。××纸业有限公司，主要从事高档文化用纸的生产和销售。集团的旗舰品牌"××"牌办公用纸完全采用可再生的相思树种植纤维生产，品质和性能优于同类产品，销往全球56个国家。

我本次的实习部门是××纸业有限公司人力资源部。

四、实习过程

（一）基本情况

××纸业有限公司是一家非常正规的外资企业，企业内部的规章制度都相当完善。第一次到公司里报到，就感受到了外资企业的工作氛围。每个人一张独立办公桌和计算机，各自行色匆匆，都在忙自己工作。打印机也一直在运作，几乎一整天没停歇过。办公室里还有很多外籍员工，所以需要用英语和他们沟通。该公司给每位员工配置了一个账号和密码，用来登录自己计算机的界面。自己办公内容的所有文件都和这个账号有关。任何时候在公司任何一台计算机都可以登录自己的账号，取得自己的办公资料。这给员工带来很大便利。公司对于内部资料的保密程度也很高。每两周系统会提示更换一次密码。公司内部计算机系统都是统一英文系统，而且不能私自安装其他软件。因为是英文系统，刚开始接触时真的很不习惯，因此工作时效率很低。公司计算机的USB接口都不能用，一切可以与外部联系的东西都会受到严格的限制。学生最喜欢用的QQ聊天软件和外部邮箱在本公司都禁止使用。

（二）实习内容

以下是我近两个月的实习工作的主要内容。

1. 招聘。首先，要熟悉招聘流程。其次，与用人部门保持密切的联系，了解用人部门的需求状况。接着通过各种招聘的渠道挑选出适合的人才再安排面试。在招聘的过程中，经常需要用电话和候选人联系，了解候选人的状况，而且电话沟通也很注重说话的技巧。还有就是需要参加现场招聘会。每次去都是跟着招聘经理一块去的，我在一旁学习。有一次经理离开了，有个人过来面试财务主管，她讲的一些财务的专业知识我压根就不懂。我只会简单的结构式的面试。

2. 录用，建立员工档案：（1）给员工办好入职手续，新员工刚入公司，首先要通过正常的途径使其成为公司的一名员工，这包括签订保密协议、担保书、劳动合同等，办理工作证等；（2）完成员工的试用期转正工作，审核申请书、述职报告等。在合同方面遇到问题时，才发现在大学里学到的理论知识真的是不够用。

3. 考勤管理，完成每月考勤记录，并根据考勤情况进行薪资计算与发放。这是相当重要的一块内容，计算薪资需要严谨的态度和细心的工作状态以及高度的责任感。虽然只是简单的计算，公司目前拥有480名左右的员工，并在继续扩大，人员的增加也加大了一定的难度。

4. 办公物资申请、发放、管理。办公物资的领用、发放、管理也是办公室管理的一项内容，要做到合理使用、规范使用，并且要及时满足各部门的需要。

5. 离职管理。给员工办理离职手续，员工离职也需要经过交接任务，确保生产正常进行，并且要解除劳动合同协议。

6. 办理员工社保。针对社会出现的几种风险，社会保险设置了养老保险、医疗保险、残疾保险、工伤保险、生育保险、失业或破产保险7个项目。因此公司要及时地给员工办理相关保险，我所做的工作是要及时统计新进员工，办理社保，并每隔一段时间到社保中心办理医保卡。另外，当遇到员工的工伤、生育等保险更是需要按照一定的程序办理。

7. 随时关注政府相关的劳动法律法规政策。

五、实习心得体会

踏出了大学这扇门，就意味着要踏上职业生涯的道路，对于应届生的我来说，还没有足够的社会经验，经过这两个月实习我学到了很多，感悟了很多。特别是在公司领导和同事的关心和指导下，认真完成领导交付的工作，和公司同事之间能够通力合作，关系相处融洽而和睦，配合各部门负责人成功地完成各项工作；积极学习新知识、技能，注重自身发展和进步，我学会了很多技能，增加了相关的经验。现将这两个月工作遇到的困难及心得总结如下。

我在实习中遇到的困难不少。

一是公司是家外资企业，我英语底子不太好，这对我的工作造成了比较大的困难。首先英语口语不流利，与外籍员工沟通的时候不太顺利。除此之外，与公司内部高层发邮件也需用英文发。虽然对中国员工没有要求要用英文，但在外资企业人们一般习惯用英文，如果我用中文回复同事特别是领导的英文邮件时，似乎显得不太礼貌。其次对于公司计算机的英文系统不熟悉。再者，公司内部文件很多是英文的，而且对于人事资料需要翻译成英文做录入记录。

二是公司内部文件的处理很大部分是用Excel完成的，我在大学时对这个软件用得不多，还不太熟练。

三是我非人力资源管理专业毕业，对于人力资源管理的工作这是第一次接触，有很多知识值得我继续学习。对于自己遇到的困难，我也会不断总结，并且通过不断努力学习，去解决现在的问题。

在这两个月的实习过程中，我有以下几点体会。

一是低调做人，高调做事。到公司后，要知道自己能否胜任这份工作，关键是看你自己对待工作的态度。态度端正，即使自己以前没学过的知识也可以在工作中逐渐掌握。态度不好，就算自己有知识基础也不会把工作做好。多听、多看、多想、多做、少说就是我的态度，我刚到这个岗位工作，根本不清楚该做些什么，并且这和我在学校读的专业没有必然的联系，因此，刚开始工作时感到十分头痛。但经过多看别人怎样做、多听别人怎样说、多想自己应该怎样做以后，我很快对工作有了一个较系统的认识，慢慢地自己也可以完成相关的工作了。光用嘴巴去说是不行的，所以，我们今后不管干什么都要端正自己的态度，这样才能把事情做好。

二是少埋怨。有的人会觉得公司这里不好那里不好，同事也不好相处，工作也不如愿，经常埋怨。这样只会影响自己的工作情绪，不但做不好工作，还增加了自己的压力。所以，我们应该少埋怨，要看到公司好的一面，对存在的问题应该想办法去解决，这样才能保持工作的激情。

三是注重信息的反馈。在工作中，一定要记住及时向上级报告工作的进度。不要等这个任务完成后再上交报告。有些工作持续的时间比较久，需要及时报告。等到领导亲自来问你进度时，领导对你的印象已经不好了。

四是虚心学习。在工作过程中，我们会碰到很多问题，有的是我们懂得的，也有很多是我们不懂的，不懂的东西我们要虚心向同事或领导请教，当别人教我们知识的时候，我们也应该虚心接受，不要认为自己懂得一点就飘飘然。

五是错不可怕，就怕一错再错。每一个人都有犯错的时候，工作中第一次做错了不要紧，公司领导会纠正并原谅你，但下次你还在同一个问题上犯错误，那你就享受不到第一次犯错时的待遇了。

通过这一段时间的实习，我了解了一个公司日常运作的一个基本模式，学会了个人与公司同事之间保持怎样的关系最为有利，同时也感到自己既有许多优点，又存在不少缺点。我想，一个人实习的目的无外乎两点：一个是感受公司；另一个是认清自我。在这一个月的实习期内，用心体会之后，我会逐渐走向成熟。

【提示】这是一篇企业管理专业学生的顶岗实习报告，格式规范，内容全面翔实，尤其是实习的心得体会，针对性强，有思想，有内容，很有启发性。全文语言简洁，条理清楚。

三、知识概览

（一）实习报告的含义

实习报告是学生在某项实习活动结束后，对实习经历进行综合、分析、概括，把实习目的、实习时间地点、实习部门或岗位、实习内容和过程、实习体会和收获等，用简洁的语言写成的书面报告。一般要求字数不低于3 000字，须完全根据自己的实习经历撰写。

实习是学生接触职业实际，提高综合职业素养，增强分析问题和解决问题能力的重要教学环节，也是培养人才的重要途径。因此，学会写作顶岗实习报告是高职生的基本要求。

（二）实习报告写作原则

① 观点明确，结论科学。

② 立论正确，有独创性。

③ 联系实际，方法正确。

④ 实事求是，数据可靠。

⑤ 层次分明，推理严谨。

⑥ 结构合理，文体规范。

⑦ 文字简练，分析透彻。

⑧ 选题恰当，内容适宜。

（三）实习报告的写作格式

1　标题

标题一般直接写"实习报告"，也可以用内容加文种，如"会计实习报告"；或者用实习地点加文种，如"人事部实习报告"。

2　正文

实习报告正文内容主要包括以下 4 个方面。

（1）实习目的

实习目的部分主要介绍实习目的、意义、要求，以前言或引言形式，不单列标题及序号。

（2）实习概况

实习概况部分写明单位概况、实习时间及实习岗位情况。

（3）实习内容及过程

实习内容先介绍实习安排，包括实习时间、内容、地点等。然后按实习安排顺序逐项介绍具体内容，以记叙或白描手法为基调，在介绍实习内容基础上，对自己认为有重要意义或需要研究解决的问题重点介绍，其他内容简述。

（4）实习总结或体会

总结部分是实习报告的精华，一般字数不少于 500 字。围绕毕业实习的目的和要求，用自己的语言对实习效果进行评价。重点介绍毕业实习中发现问题的分析和思考，提出解决问题的对策和建议。分析、讨论、对策及建议要有依据，有参考文献，并在正文后附录。内容较多时可列出小标题，逐一汇报。总结或体会的最后部分，应针对实习中发现的自身不足之处，着重写出对实习内容的总结、体会和感受，特别是运用所学专业理论知识对实习过程中发现的问题加以分析，并阐明自己的观点，找出自己的差距和不足，以及今后学习工作努力的方向。

（四）实习报告写作要求

1　树立实事求是的态度

实习报告要取材于实习活动过程，写作必须树立实事求是的态度，如实反映实习真相，用确凿事实分析基本理论知识，揭示专业管理工作规律，验证和丰富课堂所学理论知识，陈述和总结自己的体会。切忌虚构、编造、想象、夸张和自相矛盾的现象。

2　端正文风和学风

在写作过程中，必须端正文风和学风，诚信治学，切忌东抄西拼，改头换面，剽窃他人成果。

3　选用典型材料

实习报告资料必须翔实，运用典型材料反映实习情况、体会和感受，不能面面俱到或记流水账。

4　具有独特见解

实习报告要有独特见解，重点突出、条理清晰。实习报告要求以实习收集的业务素材为依据，要有鲜明的主题、确切的依据和严密的逻辑性。报告必须是自己组织和加工写作的，切勿照抄书本。

四、知识链接

实习报告的写作步骤

实习报告必须以实践和研究为基础，在指导教师的指导下进行写作，写作步骤如下。

1. 收集资料

从开始实习起就要注意广泛收集资料，并以各种形式记录下来，如写工作日记等。丰富的资料是写好毕业实习报告的基础。

2. 构建报告框架

构建报告框架要做好5个综合：

① 综合实习材料，分类取舍；

② 综合同类材料，提炼观点；

③ 综合成功经验，找出规律；

④ 综合实习过程，思考得失；

⑤ 归纳感想体会，撰写报告。

3. 正文的写作

除了汇报"做了什么"和"做得怎样"，还要总结实习感想和体会。感想和体会篇幅文字不多，但这是体现实习报告理论水平的关键，要认真对待，不可忽视。实习报告正文可分为3个部分。

（1）引子

以实习时间、地点和任务为引子，把毕业顶岗实习的感受、结果，用高度概括的语言概括出来以引出报告的内容。

（2）顶岗实习过程（实习内容、环节、做法）

① 将学校里学到的理论、方式方法变成实践的行为。

② 观察体验在学校没有接触的知识和东西，它们以什么样的方法和怎样的形态、面貌出现。例如，职能部门，原先你不了解，毕业实习后从工作中由什么问题引发了你对职能部门的了解。再如工作中人际协调与所学理论知识和实务有什么区别，你如何体会和理解等。

（3）实习体会、经验教训，今后努力方向

毕业实习报告也能以实习体会、经验为条目构建全文。如在实践中发现自己的优势：团队合作意识强，善于根据自己的知识、能力挑战新工作，事后善于总结等。从实践中看到自己的缺陷，如政治触觉不够敏感等。

五、本节训练

（一）网上自测

1. 单项选择题

（1）实习报告的语体风格是（　　　）。

　　A. 庄重　　　　　　B. 简洁　　　　　　C. 形象　　　　　　D. 抒情

（2）实习报告不能面面俱到或者记流水账，其在选材方面的特点是（　　　）。

　　A. 典型性　　　　　B. 独特性　　　　　C. 真实性　　　　　D. 生动性

（3）实习报告最重要的表达方式是（　　　）。

　　A. 叙述　　　　　　B. 抒情　　　　　　C. 议论　　　　　　D. 说明

（4）实习报告对字数的要求是（　　　）。

　　A．不低于 3 000 字　　B．不低于 2 000 字　　C．不低于 1 000 字　　D．不低于 4 000 字

2. 判断题

（1）实习报告有总结性的特点。 （　　）

（2）实习报告的内容必须建立在丰富、真实的实习资料之上。 （　　）

（3）实习报告的写作必须与实践经历和专业理论知识相结合。 （　　）

（4）实习过程中要养成写实习日记的好习惯。 （　　）

（二）情境写作

　　张明是××职业技术学院营销专业大三的学生，毕业前夕他有幸到华为公司××分公司顶岗实习。实习期间，他遵照实习手册，认真完成各项工作。由于他性格开朗，善于与同事相处，尤其善于向有经验的资深销售前辈学习，他的销售量节节攀升。公司不久推出最新款智能音乐手机，为了更好地向顾客推销这款手机，张明查阅资料，搜集数据写了一份产品说明书，创造了新的销售业绩。实习结束后，回到学校，老师要求张明针对自己的实习经历写一份实习报告。那么，这个实习报告应怎样写呢？

　　要求：以学习小组为单位开展情境写作活动，培养竞争意识，增强责任感。做到格式正确，内容完整，语言简明，书写规范。

（三）习作评改

　　根据情境，分组完成写作任务后，每组在自评的基础上将代表作品上传至学习通"群聊"进行互评和修改。

第二节　毕业论文

一、任务导入

　　望应红是某学院大三的学生，按照指导老师的统一要求完成了毕业论文的写作任务。其写作格式和内容包括"标题、个人署名、引论、本论、结论、致谢语"。论文提交后被指导老师退回。你知道其中的原因吗？请根据毕业论文的规范格式进行检查，指出其缺项内容。

二、例文借鉴

【例文】

基于游客感知的乡村旅游公共卫生服务质量评价研究

——以××村为例

××学院　张××

摘要：本文通过对乡村旅游、游客感知及旅游公共服务质量等文献资料的分析，界定了乡村旅游公共卫生概念。以游客满意度理论、IPA分析模型、SERVQUAL量表模型、新公共服务理论为基础，通过文献的梳理及实际的调研成果，设计了乡村旅游公共卫生服务质量评价量表，并构建了自然环境卫生质量、住宿卫生服务质量、餐饮卫生服务质量、人居环境卫生质量、公共卫生设施及服务质量、医疗卫生服务质量、公共卫生服务制度建设7个维度、33个指标因子的乡村旅游公共卫生服务质量评价模型。以××市××村乡村旅游为例，进行了实地调研，借助SPSS、AMOS等统计工具，基于因子分析法和多元回归分析等统计分析方法对数据进行了分析，结果显示7个旅游公共卫生服务质量因子的评价都对游客满意度有显著的正向影响，其对总体满意度的影响重要性排序依次

为餐饮卫生服务质量、公共卫生设施及服务质量、医疗卫生服务质量、人居环境卫生质量、公共卫生服务制度建设、自然环境卫生质量、住宿卫生服务质量。借助IPA分析模型，对游客的重要性感知和满意度感知进行了组合分析，分析出××村乡村旅游公共卫生服务质量的优势区、改进区、机会区和维持区，并以此为××村乡村旅游公共卫生服务质量的提升提出了相应的对策建议。

关键词：乡村旅游，游客感知，旅游公共卫生服务，因子分析法

（下面是论文纲要，详细内容略）

第一章　绪论

 1.1　研究背景及意义

  1.1.1　研究背景

  1.1.2　研究意义

 1.2　研究内容及方法

  1.2.1　研究内容

  1.2.2　研究方法

 1.3　研究思路及框架

  1.3.1　研究思路

  1.3.2　研究框架

 1.4　创新点

第二章　相关概念及研究综述

 2.1　相关概念界定

  2.1.1　游客感知

  2.1.2　旅游公共服务与旅游公共卫生服务

  2.1.3　旅游服务质量与旅游公共服务质量

 2.2　研究的理论基础

  2.2.1　游客满意度理论

  2.2.2　SERVQUAL模型

  2.2.3　IPA分析模型

  2.2.4　新公共服务理论

 2.3　国内外相关文献综述

  2.3.1　旅游公共服务相关研究综述

  2.3.2　旅游服务质量评价研究综述

  2.3.3　旅游服务质量IPA评价方法研究

  2.3.4　乡村旅游服务质量评价指标研究

第三章　乡村旅游公共卫生服务质量评价量表设计及研究假设

 3.1　量表设计的原则和方法

  3.1.1　量表设计原则

  3.1.2　量表设计方法

 3.2　初始量表内容的设计

 3.3　初始量表内容效度检验

 3.4　正式量表的设计

 3.5　乡村旅游公共卫生服务质量评价的研究假设

第四章　实证分析：××村乡村旅游公共卫生服务质量评价

 4.1　××村乡村旅游发展及公共卫生服务现状

　　4.1.1　××村乡村旅游发展现状

　　4.1.2　××村乡村旅游公共卫生服务发展现状

　4.2　问卷设计与调研实施

　　4.2.1　问卷设计

　　4.2.2　问卷数据分析方法

　　4.2.3　调研实施

　4.3　数据分析

　　4.3.1　游客样本的描述统计

　　4.3.2　验证性因子分析

　　4.3.3　各服务质量因子与总体满意度的相关性分析

　　4.3.4　各指标重要性感知与满意度感知的差异分析

　　4.3.5　重要性感知和满意度感知的IPA分析

　4.4　分析结果

第五章　乡村旅游公共卫生服务质量提升对策

　5.1　推进乡村自然生态和人居环境卫生治理工程

　5.2　依据相关标准完善公共卫生设施及服务质量

　5.3　建立公共卫生服务质量监督及反馈机制

　5.4　倡导游客及乡村居民的环保卫生自觉意识

　5.5　开展旅游公共卫生服务质量评比活动

第六章　结论与展望

　6.1　研究结论

　6.2　研究展望

参考文献（内容略）

附录

　　1.　乡村旅游公共卫生服务质量评价访谈提纲

　　2.　××村乡村旅游公共卫生服务质量游客感知满意度调查问卷

　　3.　××村乡村旅游公共卫生服务质量游客感知调查问卷

致谢（内容略）

【提示】这篇论文选题集中，针对性强，选点较准确。由于篇幅很长，此处省略了具体内容。从纲要来看，它运用相关专业知识，采用科学合理的调研手段，收集的资料完备，分析归纳合理，结论对乡村旅游公共卫生服务质量的提升有一定的借鉴价值和意义。

三、知识概览

（一）毕业论文的概念

毕业论文是应届毕业生在专业教师的指导下，毕业之前必须完成的，以所学专业领域某一课题为研究和阐述对象，综合运用所学专业的基础理论、基本知识和基本技能进行分析和研究后，发表自己创造性的见解，能反映其综合学习成果和科研能力的学术论文。

（二）毕业论文的特点

❶ 习作性

毕业论文与学术论文的区别之一，就在于它是在论文指导教师的指导下完成的。指导教师必须有讲师以上资格。指导教师帮助学生指定参考文献，确定选题，审定学生选题和开题报告，指导学生编写论文提纲及修改论文，注意毕业论文格式规范，一方面要发挥指导的作用，另一方面要知人善用，激发学生科研的主动性、积极性和创造性。因此毕业论文与专用于发表和传播性的学术论文不同，毕业论文具有习作性。

大学生最后一个学期，集中精力写好毕业论文，是在教师指导下，综合运用本专业所学的基础理论、专门知识和基本技能解决论题中问题的过程，毕业论文的写作是对所学知识的运用和深化，是把知识转化为能力的有效训练途径。

❷ 专业性

专业性是文理科毕业论文的本质特点。所属专业不同，在遵守共性的毕业论文基本规范的前提下，撰写论文无论是选题、参考文献、研究方法都有极强的专业性。

❸ 低层次性

专业人员的学术论文，一般反映某专业领域的最新学术成果，有较高的学术价值。但大学生的毕业论文因受各种限制，如缺乏写作经验，缺乏运用知识独立进行研究的训练，撰写毕业论文时间受限，文章的质量要求相应低一些。一般学校把毕业论文安排在最后一个学期，实际上是停课完成毕业论文，写作时间仅为 10 周左右。

❹ 规范性

毕业论文在形式上有自己的写作格式和规范，在写作过程中不能违背其写作惯例而标新立异。

（三）毕业论文的类型

根据不同的标准，可将毕业论文划分为不同的类型。

❶ 按学科划分

按学科划分，毕业论文可分成文科类毕业论文、理科类毕业论文、管理类毕业论文。

❷ 按写作内容划分

写作内容有基础研究和应用研究之分。基础研究包括理论研究，文学、语言、历史等学科的本体研究。应用研究包括教学研究、有关理论的实际运用研究、相关的实践问题研究。有的应用研究也可以出新理论，形成新的基础研究。基础理论研究和实际应用研究也是紧密关联的，有时是根据侧重点来划分的。由此，就有了基础研究型毕业论文和应用研究型毕业论文，基础研究型毕业论文包括理论研究型和本体研究型的毕业论文，应用研究型毕业论文包括教学研究型、理论实践研究型、实际问题研究型等类型的毕业论文。

❸ 从表达方式划分

从表达方式划分，毕业论文可分为综合型毕业论文、专题型毕业论文和实验报告型毕业论文。

就文学、语言方面的文科类毕业论文而言（如汉语言文学毕业论文），以应用研究型毕业论文居多；其次是本体研究型毕业论文，对学科本身的某个方面的新问题进行论述阐发，表述自己的心得，或者对原有问题发表新的看法或不同的评价。而理论研究型毕业论文，主要是探讨前人没解决的问题、没发现的规律，或是新理论、新观点，或是新的理论背景、研究方法的学术论文，这类论文难度较大。就论文表达方式而言，综合型毕业论文很少见，这种论文围绕一个问题收集一大批资料，综合介绍并论述这个问题研究的阶段、特点、主要理论成就及其著述，研究中最早的文献、有重大突破的文献，研究的发展状况、发展趋势等。见得较多的是专题型毕业论文，它的表达特点是突出一点，在已有研究成果或相关研究成果的基础上把这一研究从某个方面继续向前推进。如果说综合型论文侧重在"面"，那么专题型论文则侧重在"点"。虽说是"点"，但关于这个专题的研究成果、发展状况及发展趋势则是必须了解的，在专题型毕业论文的开头做个简述。

实验报告型毕业论文多见于语言学方面的实验语音研究型报告、语言运用和方言调查分析型报告类以及文学作品社会作用调查分析型报告类。需要说明的是，一般的调查报告不能算论文，但可作为论文的写作材料。研究型调查报告不单是报告情况、数据、结论，提出一般的看法、意见，而是要"研究"，提出问题、详尽调查、做出深入的分析，并解决问题，有方法、有创见、有理论价值和实际意义。

④ 按写作者的身份来划分

按写作者的身份来划分，毕业论文可分为普通毕业论文、学士论文、硕士论文、博士论文。

普通毕业论文是由大专生撰写，不答辩、不授予学位。学士论文是由本科生撰写的毕业论文，成绩及格、答辩合格及其他成绩合格者，授予学士学位。硕士论文是由硕士研究生撰写的论文。博士论文是由博士研究生撰写的论文。

（四）毕业论文格式

一般说来，一篇毕业论文要具备相对固定的格式。这里提到的毕业论文格式仅供参考。学校有具体规定的，则按规定办。这里以文件中规定的毕业论文格式为准。

① 论文题目

标题要求准确、简练、醒目、新颖，概括论文的中心意思。如果单行标题不能完全概括论文的内容，可加上副标题。题目之下是作者署名，署名之前或下边一行写作者的校、院、系、年级。大学生拟论文标题要注意"题""文"相符，不要故弄玄虚。

② "摘要"与"关键词"（或称"内容提要"）

"摘要"与"关键词"一般为 300 字左右。位于作者署名之后，正文之前。关键词，结合标题和正文内容一般选取 3~5 个。

③ 引论

引论用"0"标示，常写作"引言""引论""绪论"，引言较短时可不标出"0.引言"类小标题。引论的内容一般是交代选题背景，主要有课题来源、本课题在国内外的研究进展状况、已有的研究成果、存在的问题、选题的意义、讨论的问题。本文分几部分，从哪些方面进行讨论，以及指导思想、论证方法等，均可根据内容的需要写在引论中。

④ 本论

本论常分几部分写，分别标示"一""二""三""四"等，有的加小标题，或以分论点的形式出现，以凸显述的观点或主要内容。这部分是对研究过程及分析、归纳、概括的表达，体现出分析方法与思路，充分有力地论证。本论还要体现出明确的指导思想。

⑤ 结论

结论一般用"结语""小结""余论"等标示，也可不标示"结语"之类的词，在本论之后空一行直接写结论或总结。在毕业论文格式中，结论是对整个研究工作的归纳、综合或概括，也可以提出进一步研究的建议。若是在本论之后，对相关联的问题还想简短论述一下，或是对较为重要的问题再说一些想法，可写成"余论"。

⑥ 毕业论文致谢

致谢接上文另起一段，简述自己撰写毕业论文的体会，并对指导老师以及有关人员表示感谢。"毕业论文致谢"并非形式，也不是走过场，是一个大学生修养的表现。

⑦ 注释与参考资料

注释专指"本文注"，即作者对论文有关内容所做的解释，一般用脚注（放在本页末，属毕业论文格式的非必备项）。参考文献专指"引文注"，即作者对引用他人作品的有关内容所做的说明，在引文结束处右上角用[1][2]等标示，序号与文末参考文献列表一致。同一著作或文章被多次引用时只著录一次。文后参考文献的著录格式见《信息与文献　参考文献著录规则》。

❽ 附录

收录和论文有直接关系的文字材料、图表、数据、试验结果等。中文方面的毕业论文格式中有附录的情况似乎不多见（属毕业论文格式的非必备项）。

以上是毕业论文的格式要求，其中除"注释"和"附录"可有可无外，其他部分是毕业论文必备的。

（五）毕业论文选题、查资料及写作技巧

❶ 毕业论文选题

毕业论文题目的选定不是一下子就能够确定的。若选择的毕业论文题目范围较大，则写出来的毕业论文内容比较空洞，难以结合实际；而选择的毕业论文题目范围过于狭窄，又难以查找相关文献资料，会让人感到无从下手。对于毕业论文题目的确定，通常可以采取先选出一个大的研究方向，再围绕该研究方向查找文献资料，通过阅读、思考、分析材料逐渐把毕业论文题目范围缩小的方法。

在毕业论文选题过程中，应做好前期准备工作。目前，国内大多数高校将毕业论文的写作安排在最后一学年甚至是最后一学期，这是具有合理性的。首先，通过低年级的基础知识的学习，对理论的掌握比较系统，能够站在更高的角度来思考问题；其次，一般情况下，为高年级学生所开设的课程较少，且通过实习阶段，学生们对书本知识从理论到实践都有了一定的感性认识，比较容易写出较好的毕业论文。学生要想写出高质量的毕业论文，首先自己要能对毕业论文题目内容及写作思路有一个大致的理解，因此自我选题就显得非常重要。在低年级学习阶段，指导教师要有意识地引导学生及早查阅一些文献资料，让学生对所学课程的研究现状有一定的了解，并让学生结合自己的知识和兴趣有选择性地阅读文章。这样，学生在写作毕业论文时，才不至于感到无从下手。

❷ 毕业论文文献资料的查找

毕业论文不同于一般的论文，专业的毕业论文是某一学科领域的科研成果的描述与反映，没有研究，写作就无法进行。而研究的前提是必须掌握尽可能多的文献信息资料。一个人读的书越多、查找的资料越全面，专业水平就越高，创造性的思考可能性就越大，写出来的论文质量就越高。因此，大学生在写毕业论文时，首先要学会如何检索文献资料，懂得文献查找的方法与技巧。

文献资料的查找也就是文献资料的检索，它是现代科技人员获取文献和信息的主要手段之一，同时也是大学生写毕业论文获取资料的主要方法。每到大学毕业班开始写毕业论文（设计）时，学校图书馆及系资料室就挤满了查找资料的学生。但大部分学生在图书馆、资料室里东翻翻、西找找，浪费了许多时间，又给资料员增加了许多无谓的工作。许多学生由于不会查找文献，而找不到相应的文献资料，影响了他们的毕业论文（设计）的质量，有的甚至做了重复前人工作的劳动。造成这种情况的主要原因是大学生缺乏动手获取文献情报的能力。笔者认为，大学生认识有关毕业论文写作与文献资料的关系以及学会文献查找的方法和技巧，会利用相关工具去检索自己所需资料是很有必要的。

图书馆及其他文献信息机构收藏的文献资料有很多种类，随着互联网的流行，现在图书馆有很多电子期刊数据库可供选择。电子期刊数据库不但检索种类齐全，而且速度快，是当今科技人员资料查找的首选。

❸ 毕业论文材料的分析与整理

通过收集得到的材料一开始没有必要都通读，可以先翻翻目录或索引，找出与毕业论文论文

题目有关或紧密相连的章节。通过泛读，大致了解本论题有关的研究现状和前景，避免重复别人的工作。在这些过程中，有几样事情需要做：概括出与毕业论文题目有关的研究现状，整理出毕业论文提纲或大致思路，熟悉基本的毕业论文格式与写作规范。

❹ 撰写毕业论文

在写毕业论文时，有以下 3 点需要注意：一是注意段落与章节之间的逻辑性，对于理学方面的毕业论文还应当注意理论论证的严密性和知识的系统性，同时论述要以论题为核心展开；二是论文的阐述宜客观，一般采用第三人称叙述，尽量避免使用第一人称；三是文章内容的叙述要详略得当，要注意避免重复，对于有新意、有争论的观点，则要讲透，绝不能吝惜笔墨。

四、知识链接

3 种常用的电子期刊数据库

1. 中国知识基础设施工程网

中国知识基础设施工程网是由清华同方光盘股份有限公司和清华大学中国学术期刊（光盘版）电子杂志负责牵头实施的。其建立的CNKI系列数据库包括期刊、报纸、博硕士毕业论文等，收录了自1994年以来的国内公开出版的8 400多种期刊和报纸上发表的文章的全文。

2. 万方数据资源系统

万方数据资源系统是由中国科技信息研究所、万方数据集团公司开发的建立在因特网上的大型中文网络信息资源系统。它由面向企业界和经济界服务的商务信息系统、面向科技界的科技信息子系统及数字化期刊子系统组成。科技信息子系统是集中国科技期刊全文、中国科技论文与引文、中国科技机构与中国科技名人的论文和毕业论文等近百个数据库为一体的科技信息群。数字化期刊子系统使用户可在网上直接获取万方新提供的部分电子期刊的全文。

3. 中国科技期刊数据库

中国科技期刊数据库是由重庆维普咨询公司开发的一种综合性数据库，也是国内图书情报界的一大知名数据库。它收录了近千种中文期刊和报纸以及外文期刊。

以上简单介绍的3种数据库在一般高校的图书馆里都可以查到。关于电子期刊文献资料的查找，可以分为两个层次：基本查找和追踪查找。所谓文献的基本查找，是指文献的题目或内容一般无从知道，只知道该文献大致属于哪一个学科或者属于某一方面，或者只知道某些关键词。追踪查找则大致知道文献的题名、出处或者作者等相关信息。

五、本节训练

（一）网上自测

1. 单项选择题

（1）论文写作的主题、对象的主要来源是（　　）。

    A. 实际　　　　　　B. 书本　　　　　　C. 个人想象　　　　D. 他人建议

（2）参考文献排列顺序的依据是（　　）。

    A. 按文中出现的次序排列　　　　　　B. 按作者已经收集到的文献序号排序

    C. 以文献的重要程度排列　　　　　　D. 按姓氏笔画排序

（3）参考文献的编号采用的括号是（　　）。

    A. 大括号　　　　　　B. 中括号　　　　　　C. 小括号　　　　　　D. 六角括号

（4）在正文中，当需要说明引用内容出处时，所引用的参考文献编号连同方括号应标注的位置是（　　　）。

  A. 右上角   B. 右下角   C. 左上角   D. 左下角

（5）参考文献号采用的写法是（　　　）。

  A. 阿拉伯数字 B. 汉字大写   C. 英文   D. 汉字小写

（6）论文中使用别人公开发表的结论并注明出处的情况是（　　　）。

  A. 引用   B. 抄袭   C. 剽窃   D. 侵权

（7）在论文写作的各阶段中，工作量最大的阶段是（　　　）。

  A. 腹稿   B. 初稿   C. 修改稿   D. 定稿

（8）一篇论文的关键词数量是（　　　）。

  A. 2个   B. 3~8个   C. 9个   D. 10个以上

2. 多项选择题

（1）论文署名的目的有（　　　）。

  A. 扬名   B. 文责自负   C. 记录作者劳动成果

  D. 便于联系   E. 便于支付酬金

（2）论文正文部分写作的总的要求有（　　　）。

  A. 明晰   B. 准确   C. 完备

  D. 简洁   E. 通俗

（3）论证的组成要素有（　　　）。

  A. 论点   B. 论据   C. 论证方式

  D. 结论   E. 引论

（4）引言部分包括的内容有（　　　）。

  A. 理由   B. 目的   C. 背景   D. 前人工作

  E. 理论依据和实验基础   F. 预期的结果

（5）摘要的写作要求有（　　　）。

  A. 用第三人称

  B. 简短精练，明确具体

  C. 格式要规范

  D. 文字表达上应符合"语言通顺，结构严谨，标点符号准确"的要求

  E. 用第一人称

3. 判断题

（1）只要论文表达了你的思想、观点，解决了你所提出的问题，给出了足够的证据，包括理论、方法、实验等方面，语言表达又比较清楚，就可以定稿。（　　　）

（2）写论文和做其他工作一样，都要看效果，收集反映是了解效果的重要渠道，所以要把"收集反映"当作论文写作过程之一。（　　　）

（3）论文应该写出研究工作的时间、地点、人员、事件、过程、成绩与缺点、经验与教训等。（　　　）

（4）论题从大的方面说，指论文的主题、对象；从小的方面说，指论文的题目、名称。（　　　）

（5）支持论点靠的是论据、论证、理论与实践。（　　　）

（6）理论与实际的关系正确提法应该是理论联系实际，实际工作必须接受理论的指导。（　　　）

（7）论文写作的阶段为：腹稿，初稿，修改稿，定稿、发表。（　　　）

（二）情境写作

请根据自己的专业、课程，选择一个专业问题，进行分析、研究、概括、总结，写一篇毕业论文。

要求：以学习小组为单位开展情境写作活动，培养竞争意识，增强责任感。做到格式正确，内容完整，语言简明，书写规范。

（三）习作评改

根据情境，分组完成写作任务后，每组在自评的基础上将代表作品上传至学习通"群聊"进行互评和修改。

第三节　经济活动分析报告

一、任务导入

指出下列文稿的错误之处，并根据经济活动分析报告的写作要求，改写为一份规范的文稿。

××印刷厂 3 月财务分析报告

2019年我厂提出实现年利润25万元的奋斗目标，截至3月底，我厂已完成利润10.3万元，完成了年计划的41.24%。计划完成得虽好，但生产成本却逐月上升，2月每千印成本为45.23元，百元产值成本为59元；3月每千印成本为65元，百元产值成本为70元，3月千印成本比2月增加19.77元，百元产值成本增加11元。3月成本增高的主要原因是纸张价格上涨。2月凸版纸每张单价为0.147元，3月则涨到0.148元，月纸张费用增加221.66元，每千印成本增加0.128元，百元产值成本增加0.14元。再有，千印油墨费增高。3月共完成1 725.25千印，消耗油墨352.5千克，共计3 066.20元，平均一千印多耗油量0.15千克，每千印成本增加16.50元，百元产值成本增加10.50元。另外，辅助生产费用和企业管理费偏高。3月辅助生产费比2月增高983.09元，企业管理费3月比2月增高494.13元。辅助生产费用增加的主要原因是领用大型工具多，设备备件多。企业管理费偏高的原因是购买办公用品和招待费多。

鉴于以上情况，我们建议：1. 制订千印油墨消耗定额，把千印油墨消耗控制在0.1千克／千印左右；2. 建立健全设备的维修、保养制度和工具出库保管制度；3. 企业管理费的支出要严格控制、合理使用。

××印刷厂财务科
2019年×月×日

二、例文借鉴

【例文】

××电解分厂一季度经济活动分析报告

一、一季度电解分厂生产运营情况概述

（一）完成铝产品31 046.7t，比公司年度计划进度减少1 034t。实现铝锭综合交流电单耗14 404kWh/t，比计划高154kWh/t；氧化铝单耗1 919kg/t，比计划低1kg/t；阳极炭块毛耗523kg/t，比计划高13kg/t；氟化铝单耗31.5kg/t，比计划高11.5kg/t。总体来说，一季度电解分厂生产指标欠佳。

（二）主要生产运行情况

一季度电解分厂计划大修电解槽3台，其中已完成1011号、1064号槽大修后通电启动。

二、本月主要产品产量及生产指标完成情况分析

（一）铝产品产量完成情况分析

一季度完成31 046t，较季度计划目标值减少1 034t。

主要原因如下。

1. 在工艺指标管理方面，分厂技术管理不够精细，技术人员对趋势把握不足，未能及时有效调整技术条件，出现波动后才调整，延误了时机，造成2月份电解槽波动。

2. 在设备运行方面，分厂虽然制定了节能管理办法，但未能有效进行监控管理，存在设备长期带电不作业现象，导致动力电耗较高。

3. 原料方面，去年使用品质不佳的自产氧化铝2万吨以上，较大程度上影响了电解槽的生产指标。根据铝行业规律和经验，相比沙状氧化铝，使用粉状氧化铝，电解槽电流效率降低1%～2%。另外由于各种原因，自产氧化铝钠含量及水分偏高，同样造成电解槽生产不稳定，能耗及物耗增加。

4. 大量使用了自产氧化铝，电流效率受到较大影响。

5. 因电解槽大修生产槽运行时间减少。

6. 为保证电解槽技术条件稳定，对电解槽铝水平进行调整。

7. 广银压铝相对比较严重，截至3月底，压铝212t。

8. 2月份电解槽出现了波动，较大程度影响了电流效率。

（二）铝产品主要单耗指标完成情况分析

1. 铝产品电单耗：本季度完成14 357kWh/t，同比升高492.34kWh/t，主要原因如下。

（1）由于一季度电流效率较低，造成铝产品综合电耗的升高。

（2）由于一季度相对使用自产氧化铝较多（去年水分、硅含量较高的氧化铝），造成电解槽效应较多，直接导致了电耗的升高。

（3）本季度内对1011号、1064号电解槽进行启动，一、二工区均完成电压升高，最终电耗受到一定影响。

2. 铝产品物料或能源单耗。

（1）氧化铝单耗与计划值相比相对较高的原因：一是大量使用的自产氧化铝导致电流效率低；二是因氧化铝质量的不合格造成了电解槽电流效率的降低，产量较低。

（2）阳极炭块毛耗高于计划值的原因：一是电流效率比较低造成的；二是大量使用自产氧化铝和面壳料，使电解槽技术条件受到一定的波动影响，阳极炭块使用周期有所调整。

（3）氟化铝单耗较高的原因：一是本季度产量相对比较低；二是受技术条件波动影响，为保证电解槽技术条件的平稳，对氟盐下料量进行了调整。

三、主要生产指标对标情况

一季度主要生产指标对标完成情况（8家）。

注明：压铝212吨增加到本月产量，同时扣除启动电压30V、启动挂阳极40块。

与行业平均值比高的主要原因如下。

1. 本月相比原铝产量降低造成了各项单耗的升高。

2. 我公司电解槽进入大修阶段，由于电解槽槽寿命的增加，造成电流效率下降，致使各项单耗的上升。

3. 因我们公司整流效率相对其他单位较低，造成了整流柜电耗的相对增加。

4. 其他单位大多采用了50%以上的石墨阴极和节能钢棒技术，这就造成了炉底压降不同程度的比我们单位低了40mV以上，从硬件上就可以让电耗下降130kWh/t。

5. 其他单位系列产能相对我们单位都比较高，这样造成了铝液电耗相对分摊比较低。

四、现存主要问题分析及下一步解决措施

（一）存在的问题

1. 专业技术人员系列管理电解槽水平有待加强。

2. 对于电解槽电耗、物耗管理精细化程度不够。

3. 自产氧化铝因质量问题，造成净化打料不畅，原铝质量受到一定影响，增加了输料电耗，同时也造成了氟盐单耗增加和电流效率的降低。

4. 在大量使用面壳块后，使电解槽产出大量的电解质块，职工工作量相对增大，截至目前取出纯电解质块3 000多吨。

（二）下一步解决措施

1. 组织与先进企业电耗差距的原因分析，制订详细的单项改进措施，严格执行，全面降低电解吨铝电耗。

2. 组织降低运行电压管理工作。利用两个月时间降低一厂房电解槽电压至3.95V，二厂房降低至4.0V，全面分析对比电耗、产量及成本，按照企业效益最大化原则确定电解槽的各项技术条件。

3. 组织电解槽转季生产技术条件调整工作。

4. 做好电解槽的大修及焙烧启动管理工作。

5. 组织好焙烧炉运行管理，确保烧出灼减合格的氧化铝；严格按照规定组织外购及自产氧化铝掺配使用。

6. 加强破碎料回槽使用工作，减少新鲜氧化铝的使用，逐步消化积存的块料，降低氧化铝单耗。

【提示】这是一篇专题分析报告，主要针对电解分厂第一季度主要产品产量及生产指标完成情况、主要生产指标对标完成情况进行分析，重点分析了原因。报告材料丰富翔实，语言平实简明，针对存在的问题提出了解决的措施，具有可行性。

三、知识概览

（一）经济活动分析报告的概念和作用

经济活动分析报告是以经济理论和经济政策为指导，根据会计、统计、业务核算资料及调查研究所掌握的情况，运用科学的方法，对企业或单位的经济活动进展情况和效果如何进行分析研究后所写出的书面材料。经济活动分析报告撰写者应跳出单纯的财务报表分析的圈子，重视对社会主义市场经济的研究，注意分析经营环境、经营能力和经营目标的适应性，科学地谋划经营。这样形成的经济活动分析报告具有以下两点重要作用。

（1）有助于企业改善经营管理，提高经济效益

经济活动分析报告是加强企业管理的一项重要依据。企业管理的决策、计划、控制、总结评价等基本职能都离不开经济活动分析。通过分析，企业领导可发现问题，找出差距，提出改进措施，便于改善经营管理，提高经济效益。

（2）能帮助财政、银行等部门更好地发挥职能作用

财政、税务、审计、银行、统计等部门都经常进行经济活动分析。通过分析，能帮助这些部门执行国家政策法令和财经纪律，促进和监督企业生产的正常进行，充分发挥这些经济部门的职能作用。

（二）经济活动分析报告的种类和特点

（1）经济活动分析报告的种类

经济领域十分广泛，经济活动分析报告使用也十分频繁。因此，经济活动分析报告种类繁多，且有不同的层次级别和种类形式。归纳起来，主要的类型如下。

（1）按分析内容的广度划分

经济活动分析报告可分为综合分析报告和专题分析报告。

综合分析报告是对某一部门或某一单位一定时期内的各项经济指标，做全面系统分析的报告，其目的是全面检查各项经济指标的完成情况，找出带有普遍性、关键性的问题进行分析，从总体上认识生产经营活动的成绩、问题和原因，对经济活动做出总的评价，提出改进工作的全面措施。

专题分析是对某一具体的经济技术指标或经济活动的某个具体方面进行深入详细的专门分析。这种分析报告重点突出，针对性强，反馈迅速，可以及时指导工作。

（2）按照时间和内容划分

经济活动分析报告可分为决策分析报告、控制分析报告、评价分析报告。

① 决策分析是在选择方案过程中，对各种方案预期经济效果的分析。通过分析，选出最佳方案。这是事前的分析。

② 控制分析是在计划执行过程中，为了全面控制企业的经济活动，以保证计划达到既定目标所进行的分析。这是事中的分析。

③ 评价分析是总结性分析，通过分析，全面评价经济活动，找出成绩、问题，提出对策，使新一轮次的工作更好地展开。这是事后的分析。

传统的经济活动分析侧重于事后分析，这种分析有滞后的弊病，若有问题不能起到"防患于未然"的作用，所以现在经济活动分析正向事前、事中发展，以求形成全面经济活动分析体系。

（3）按照形式划分

经济活动分析报告可分为文字分析报告和表格分析报告。实际使用时，常采用文字与表格相结合的方式表述。

❷ 经济活动分析报告的特点

（1）专业性

经济活动分析报告专业性强。它以经济理论和国家现行的经济政策为指导，以计划指标、会计核算、统计资料以及调查研究所获得的情况为依据，对某部门或某一经济实体的经济活动进行综合分析研究，必须具备相关的专业知识，语言表达上要使用大量的专业术语。

（2）总结性

经济分析报告是对现有的经济活动做出科学评估而写成的，它实质上是一个总结性的文书。

（3）指导性

经济活动分析的目的在于通过分析研究，说明经济活动的过程和内在联系，提出解决问题的具体措施。这对安排今后的工作，提高经济活动的效益有积极的指导意义。

（三）经济活动分析报告的写作格式

由于分析的目的、对象不同，经济活动分析报告的格式也不尽相同。它一般由标题、正文、落款3部分组成。

❶ 标题

经济活动分析报告的标题，一般要标明被分析单位、分析期限、分析对象和文种，如"××旅游公司2019年度经济活动分析报告""××大地旅游产品公司2019年财务分析报告"。

除此以外，也可以将分析报告的主要内容加以高度概括，或用分析得出的主要结论及建议作为标题，如"电视机库存结构的分析""关于迅速整顿成品资金的建议"。也可以用提问方式指示分析的内容，再以单位、分析期限、文种作为副标题，如"财政收入为什么不能与生产同步增长——近3年财政收入分析"。

❷ 正文

正文开头可安排一个导语。这是全文的开头，常用的方式有以下3种：一是点明形势，指明所要分析的问题；二是介绍分析的时间、范围、对象；三是简述分析的原因、目的。这些方式可以交叉使用。也有的分析报告开门见山写主体部分，不写导语。

正文主体部分主要写以下内容。

（1）经济活动基本情况

经济活动基本情况部分主要根据会计核算、统计资料以及调查研究所掌握的情况，用对比分析法列出分析指标，指出成绩或问题，这一部分是分析的基础。为了保证分析的准确度和报告质量，文中的数字要准确，要能全面反映某一问题的全貌。

（2）成绩或问题的分析

成绩或问题的分析部分主要分析经济活动"为什么这样"的问题，这是全文的重点，主要是根据前一部分的数字和数据进行分析，分析应形成结论。这一部分一般采用分条列项写法。

（3）提出建议

提出意见部分要提出解决问题的办法，回答"怎么办"的问题。应注意在得出科学结论的基础上，针对存在的问题，提出具体可行的意见和措施，落实到下期经济活动的实践中去。

❸ 落款

落款部分写明单位名称和时间。

（四）经济活动分析常用的方法

❶ 比较分析法

比较分析法又叫对比分析法，就是将同一基础上（时间、内容、项目和条件等）可比的数字资料进行对比，根据比较的结果来研究经济活动的情况和不同结果。其主要形式有以下3种。

一是预期目标比较。即本期实际指标与长远规划指标对比，与本期计划对比，与设计水平对比，与定额对比等。

二是动态指标对比。即本期实际指标与上期实际比，与上年同期实际比，与历史最好水平比，与有关典型意义的历史时期比等。

三是揭示差距的指标对比。主要是本期实际与国内同类企业先进水平比，与国内同类企业平均水平比，与国际同类企业先进水平比，与国际同类企业平均水平比等。

❷ 因素分析法

因素分析法是研究各种因素变动对总体指标影响程度的定量分析方法，就是将经济指标按照分析目的的不同分解为若干因素，按顺序依次将因素的计划数替换为实际数，分别测定各个因素变动对经济指标影响程度的一种分析方法。通过因素分析法，可以衡量各因素对分析指标影响的大小，便于分清责任和原因，有利于找出措施，改进工作。

❸ 动态分析法

动态分析法是对企业发展动态进行剖析研究的一种方法。它是用发展的眼光来研究现象的变化和趋势，从而把握经济活动的过程和发展规律。如通过历年费用的最高、最低和平均水平的分析研究，就能找到影响费用水平的各种因素和主客观原因。

四、知识链接

经济活动分析报告的写作要求

1. 符合政策

经济活动分析报告要从方针政策和理论的高度进行分析。撰写经济活动分析报告，首先要对国家的经济政策、法律法规和国内外经济形势有一定的了解和认识，然后才能认清本部门或本地区的经济形势，避免报告的片面性。

2．抓住关键

经济活动分析报告要抓住主要矛盾，切实解决问题。分析报告要找出现阶段经济发展中存在的主要问题，才能有的放矢，抓住问题的关键，切实解决实际问题。

3．用好数字

经济活动分析报告要根据报告中通过调查所得的数据，找出存在的问题，并提出改善管理的对策。

4．规范语言

经济活动分析报告中的用语要规范、严谨、准确，避免口语化。

五、本节训练

（一）网上自测

1．单项选择题

（1）研究各种因素变动对总体指标影响程度的定量分析所采用的方法是（　　　）。

　　　　A．对比分析法　　　　B．因素分析法　　　　C．动态分析法　　　　D．统计分析法

（2）经济活动分析报告写作内容的侧重点是（　　　）。

　　　　A．过去与现在　　　　B．过去与未来　　　　C．现在与未来　　　　D．预测未来

（3）经济活动分析报告分为定期分析和不定期分析以及年度分析、季度分析、月度分析的依据是（　　　）。

　　　　A．分析的阶段和时间B．分析的目的　　　　C．分析的范围　　　　D．分析的内容

（4）下列选项中不属于经济活动分析报告结构内容的一项是（　　　）。

　　　　A．标题　　　　　　B．情况与分析　　　　C．建议　　　　　　D．参考文献

（5）下列选项中不符合按分析的内容划分的一种是（　　　）。

　　　　A．财务分析　　　　B．库存分析　　　　　C．市场分析　　　　D．季度分析

2．判断题

（1）经济活动分析报告有助于企业改善经营管理，提高经济效益。　　　　　　　　　　（　　　）

（2）经济活动分析报告是对某一企业或事业单位的全部经济活动进行分析形成的书面报告。

　　　　　　　　　　　　　　　　　　　　　　　　　　　　　　　　　　　　　　（　　　）

（3）经济活动分析涉及面很广，内容繁多，但撰写分析报告却不能面面俱到。　　　　（　　　）

（4）经济活动分析报告要有数据、有分析、有建议。　　　　　　　　　　　　　　　（　　　）

（5）经济活动分析报告为了增强表达的效果，可以采用副标题。　　　　　　　　　　（　　　）

（二）情境写作

下面 3 段文字是某省今年 1～8 月经济活动数据，办公室主任要求实习秘书王浩对数据进行分析，并用 3 句概括性的话来反映经济活动运行的特点。那么，这 3 句话应怎样写呢？

附材料如下。

1～8 月，我省对欧盟出口 10.91 亿美元，同比增长 46%，占全省出口的 12.4%；对美国出口 9.2 亿美元，同比增长 28.7%，占全省出口的 10.5%；对东盟出口 11.95 亿美元，同比增长 1%，系今年来的首次同比增长。其他主要出口市场中，对非洲、拉美、中东、俄东出口增幅在 12%～49.8% 不等，对日本和韩国则出现 16.7% 和 11.1% 的同比降幅。进口方面，我省资源类产品的主要进口来源地，如南非、巴西、秘鲁、澳大利亚、俄罗斯等，均保持增长，增幅均在 9% 以上，而以机电、高新技术类产品为主的进口来源地大多出现降幅，如日本和欧盟，降幅分别为 53.1% 和 12.2%。

　　1~8月，我省机电产品出口35.53亿美元，同比增长14.3%，机电产品中，受手机零部件带动，电子电器类产品出口增速达到50.9%。劳动密集型产品中，服装、陶瓷、鞋类、烟花爆竹、纺织品、箱包、打火机等合计出口18.9亿美元，大幅增长70.2%，占同期全省出口总值的21.5%，除打火机小幅下滑1.1%外，其余商品均不同程度增长。有色金属产品出口7.24亿美元，同比增长47.6%，其中未锻造银和未锻造锰出口增速分别达到76.8%和205.2%。其他主要出口商品中，高新技术产品出口增长23.6%，农产品出口增长23.4%，钢材出口下降21.9%。进口方面，我省机电产品进口20.06亿美元，同比下降13.9%，其中汽车和汽车底盘进口3.14亿美元，同比下降65.8%。铁矿砂共进口16.58亿美元，同比增长21.2%。

　　1~8月，我省一般贸易进出口111.03亿美元，增长14.9%，占同期全省进出口总额的74.4%，其中出口65.86亿美元，增长34.4%；进口45.17亿美元，下降5.2%。同期，加工贸易进出口35.76亿美元，增长20.3%，占24%，其中出口21.58亿美元，增长5.9%；进口14.18亿美元，增长51.6%。

　　要求：以学习小组为单位开展情境写作活动，培养竞争意识，增强责任感。做到语言简明，概括得当。

（三）习作评改

　　根据情境，分组完成写作任务后，每组在自评的基础上将代表作品上传至学习通"群聊"进行互评和修改。